本书为"湖北省社会科学基金项目（项目编号20180032）"成果

中国OFDI逆向技术溢出促进制造业结构升级研究

杨小花 著

中国财经出版传媒集团

经济科学出版社
Economic Science Press

图书在版编目（CIP）数据

中国 OFDI 逆向技术溢出促进制造业结构升级研究/杨小花著. —北京：经济科学出版社，2020.1
ISBN 978-7-5218-1187-2

Ⅰ.①中⋯　Ⅱ.①杨⋯　Ⅲ.①对外直接投资-影响-制造工业-产业结构调整-研究-中国　Ⅳ.①F832.6 ②F426.4

中国版本图书馆 CIP 数据核字（2020）第 018754 号

责任编辑：刘　莎
责任校对：蒋子明
责任印制：邱　天

中国 OFDI 逆向技术溢出促进制造业结构升级研究

杨小花　著

经济科学出版社出版、发行　新华书店经销
社址：北京市海淀区阜成路甲 28 号　邮编：100142
总编部电话：010-88191217　发行部电话：010-88191522
网址：www.esp.com.cn
电子邮件：esp@esp.com.cn
天猫网店：经济科学出版社旗舰店
网址：http://jjkxcbs.tmall.com
北京时捷印刷有限公司印装
710×1000　16 开　13.25 印张　250000 字
2020 年 1 月第 1 版　2020 年 1 月第 1 次印刷
ISBN 978-7-5218-1187-2　定价：49.00 元
(图书出现印装问题，本社负责调换。电话：010-88191510)
(版权所有　侵权必究　打击盗版　举报热线：010-88191661
QQ：2242791300　营销中心电话：010-88191537
电子邮箱：dbts@esp.com.cn)

前言 preface

在中国经济步入"新常态"新形势下,"稳增长、调结构、促升级"成为我国经济发展的首要目标。制造业作为工业的主体,是国民经济长期增长的驱动力,国家实施供给侧结构性改革和2025制造强国战略以期稳步推进我国经济的合理长足发展。在开放的市场条件下,技术进步不仅取决于本国的研发资本还依赖于对国外技术溢出的吸收。OFDI作为国际技术溢出的第四路径,随着中国"一带一路"倡议和中国政府一系列对外直接投资(outward foreign direct investment,OFDI)政策的实施推进,中国已连续3年超越日本成为全球第二大对外投资国,2016年,制造业对外直接投资流量290.5亿美元,全球排名第二,2017年,在政府创新对外投资方式政策的引导下,对外投资逐步回归理性。最近半年,贸易战、"中兴通讯"、核心技术和中国制造业成为国内学者专家议论的重点。美国商务部对中兴通讯公司的出口禁令,扼住了中兴公司发展命脉,给中国制造业企业敲响了一次警钟:自主创新能力薄弱、核心技术缺失,创新人才缺失,以劳动密集型行业为主的"三低"产品(低技术、低单价、低附加值)出口,劳动密集型低端技术行业产能过剩,高端供给明显不足,产业整体低端锁定等制造业技术结构、能耗结构和劳动力结构问题,严重制约了中国制造业企业国际竞争力,阻碍了中国从制造业大国向制造业强国转变。国内外经济形势的改变使中国制造业的生存发展尤为艰难,矛盾不断升级,中国制造业技术进步和产业结构升级迫在眉睫。根据经济转型升级理论,研究OFDI对投资母国的逆向技术溢出效应是否促进了制造业技术进步、产业结构升级具有重要的理论和现实意义。

本书得到"湖北省社会科学基金项目"支持(项目编号:2018032)。以问题为导向,首先提出近年来对外直接投资高速增长能否带来逆向技术溢出,能否对中国制造业结构转型升级产生影响。通过梳理OFDI逆向技术溢出和制造业结构升级的相关文献,分析OFDI逆向技术溢出对制造业结构升级的理论影响机制，并运用投资学、产业经济学、发展经济学、新结构经济学和计量经济学，构建实证检验模型，分别检验各省 OFDI 逆向技术溢出对各省制造业行业内和行业间结构升级的影响效果，并运用门限模型检验影响 OFDI 逆向技术溢出的各影响因子的门槛值。遵循提出问题、分析问题和解决问题的基本思路，除导论、结论与政策建议外，全书共六章，各章主要内容如下：

导论，介绍研究背景和意义，提出问题，对相关概念进行界定、文献综述、研究目标、困难及解决办法、研究方法、技术路线图与创新点。

第一章，梳理对外直接投资、制造业结构升级以及 OFDI 逆向技术溢出对制造结构升级的影响基础理论，在此基础上阐述 OFDI 逆向技术溢出促进制造业行业内升级和行业间升级的作用机制。

第二章，分析中国制造业发展新趋势及存在的突出问题，并从行业内技术进步，行业间制造业结构高级化和合理化两个维度系统测算了制造业结构升级的指标体系。运用 DEA 的 Malmquist 指数法测算各省制造业全要素生产率、技术进步指数和技术效率指数，和制造业内部各行业的技术进步指数和技术效率指数；制造业结构合理化是从制造业结构偏离度和泰尔指数法测算；制造业结构高级化则分别测算了制造业各细分的劳动、资本和技术密集型行业的产值、就业和资产结构，为后面章节实证分析提供了技术可行性。

第三章，从中国 OFDI 的投资规模、投资主体、投资区位和投资方式四个方面对中国 OFDI 的现状、新特征进行分析，并在此基础上阐述 OFDI 逆向技术溢出存在的问题。最后从国际技术溢出模型、投资目标国选取对中国 OFDI 逆向技术溢出总量进行测度。并从中国各省、各行业两个维度分析中国 OFDI 逆向技术溢出效应。

第四章，实证检验了 OFDI 逆向技术溢出促进制造业行业内结构升级，行业内升级以制造业行业技术进步为代理变量。分别对制造业整体技术进步、中国三大区域的技术进步水平和制造业分劳动密集型行业、资本密集型行业和技术密集型行业技术升级影响进行实证检验。

第五章，实证检验了 OFDI 逆向技术溢出促进制造业行业间结构升级，行业间升级高级化和合理化两方面进行检验，高级化是通过比重法和比值法测算，分别检验 OFDI 逆向技术溢出劳动密集型行业、资本密集型行业和技术密集型行业比重、技术与资本密集型行业产值、就业及固定资产比值影响制造业结构高级化。合理化是通过对制造业结构偏离度和泰尔指数的测算，分别检验 OFDI 逆向技术溢出对制造业行业合理化的影响。

第六章，在国际技术溢出模型基础上，通过构建门限模型，实证检验了影响OFDI逆向技术溢出的人力资本、研发强度、经济发展水平、技术差距和贸易投资开放度等因素的门槛值，并对中国各省通过门槛的情况进行分析，以便提出相应的政策建议。

本书的结论主要包括：

第一，OFDI逆向技术溢出效应与投资规模正相关，但受投资区位配置方向、投资方式、行业分布的影响，削弱了OFDI投资规模增大所获得的逆向技术溢出效应。本书分别测算了省份和行业层面的OFDI逆向技术溢出效应，结果显示，OFDI逆向技术溢出效应在区域和行业上均存在异质性。中国OFDI逆向技术溢出存在地域和行业上的不平衡，东部地区的逆向技术溢出大于中部和西部，租赁和商务服务业、金融业等服务业的对外直接投资规模大于制造业投资规模，导致我国制造业OFDI逆向技术溢出较小。在新常态经济形势下，要稳增长、调结构、使我国产业结构得以优化就必须进一步加大制造业、信息传输、软件等高技术行业的对外直接投资规模。

第二，制造业行业内升级方面，OFDI逆向技术溢出能显著促进制造业整体行业技术进步；而制造业内部分行业看，OFDI逆向技术溢出促进了制造业劳动密集型行业的技术进步，对资本和技术密集型行业的技术进步影响不显著。在考虑OFDI、FDI和进口渠道共同作用的国外R&D研发资本渠道下，OFDI、FDI和进口渠道均显著影响我国制造业技术进步，而国内R&D研发资本对制造业技术进步不显著。从制造业行业内分区域看，OFDI逆向技术溢出对东部和西部地区制造业技术进步具有正向影响，而中部地区影响还未显现。从制造业劳动、资本和技术密集型行业方面，OFDI逆向技术溢出仅对制造业劳动密集型行业技术进步具有显著的正向影响，而对制造业资本和技术密集型行业的影响不显著。

第三，制造业行业间升级方面，OFDI逆向技术溢出有利于制造业行业间结构合理化，对高级化的影响不显著。OFDI逆向技术溢出对制造业结构高级化的检验结果显示：OFDI逆向技术溢出能显著提高我国劳动密集型行业、资本密集型行业的制造业产值比重，对技术密集型行业影响不显著。此外，OFDI逆向技术溢出对制造业技术密集型行业与资本密集型行业产值、就业和固定资产净值比重存在负相关关系，说明OFDI逆向技术溢出提升技术密集型行业产值结构、就业结构和资产结构的高级化的路径不显著，对我国制造业内部结构高级化的促进作用尚未显现。进一步验证我国制造业在高技术、高附加值行业并未实现技术水平的升级,仍处于价值链低端环节。而 FDI 和进口贸易渠道的技术溢出则有利于我国制造业行业间结构高级化。OFDI 逆向技术溢出对制造业结构合理化的检验结果显示:OFDI 逆向技术溢出对制造业总体结构偏离度和泰尔指数均具有显著的负向影响,且由于制造业结构偏离度和泰尔指数与制造业结构合理化负相关,说明 OFDI 逆向技术溢出有利于提升制造业结构合理化。即 OFDI 逆向技术溢出有利于制造业结构合理化而不利于制造业结构高级化。

第四,从 OFDI 逆向技术溢出影响因子方面,人力资本、研发强度、技术差距、经济发展水平以及贸易开放度等影响因素均表现出显著的门槛效应。其中,人力资本、研发强度、技术差距、经济发展水平、贸易开放度和投资开放度的门槛值分别为 9.374、0.073、0.458、19 297.67、0.114 和 0.401。当跨越各影响因素的门槛值之后,OFDI 逆向技术溢出能显著地促进制造业全要素生产率的提升。

本书的创新主要体现在以下四个方面:

第一,本书拓展了 OFDI 渠道对母国产业结构升级影响的视角。跳出以往 OFDI 逆向技术溢出对国内产业结构升级的研究框架,首次从制造业结构视角出发,将研究重点聚焦到制造业这一特定行业结构,研究 OFDI 渠道对母国制造业行业内和行业间结构升级的影响,以往较少有人研究 OFDI 逆向技术溢出渠道对制造业结构升级影响。

第二,本书弥补了 OFDI 及制造业数据缺陷,丰富了 OFDI 逆向技术溢出渠道的制造业结构升级研究的数据。本书对各省制造业细分行业数据按技术密集度分类加总,并计算整理了制造业劳动、资本和技术密集型行业的产值、就业人数和固定资产净值数据,并以此为依据测算制造业结构指标数据;此外,本书选取的世界银行数据库中,中国对外直接投资占比 7 成以上的研发数据统计完整的,包含发达、发展中国家和新兴市场在内的 16 个国家或地区作为样本,测算通过逆向技术溢出渠道获得的国外研发资本存量数据,并以此为依据测算中国各省的 OFDI 逆向技术溢出数据。

第三,本书构建了行业视角的系统、科学及多元化的制造业结构升级指标体系。本书从制造业行业内部层面切入,考虑我国各省市地区的异质性和制造业内部劳动、资本和技术密集型制造业行业的差异,认为制造业内部结构升级应包含行业内结构升级和行业间结构升级。行业内结构升级以制造业内部劳动、资本和技术密集型细分行业的技术进步指数为升级特征指数;行业间结构升级以制造业内部各细分行业的高级化和合理化为升级特征指数，其中，高级化表现为制造业内部细分行业的产值结构、就业结构和资产结构，合理化表现为制造业内部行业的结构偏离度和泰尔指数。

第四，本书丰富了各省制造业 OFDI 逆向技术溢出效应的门槛值检验。本书在原有国际技术溢出模型基础上，构建面板门槛模型，测度人力资本、研发强度、经济发展水平、技术差距和贸易投资开放度等因素的门槛值，力求发现影响我国制造业 OFDI 逆向技术溢出效应的门槛值，并据此推演出中国各省在哪些影响因子下通过了门槛检验，由此提出对应的政策性建议。

本书是在我的博士论文基础上修改完成的，博士学位攻读经历是我人生重要的阶段。本书完成之际，心中感慨万千。感慨时光荏苒，感慨求学路上的艰苦岁月，感慨终究没有辜负这美好的昭华，但最大的感慨还是感谢和感激，感谢求学中遇到这么多关心和帮助我的老师、同学和朋友们，感谢家人的支持和鼓励。三年的求学之路中，我万分荣幸成为我的导师聂名华教授博士生的关门弟子，得到恩师悉心指导和帮助。聂老师严谨的治学态度、宽广的学术视野和深厚的学术底蕴、敬业的精神，以及谦和亲切的为人处世方式深深地打动着我。恩师不仅对我论文的选题和框架严格把控，而且对我每次提交的稿件都及时批改，论文的完成凝结着导师大量的辛劳和付出。没有聂老师的指导和帮助，论文是难以顺利完成的。生活中，恩师对学术追求几近忘我，每天三点一线（家—办公室—图书馆），同门师兄师姐们都说，聂门这么多年以来连谢师宴都从未有过，过年过节，一句简单的问候短信就已满足，恩师严谨的治学和为人处世方式将影响我一生，我将以恩师为榜样，继续努力前行。

我要感谢导师组的张中华教授、韩旺红教授、张东教授、顾露露教授、龚强教授等专家在论文开题、预答辩及修改阶段提出了很多宝贵的意见建议，给予了很多的指导和帮助。感谢张虎教授、李占风教授等所有的学位课老师们，你们传授我丰富的专业知识、研究方法和研究本领，因为有您们，让我在论文创作和撰写过程中，少走弯路。

我要感谢三年来对我帮助的同学和朋友们，特别要感谢我的师兄徐英杰博士，在我懈怠散漫、焦躁不安、逻辑混乱的时候，帮我厘清思路，分析原因。感谢赵磊、郝国刚同学在我论文实证结果不畅、不知所措的时候帮我修正实证模型和方法。感谢包小玲、陈浩、李璐、靳光宗、高军同学在我怀孕生二宝阶段给予的关心和帮助。感谢陈汉芳、陈亚男、吴双、桂爱勤同学在我迷茫的时候与我畅谈人生、排忧解难、相互鼓励。感谢齐浩志同学、李菁师姐、张立新师兄、汤军师兄在论文写作之路上的交流学习，相互帮助提高。感谢 2015 级所有博士班同学对我担任班长期间的支持、鼓励和认可。因为有你们，我的求学生涯不再枯燥乏味，与你们在一起的日子我感到幸福快乐。衷心祝大家在未来的道路上越走越好，一切顺利！

  我还要感谢我的丈夫、父母、兄弟姐妹和孩子们，他们的陪伴、包容和支持，是我前进的内在依托力量。在我求学过程中，感谢丈夫和老人帮我承担起照顾孩子、日常料理等繁杂的家务活动，你们的支持使我有时间精力投入学习。感谢兄弟姐妹们在我生二宝时对我的照顾，以及对我大宝的照顾。感谢两个孩子在我身心疲惫的时候对我的问候，逗我开心为我加油。因为有你们，每次在我难以继续、想要放弃的时候都能尽快站起来，恢复信心，再次前行。家人的支持和付出是我完成学业的保障。

  最后，我还要感谢书中引用过材料和文献的作者们，感谢他们的智慧和分享，让我能站在巨人的肩膀上，展开研究。尽管倾尽全力，但书稿告罄之际，我仍感觉与最初的期待存在距离。受制于学识、研究水平和研究方法的限制，书中的纰漏在所难免。我将在今后的研究中进一步完善和改进。衷心希望得到经济学前辈、专家和同行们的批评和赐教，不胜感谢！

杨小花
2019 年 9 月

目 录 contents

导论 ·· 1
    一、研究背景与意义 ··· 1
    二、相关概念界定 ··· 4
    三、文献综述 ··· 7
    四、研究目标、难点及解决办法 ······································ 23
    五、研究方法、结构与创新点 ·· 26

第一章　理论基础与作用机制 ·· 30
  第一节　OFDI 逆向技术溢出基础理论 ·································· 30
    一、技术地方化理论 ·· 31
    二、技术创新产业升级理论 ·· 31
    三、产业关联理论 ··· 32
    四、产业竞争理论 ··· 33
    五、理论评价 ··· 33
  第二节　制造业结构优化升级理论 ·· 34
    一、配第—克拉克定理 ·· 35
    二、库兹涅茨法则和赛尔奎因—钱纳里标准模式 ·············· 35
    三、霍夫曼定理 ·· 37
    四、工业化阶段理论 ··· 38
    五、理论评价 ··· 40
  第三节　OFDI 逆向技术溢出促进制造业结构升级的路径理论 ······· 40
    一、产业转移路径 ··· 41
    二、产业关联路径 ··· 42
    三、产业竞争路径 ··· 43

四、劳动力结构优化路径 ………………………………… 45
第四节 OFDI逆向技术溢出促进制造业结构升级的作用机制 ……… 46
一、OFDI逆向技术溢出对制造业行业内升级的
作用机制 ……………………………………………… 47
二、OFDI逆向技术溢出对制造业行业间升级的
作用机制 ……………………………………………… 50
本章小结 ……………………………………………………… 52

第二章 中国制造业发展新趋势及结构升级指标测算 ………… 54
第一节 中国制造业发展新趋势 …………………………………… 54
一、中国制造业增加值世界领先 ………………………… 54
二、中国制造业行业分化明显 …………………………… 56
三、中国制造业绿色智能化 ……………………………… 60
四、中国制造业组织形态新型化 ………………………… 61
第二节 中国制造业结构存在的突出问题 ………………………… 62
一、技术结构发展不健全 ………………………………… 62
二、空间结构布局不合理 ………………………………… 66
三、能耗结构需转型升级 ………………………………… 70
四、劳动力结构层次不合理 ……………………………… 72
第三节 中国制造业结构优化升级的测度 ………………………… 73
一、基于行业内制造业结构升级的测度 ………………… 73
二、基于行业间制造业结构升级的测度 ………………… 83
本章小结 ……………………………………………………… 88

第三章 OFDI逆向技术溢出新特征及指标测度 …………………… 90
第一节 中国OFDI发展新特征 ……………………………………… 90
一、投资规模不断扩大 …………………………………… 90
二、投资主体多元化 ……………………………………… 92
三、投资区位多集中于发展中经济体 …………………… 94
四、投资方式多样化 ……………………………………… 96
第二节 OFDI逆向技术溢出存在的问题 …………………………… 98
一、OFDI逆向技术溢出地区发展不平衡 ………………… 99

  二、OFDI 逆向技术溢出行业分布不合理 …………………… 101
  三、OFDI 逆向技术溢出区位配置不均衡 ………………… 103
 第三节 OFDI 逆向技术溢出总量指标测度 …………………………… 104
  一、OFDI 逆向技术溢出测度指标 ………………………… 104
  二、目标国选取及 OFDI 逆向技术溢出指标测算 ………… 105
 第四节 中国 OFDI 逆向技术溢出效应分析 ………………………… 109
  一、中国各省 OFDI 逆向技术溢出效应分析 ……………… 109
  二、中国各行业 OFDI 逆向技术溢出效应分析 …………… 111
 本章小结 ……………………………………………………………… 113

第四章 OFDI 逆向技术溢出促进制造业行业内结构升级实证 ……… 115
 第一节 OFDI 逆向技术溢出促进制造业总体技术进步实证 ……… 115
  一、模型构建 ………………………………………………… 115
  二、数据来源及处理 ………………………………………… 116
  三、实证检验与结果分析 …………………………………… 123
  四、稳健性检验 ……………………………………………… 126
 第二节 OFDI 逆向技术溢出促进制造业行业技术进步实证 ……… 128
  一、数据来源及处理 ………………………………………… 128
  二、制造业分行业实证检验 ………………………………… 132
 本章小结 ……………………………………………………………… 134

第五章 OFDI 逆向技术溢出促进制造业行业间结构升级实证 ……… 136
 第一节 OFDI 逆向技术溢出促进制造业结构高级化实证 ………… 136
  一、模型构建 ………………………………………………… 137
  二、数据来源及处理 ………………………………………… 137
  三、实证检验与结果分析 …………………………………… 143
  四、稳健性检验 ……………………………………………… 148
 第二节 OFDI 逆向技术溢出促进制造业结构合理化实证 ………… 150
  一、模型构建 ………………………………………………… 150
  二、数据来源及处理 ………………………………………… 151
  三、制造业结构合理化实证检验与结果分析 ……………… 151
  四、稳健性检验 ……………………………………………… 154

本章小结 ·· 156

第六章　OFDI 逆向技术溢出影响因素的门槛检验 ·············· 158
　第一节　OFDI 逆向技术溢出效应的影响因素 ················· 158
　　　一、人力资本 ·· 158
　　　二、研发强度 ·· 159
　　　三、技术差距 ·· 159
　　　四、经济发展水平 ···································· 160
　　　五、贸易开放度 ······································ 160
　　　六、投资开放度 ······································ 160
　第二节　各影响因素的门槛检验 ··························· 161
　　　一、模型构建 ·· 161
　　　二、数据来源及处理 ·································· 162
　　　三、实证检验与结果分析 ······························ 164
　　本章小结 ·· 173

结论与政策建议 ·· 174
　　　一、结论 ·· 174
　　　二、政策建议 ·· 176

附录 ·· 180
　　　附录一　制造业新分类 ································ 180
　　　附录二　区域制造业结构偏离度 ························ 182
　　　附录三　区域制造业泰尔指数 ·························· 184

参考文献 ·· 186

导　论

一、研究背景与意义

（一）研究背景

我国自 2001 年正式提出"走出去"发展战略以来，中国对外直接投资额呈逐年高速增长态势，根据商务部的数据显示，2002~2016 年间，中国 OFDI 流量从 28.5 亿美元增长到 1 961.5 亿美元，连续保持 15 年的增长，年均复合增速高达 35.8%。2013 年首次突破千亿美元大关后，2014 年达到 1 231.2 亿美元，同比增长 14.2%，随着中国"一带一路"倡议的实施推进，2015 年以 1 456.7 亿美元超越日本成为全球第二大对外投资国，2016 年中国对外直接投资流量净额达到历史巅峰，为 1 961.49 亿美元，是 2002 年的 72.65 倍，2017 年，在政府创新对外投资方式政策的引导下，对外投资逐步回归理性，投资额 1 582.9 亿美元，同比下降 19.3%。投资涉及国民经济各行业，2016 年，对外直接投资流量租赁和商务服务业 657.8 亿美元排行首位，制造业 OFDI 额 290.5 亿美元，排名第二，比上年增长 116.7%，批发和零售业 275.6 亿美元，比上年增长 72%，信息传输、软件和信息技术服务业 203.6 亿美元，比上年增长 252.2%，制造业的 OFDI 增长迅速。据世界银行数据，早在 2013 年，中国制造业增加值就世界排名第一，占比达到 20.8%。到 2016 年，中国制造业增加值已连续 7 年蝉联世界首位，其中装备制造业产值已突破 24 万亿元，全球占比已超过 30%。

2018 年 3 月 23 日，美国总统特朗普正式签署对华贸易备忘录，宣布限制中国企业对美国的投资并购，并对从中国进口的 600 亿美元商品加征关税。2018 年 4 月 16 日，美国商务部发布对中兴通讯的出口禁令，直到 2025 年 3

中国 OFDI 逆向技术溢出促进制造业结构升级研究

月13日，美国公司将被禁止向中兴通讯销售零部件、商品、软件和技术。全球智能手机处理器，美国供应近六成，目前国内也有不少企业有生产相关射频芯片产品的，但目前国内终端品牌，特别是几个大品牌，依然对美国芯片进口的依赖程度很高。虽然国内几大品牌逐渐崛起成为全球领先品牌，同时亦有国内巨大的市场需求优势，却由于芯片等核心技术缺失，被人扼住了喉咙。或许中兴此次事件引起企业对产业链的反省，它给中国企业敲响了一次警钟：没有核心技术就没有话语权。科技实力才能让企业保持旺盛的发展动力，才能让中国屹立于世界民族之林。

在中国经济步入"新常态"，工业的增长特别是制造业增长体现了国民经济长期增长的持续驱动，而随着德国工业4.0的提出对全球制造业提出了更高要求，为此，国家积极推出供给侧结构性改革和制造强国战略，以解决中国制造业产业结构面临巨大挑战：一方面，在中国经济增速维持7%的"新常态"下，"稳增长、调结构、促升级"成为我国经济发展的首要目标，国家推进供给侧结构性改革与大众创业，万众创新的"双创"战略，大力推进自主创新，大力支持对国民经济、国防建设和人民生活水平息息相关的数控机床、航空航天装备、通信网络、新能源汽车等新兴制造产业的转移，促使制造业产业间的结构升级，继而加快转变中国经济发展增长方式，推进建设制造强国的发展战略。另一方面，在中国经济"三期叠加"① 和中国制造2025实施制造强国的背景下，传统制造业依赖产品组装、简单零部件生产等代工环节的低技术、低附加值的劳动密集型制造业，迫切需要向高技术、高附加值的资本技术密集型产业升级，以调整制造业产业内部结构实现由中国制造向中国创造、中国速度向中国质量、中国产品向中国品牌的三大转变。最后，在新形势下，全球制造业步入智能化、绿色化、网络化和服务化的新趋势，中国制造业自主创新能力薄弱、核心技术缺失，劳动力成本上升、资源枯竭、环境污染等技术结构、劳动力结构和能耗结构问题突出，以往以破坏生态环境为代价的，低劳动成本的快速粗放型发展方式面临转型升级。因此，本书以问题为导向，提出和解决以下问题：第一，OFDI作为国际技术溢出的第四路径，中国对外直接投资在转移国内过剩产能基础上，是否能促进国内制造业行业内和行业间升级，优化制造业结构以占领国内外市场，取得长足发展？第二，OFDI逆向技术溢出对制造业内部结构作用机制？OFDI逆向技术溢出

---

① 三期叠加：是指增长速度换挡期、结构调整阵痛期和前期刺激政策消化期。

如何促进制造业结构升级？第三，制造业 OFDI 逆向技术溢出效应的吸收能力？各影响因素门槛值多少？对这些问题的研究无疑具有重要的理论意义与实际应用价值。

（二）研究意义

1. 理论意义

本书的研究有利于丰富 OFDI 逆向技术溢出与制造业结构升级理论。20 世纪 60 年代以来，国内外学者已从多视角、多维度对 OFDI 促进产业结构升级效应展开研究，并在理论层面和实证层面都取得了较为丰硕的成果。但以往的研究存在以下几方面的不足：第一，无论是针对发达国家传统的 OFDI 理论还是发展中国家新的 OFDI 理论，都从不同的角度解释了世界各国企业的海外投资行为、方向及发展规律。这些研究能在一定程度上指导中国对外直接投资的实践，但迄今为止还没有专门的理论分析、论述 OFDI 逆向技术溢出促进投资母国制造业结构升级的关系。第二，多数学者的研究着重关注 OFDI 逆向技术溢出效应的存在性、产生机理，以及对投资母国的产业结构升级效应。聚焦制造业内部结构的 OFDI 逆向技术溢出的升级机理，互动关系，现有的理论分析与实证分析研究均较少。第三，制造业 OFDI 逆向技术溢出效应受多种因素的影响，各因子的门槛值也不尽相同。本书借助新供给结构经济学、数理统计学、计量经济学与产业经济学理论等方面的技术与方法，研究中国 OFDI 逆向技术溢出促进制造业结构升级的关系，以及制造业 OFDI 逆向技术溢出效应的门槛检验，弥补了现有研究的不足，具有重要的理论意义。

2. 现实意义

本书的研究有利于丰富 OFDI 渠道对制造强国和国家供给侧结构性改革的政策内涵，具有重要的现实意义。制造业是实体经济的主体，改革开放以来，我国制造业取得长足发展，但总体大而不强，部分行业产能严重过剩，高端供给明显不足，产业整体处于价值链中低端，迫切需要加快供给侧结构性改革，提升供给质量和效率，制造业是供给侧结构性改革主战场。OFDI 是国际技术溢出的重要渠道之一，在供给侧结构性改革背景下，研究 OFDI 对投资母国的逆向技术溢出效应是否促进了制造业技术进步、产业结构升级具有重要的理论现实意义。产业结构水平和层次是世界各国十分关注的重大战略问题，从侧面反映了一国比较优势和国际竞争力潜能，现代经济的发展已不止关注经济总量的增长，更注重技术创新对经济结构调整产业结构的优化升级效应。

制造业是三大产业中的支柱，在金融后危机时代，发达国家已发起制造业回归的倡议，调整制造业产业结构对中国制造业从大国向强国转变具有重大的现实意义。据此本研究选题以"新常态"和实施制造强国战略的背景下，国内制造业结构升级为落脚点，通过探析 OFDI 逆向技术溢出对制造业结构升级的具体影响效果和作用机理，以求能够为国内经济结构调整和转型，高水平、全方位对外开放新局面的开创和提升 OFDI 质效提供理论上的支撑和政策性建议，继而为新时期"一带一路"倡议提供借鉴作用，有效引导国内外各项经济事业协调发展，带动国民经济持续、稳定增长。本书基于制造业这一特定行业视角，研究 OFDI 逆向技术溢出效应对国内制造业结构升级的影响具有重要的现实意义。

二、相关概念界定

（一）对外直接投资

对外直接投资（outward foreign direct investment，OFDI），也叫国际直接投资。联合国贸易与发展组织（UNCTAD）2002 年《世界投资报告》中对其的定义是："一国（地区）的居民实体（对外直接投资者或公司）在其本国（地区）以外的另一国的企业中建立长期关系，享有持久利益，并对之进行控制的投资。[①]"而中国商务部联合国家统计局和国家外汇管理局发布的《对外直接投资统计制度》将其定义为："我国对外直接是指我国企业、团体等境内投资者，在国外及港澳台地区以现金、实物、无形资产等方式投资，并以控制国（境）外企业的经营管理权为核心的经济活动。对外直接投资的内涵主要体现在一经济体通过投资于另一经济体而实现其持久利益的目标。"[②] 比较国内和国际上对 OFDI 的定义可知，在概念的表述上并无差异，然而，从 UNCTAD 和中国商务部公布的对外直接投资数据来看，两者的统计口径有些许的不同。由此，本书实证部分有关中国对外直接投资数据来自中国商务部的统计，而国外 OFDI 的相关数据则是基于 UNCTAD 数据库的统计。

[①] UNCTAD. World Investment Report [J]. New York and Geneva, 2002: 253.
[②] 中华人民共和国商务部，国家统计局，国家外汇管理局. 对外直接投资统计制度 [EB]. 2017 - 3 - 24: 35. http://www.mofcom.gov.cn/article/b/g/201703/20170302540271.shtml.

（二）逆向技术溢出

联合国亚洲及太平洋经济社会委员会（ESCAP）和联合国跨国公司中心（UNCTC）将技术定义为"有形及无形商品的生产及销售的知识、经验和技巧"①。技术溢出指的是技术知识的生产者无法独享技术知识带来的利益，从而导致技术知识的流动。OFDI 技术溢出是指对投资国在通过 OFDI 渠道向东道国跨国投资时，也将知识、技术等资源流入东道国，进而促进东道国的经济增长和发展的效应。而 OFDI 逆向技术溢出目前并没有一个标准定义，并且在国内有些文献中有时被称为反向技术外溢效应（王英、刘思峰，2008）或逆向技术外溢效应（叶红雨、杨清，2013）②。传统型对外直接投资理论认为企业进行 OFDI 的动机主要有四种：市场寻求型、资源寻求型、战略资产寻求型和技术寻求型的对外直接投资。技术寻求型对外直接投资认为企业进行对外投资不仅是发挥自身技术比较优势，更重要的是通过寻求技术和逆向的技术溢出，并将其传输回母国以促进投资母国的技术进步和产业升级。因此，本书结合中国国情界定的中国 OFDI 逆向技术溢出是指中国 OFDI 对东道国存在的技术溢出效应，即中国对外投资企业对东道国的 OFDI 会引起本国技术溢出效应，促进本国技术进步和经济增长的现象，因其技术溢出的方向与中国对东道国企业、产业的方向相反，因此称这种效应为逆向技术溢出效应。主要表现为：中国企业通过绿地投资、跨国并购、战略联盟等形式获取东道国企业先进的技术和管理经验；再通过企业内部科技研发人员跨国信息交流等渠道传导回本国母公司，母公司在消化、学习基础上加以适当的创新；最后，本国母公司与国内关联企业、产业间通过同行竞争、合作以及政府政策激励等多种渠道实现技术外溢，进而提升整个国家的技术水平和创新能力，促使国家产业结构升级。

（三）制造业结构升级

产业是指具有某种同类或具有密切替代关系的产品、服务企业经济活动的集合，它是随着社会生产力发展和社会分工而出现的。③ 广义的产业指国民

---

① Tapvong C. Costs and Conditions of Technology Transfer through Transnational Corporations ESCAP/UNCTC [J]. Journal of Southeast Asian Studies, 1989, 20 (1): 233 - 153.

② 叶红雨，杨清. 全球价值链下中国企业逆向技术外溢效应的实证研究 [J]. 研究与发展管理，2013, 25 (4): 61 - 68.

③ 吴建伟. 产业经济学 [M]. 清华大学出版社，2016 (1): 1 - 3.

经济中的各种行业，如农业、工业、服务业等。狭义的产业指工业或制造业内部的各种具体部门或行业。如汽车、电子、机械、纺织等。产业有不同的分类标准：如英国经济学家、新西兰澳塔哥大学教授阿·费希尔1935年首次提出三大产业分类法，将产业分为第一、第二、第三产业。生产要素分类法根据不同产业在生产过程中对劳动、资本、技术等资源的需求种类和依赖程度差异，将产业分为劳动密集型产业、资本密集型产业和技术密集型产业。国际标准产业分类法根据联合国经济和社会事务部2016年提出的最新的《国际标准产业分类》（ISIC Rev4.0），国民经济可以分为农林渔业、制造业等21个大门类。而按照中国统计局最新的《国民经济行业分类》（GB/T 4745 – 2017），国民经济可以分为20个大门类、97个大类、300多个中类和更多小类。门类也称行业，是对企事业单位的一种分类，是国际分工专业化的产物。指国民经济生产中出现从事不同性质、不同种类商品生产的企事业单位。产业的概念比行业更宽泛、更宏观、更抽象。如制造业属于国民经济分类中的第三大行业，下面又有31个细分行业。

产业结构也称国民经济的部门结构，是指国民经济各个部门、各个产业之间生产、技术、经济联系和数量的比例关系或内部构成。制造业结构（industrial structures）是指制造业各部门之间、各制造业部门内部、各行业及企业间的构成及相互制约的联结关系。制造业结构升级具体可以概括为制造业内的产业结构从一个低级形态向高级形态转变的过程，这一过程被韩丹、冯根福等（2008）概括为经济发展的历史和逻辑顺向演进的过程。它的内涵则可以概括为：由以劳动密集型为主的制造业内部结构向以资本技术密集型为主的制造业内部结构演进；由以传统低技术制造业为主的内部结构向以高新技术制造业为主的内部结构演进；由以低附加值制造业为主的内部结构向以高附加值制造业为主的内部结构演进。[①] 阳立高、谢锐等（2014）则认为我国制造业结构升级体现为制造业内部细分的劳动、资本和技术密集型行业占制造业总产值比值改变。即劳动密集型制造业产值占制造业总产值比重降低，技术密集型制造业产值所占比重不断上升，而资本密集型制造业产值所占比重先升后降的动态过程。[②]

产业结构升级是一个相对概念，是指产业结构系统由较低级形态向高级形

---

① 韩丹，冯根福. 资本市场融资与产业结构升级 [J]. 求索，2008（10）：12 – 14.
② 阳立高，谢锐，贺正楚，等. 劳动力成本上升对制造业结构升级的影响研究——基于中国制造业细分行业数据的实证分析 [J]. 中国软科学，2014（12）：136 – 147.

态演变的过程中,产业总体发展也在不断攀升。冯春晓(2009)、赵伟(2010)、戴魁早(2014)① 傅元海等(2016)② 大量的文献认为产业结构升级包括高级化和合理化两方面。产业结构高级化是指产业结构由低级向高级顺向递进的发展演进过程,是产业结构质的飞越,如原来以第一产业为主的产业结构,逐步转变为以第二、第三产业为主的产业结构。产业结构合理化体现的是不同产业间生产要素等资源配置效率、协调能力和投入产出结构的耦合质量的提高。

因此,结合学者们对我国制造业升级的判断和中国制造业"创新驱动、智能转型"的制造强国战略发展的实际,本书认为的制造业结构升级包括行业内升级和行业间升级。行业内升级表现为制造业内部各细分行业的技术进步,具体体现在各行业生产要素有效组合配置、技术知识、管理经验及产品质量的提高,以及新旧产品的升级更替;制造业行业间升级表现为制造业内部结构的合理化和高级化,高级化表现为高技术含量、高附加值、高加工度比重的增加,产值结构的高级化、就业结构的高级化和资产结构的高级化。

三、文献综述

(一) 关于 OFDI 逆向技术溢出效应的研究

逆向技术溢出的研究始于多加尔(M. Dougall, 1960)的技术溢出,但早期的研究仅限于理论的探讨,并无实证支持,也未引起学术界的广泛关注。直到考古特和常(B. Kogut & Chang, 1991)从投资动机的视角出发,论证了技术寻求型 OFDI 的存在性,学者们才开始关注对外投资的研究。对 OFDI 的研究主要从逆向技术溢出的存在性和溢出机理两方面进行阐述。

1. OFDI 逆向技术溢出存在性研究

关于 OFDI 的逆向技术溢出效应是否存在,学者们尚未达成一致的观点,但多数学者实证检验了 OFDI 逆向技术溢出的存在,主要研究观点如下。

---

① 戴魁早. 中国工业结构的优化与升级:1985~2010 [J]. 数理统计与管理, 2014, 33 (2): 296-304.
② 傅元海, 叶祥松, 王展祥. 制造业结构变迁与经济增长效率提高 [J]. 经济研究, 2016 (8): 86-100.

(1) OFDI 存在积极的逆向技术溢出效应的研究

考古特和常（1991）通过研究日本企业 1976～1987 年对美国的投资，发现日本企业采用合资形式投资美国技术密集型产业，获得了美国先进的技术，由此首次提出 OFDI 存在逆向技术溢出效应的构想。考伊和霍普曼（D. T. Coe & E. Helpman，1995）通过实证检验证实了 OFDI 技术溢出的存在性。受其启发，不同学者通过不同的数据对此问题进行了丰富的实证检验，逆向技术溢出的存在得到了学术界的公认。对此做出贡献的有：利奇顿伯格和波特里（Lichtenberg & Van Pottelsberghe de la Potterie，2001）通过对美国、日本等 13 个国家的进口、FDI 和 OFDI 渠道技术溢出检验，得出进口和 FDI 渠道显著的正向技术溢出效应。纳瓦里蒂和卡斯特梅尼（Barba Navaretti & Castellani，2004）通过对意大利跨国数据检验，证实同类型企业对外直接投资更有利于产出的增长和全要素生产率的提高。布兰斯特特尔（Branstetter，2006）及比特泽尔和克里克斯（J. Bitzer & M. Kerekes，2008）等通过研究日本和美国企业的国外研发溢出渠道，实证发现日本和美国企业的 FDI 和 OFDI 渠道的双向技术外溢效应。德里弗利尔德和莱弗（Driffield & Love，2009）研究发现，外资企业投资于英国技术密集型行业时，英国研发资本存量的增加会促进投资母国企业生产率的增长，以此验证了 OFDI 逆向技术溢出对投资母国企业存在积极的正向影响。赫尔泽（Dierk Herzer，2010）研究 33 个发展中国家 1980～2005 年的对外投资面板数据，实证检验了 OFDI 逆向技术溢出存在国别差异。赫尔泽（2012）通过实证得出德国的对外直接投资能显著提高德国国内生产总值及全要素生产率的增长，而国内产值的增加又会促进德国对外直接投资的扩张，两者互为双向因果关系。阿罗拉和罗哈尼（Arora, N. & Lohani, P., 2017）[①] 通过研究印度药品和制药行业对外直接投资，证实了 OFDI 逆向技术溢出的存在性。

国内学者对 OFDI 逆向技术溢出存在性的研究起步较晚，但发展很快，已取得了较丰富的研究成果，其中相当多的研究结果显示我国的 OFDI 存在积极的逆向技术溢出效应。赵伟等（2006）运用 1985～2004 年间的数据，实证研究发现，中国对外直接投资在对研发资本较多的国家时，能获得显著的逆向技术溢出效应。李平、宋丽丽（2009）在国际 R&D 研发溢出模型上，加入技

---

① Arora Nitin, Lohani Preeti. Does foreign direct investment spillover total factor productivity growth? A study of Indian drugs and pharmaceutical industry [J]. Benchmarkin – An International Journal, 2017 (24): 1937–1955.

术差距、人力资本等因素，实证得出 OFDI 国际 R&D 逆向溢出对我国技术进步存在促进效应。刘宏、张蕾（2012）运用 VAR 模型，实证发现 OFDI 存量每增加 1 单位，全要素生产率增长 2.07 个单位。李梅、柳士昌（2012）采用广义矩估计方法实证检验了 OFDI 的逆向技术溢出存在明显的地区差异。欧阳艳艳、郑慧（2013）采用国际研发溢出模型，分析发现我国东中西部的 OFDI 逆向技术溢出对地区经济增长均有正向作用，东部的影响大于中西部。叶建平、申俊喜等（2014）采用动态面板估计方法实证检验了我国 OFDI 的逆向技术溢出效应显著且表现明显的区域异质性。鲁万波、常永瑞等（2015）从投资国的自主创新能力和 TFP 两个角度构建模型检验了中国 OFDI 的逆向技术溢出效应，研究发现无论是从短期还是从长期看，OFDI 都促进了中国的技术进步。叶娇、赵云鹏（2016）采用倾向得分匹配（PSM）方法，从企业微观层面实证检验发现 OFDI 能显著提升投资企业全要素生产率，进一步表明 OFDI 逆向技术溢出在企业层面的显著性。姚战琪（2017）[①] 利用 2003～2014 年省级面板数据，实证检验发现中国对"一带一路"沿线国家 OFDI 逆向技术溢出效应的存在性。李娟、唐珮菡等（2017）研究发现 OFDI 渠道获得的逆向技术溢出能显著提升我国的自主创新能力，OFDI 逆向技术溢出的创新效应存在显著的区域异质性，进而证明 OFDI 逆向技术溢出的存在性。

（2）OFDI 逆向技术溢出不显著的研究

在多数研究学者认为 OFDI 逆向技术溢出存在时，少部分学者观点相悖。布拉克尼尔等（Braconier et al.，2001）从产业和企业的中微观层面，采用瑞典的对外直接投资数据，实证检验发现 OFDI 的研发资本存量并不能促进投资母国生产率的提高，由此得出瑞典的对外直接投资逆向技术溢出效应不显著的结论。克雷纳特和托巴尔（Kleinert & Toubal，2007）从企业层面，采用德国 1997～2003 年间对外直接投资数据，研究发现子公司的海外投资并不能带动国内母公司生产率的提高，从而得出 OFDI 逆向技术溢出效应不显著的结论。比特泽和科里克斯（Bitzer & Kerekes，2008）实证发现 G7 国家对外直接投资的研发溢出效应不显著，而非 G7 国家的国外研发资本存量与投资母国全要素生产率的影响则表现为负相关。王英和刘思峰（2008）基于国际技术溢出模型，运用中国 1985～2005 年的时间序列数据，实证检验了发现对外直接

[①] 姚战琪.「一带一路」沿线国家 OFDI 的逆向技术溢出对我国产业结构优化的影响 [J]. 经济纵横，2017（05）：44–52.

投资渠道的国外研发资产不能促进我国的技术进步。白洁（2009）基于1985～2006年对外直接投资数据，实证结果显示中国OFDI逆向技术溢出对全要素生产率的影响不显著。李梅（2010）采用协整和误差修正模型，基于1985～2008年的对外直接投资数据，实证检验认为OFDI逆向技术溢出不显著。

2. OFDI逆向技术溢出实现机理研究

考古特和常（B. Kogut & Chang，1991）最早以日本和美国为例，研究了OFDI国外研发资本溢出的实现机制。考伊和霍普曼（D. T. Coe & E. Helpman，1995）以及利奇顿伯尔和B. P.（F. R. Lichtenber & B. P.，2001）都将研发活动视为产生溢出的源泉。马基诺和迪利奥斯（Makino & Delios，1996）①的研究认为，传统获取东道国知识的方式，如通过与当地企业合营、通过占有合营公司的股份、通过参与当地市场的经营的方式不是最有效的，而通过正常的技术交流，人员流动和绿地投资也会产生有效的逆向技术溢出效应。格里菲（Griffith，2006）在德里菲尔德和莱弗（Driffield N & J. H. Love，2010）的研究思路基础上，认为OFDI逆向技术溢出实现同时受投资母国的研发资本投入和国外研发资本的外部化效应的影响，并分析了影响英国制造业OFDI逆向技术溢出效应的因素，如英国制造业的研发密集度、产业集聚过程中的外部化效应等。哈尔霍夫和穆勒（Harhoff & Muller，2014）利用欧洲专利局数据研究技术寻求型OFDI逆向技术溢出发现，德国企业拥有美国当地发明者更利于德国企业从美国获得技术溢出。

冼国明、杨锐（1998）构建了发展中国家对发达国家OFDI的"学习型FDI模型"，并从技术积累、竞争策略等方面对发展中国家的OFDI进行了研究。汪琦（2004）认为OFDI一方面可以通过资源补缺效应、产业转移效应转移国内粗放型的"边际"产业，另一方面可以通过获取国外技术资源，促使新兴产业成长，并通过产业关联效应带动整个产业链技术水平的提高，促进国内资源的再配置，提高投资收益，促进国内产业整体的优化升级。赵伟（2006）认为OFDI传导机制有外围研发剥离机制、逆向技术转移机制、研发费用的分摊机制和研发成果的反馈机制，OFDI通过这四种机制形成链条模型系统促进国内技术进步。陈菲琼和虞旭丹（2009）认为企业OFDI溢出有四个传导机制：海外研发反馈机制、收益反馈机制、子公司本土化反馈机制、对

---

① Shige Makino, Andrew Delios. Local Knowledge Transfer and Performance: Implications for Alliance Formation in Asia [J]. Journal of International Business Studies, 1996, 27 (5): 905–927.

外投资的公共效应。认为企业进行海外投资所取得的投资收益，若留在国外的子公司将有利于提高其对国外技术的消化吸收能力和本土化技术反馈能力，若回流到国内母公司亦有利于提升其公共效应和整体的技术升级。朱彤和崔昊（2012）则提出中国对东道国研发资本和人力资本的逆向溢出存在显著的门槛吸收能力，而削弱其对我国技术进步的促进作用。叶红雨和韩东（2015）构建了 OFDI 逆向技术溢出实现的三条路径。第一条路径是海外投资企业融入东道国技术领域的方式，主要包括绿地投资、跨国并购、战略联盟等方式；第二条路径是技术反馈输出路径，是子公司在将国外先进技术知识消化吸收后通过企业内部人员的跨国交流等渠道传递到国内投资企业；第三条路径是技术扩散影响路径，是国内投资企业通过同行竞争、上下游的前后向关联实现技术外溢，促进国内整体技术创新能力的提升和产业的优化升级。

（二）关于 OFDI 逆向技术溢出效应影响因素的研究

尽管国内外对 OFDI 逆向技术溢出存在性的结论争论不一，但近年来学者们从不同影响因素出发，试图解释结论不一的原因，OFDI 逆向技术溢出效应存在性的研究分歧推动了 OFDI 逆向技术溢出研究的进一步发展。一方面，虽然相当多的学者肯定了对 OFDI 逆向技术溢出效应的存在，但他们也发现这种逆向技术溢出效应存在明显的国家和地区差异；另一方面，那些实证结论得出 OFDI 逆向溢出效应不显著的文献又与学者们的预期不符。因而到底是什么因素导致了研究结果的不同进而影响了这种逆向技术溢出效应呢？

1. 基于东道国视角的因素研究

阿克斯和桑德斯（Acs & Sanders, 2008）认为 OFDI 逆向技术溢出效应受东道国知识产权保护制度的影响，健全的知识产权保护制度有利于技术创新活动的提升。赫姆斯和伦希克（Hermes & Lensink, 2003）[1]、阿尔法罗等（Alfaro et al., 2004）、考斯克（Koske, 2009）研究发现 OFDI 逆向技术溢出受东道国金融发展水平的影响，东道国金融系统薄弱、金融市场制度不完善不利于技术外溢效应的吸收。希瓦科特等（Sivak et al., 2011）[2] 则认为

---

[1] Hermes, Lensink. Foreign Direct Investment, Financial Development and Economic Growth [J]. The Journal of Development Studies, 2003 (40): 142 – 163.

[2] Rudolf Sivak, Anetta Caplanova, John Hudson. The impact of governance and infrastructure on innovation [J]. Post – Communist Economies, 2011, 23 (2): 203 – 217.

OFDI 逆向技术溢出通过东道国政策制度环境的影响削弱技术创新活动。项本武（2009）① 采用 GMM 估计方法，检验中国对外直接投资区位分布的影响因素，研究发现：东道国市场规模、工资水平、对出口度量的双边贸易联系及双边汇率对中国在东道国投资有影响。蔡冬青和刘厚俊（2012）考察中国 OFDI 逆向技术溢出效应受东道国制度变量的影响，结果发现东道国完善的知识产权保护制度、发达的技术市场和高效的政府公共治理效率都可以促进我国 OFDI 的逆向技术溢出。沙文兵（2014）实证研究发现东道国知识产权保护制度、经济发展水平和创新能力对 OFDI 逆向技术溢出有正向的影响，而中国与东道国间的文化差异对 OFDI 技术的逆向溢出有负向的影响。申俊喜和戴娟（2015）② 认为中国 OFDI 逆向技术溢出效应受东道国经济、政治制度因素的影响，东道国自由的经济制度、高效的政府治理水平都将促进 OFDI 逆向技术溢出效应的吸收，并且东道国经济制度质量对我国 OFDI 逆向技术溢出的促进作用更加显著。顾露露、平淑娟等（2016）③ 从东道国研发资金、人员投入、专利和高新技术产品产出四个维度，考察中国企业向 OECD 国家的海外投资的逆向技术溢出效应的影响。叶红雨、韩东等（2017）认为东道国异质性特征影响投资企业获取技术溢出的成本和效率，并实证检验了东道国的不同特征因素对逆向技术溢出效应吸收能力的影响。

2. 基于投资国吸收能力视角的因素研究

科恩和利文索尔（Cohen & Levinthal，1989）最早提出吸收能力理念，是研究企业研发作用时提出的，认为吸收能力是研发企业对外部知识环境的有效识别，通过模仿消化吸收到创新利用的能力。阿布鲁（Abrue，1992）等将吸收能力理论扩展到经济学领域，将公司行为与地区创新能力相联系，采用英国企业的数据测算了企业吸收能力对地区创新能力的影响。随着计量经济学的发展，对吸收能力的研究多考虑各影响因素对地区的空间效应和门槛效应，对吸收能力指标选取也从单一指标向多元指标体系转变。

（1）人力资本

博恩斯坦（Borensztein，1998）最早用人力资本衡量投资国对外直接投资

---

① 项本武. 东道国特征与中国对外直接投资的实证研究 [J]. 数量经济技术经济研究，2009（7）：33 - 46.

② 申俊喜，戴娟. 东道国制度质量对我国 OFDI 逆向技术溢出效应影响分析 [J]. 商业经济研究，2015（5）：91 - 92.

③ 顾露露，平淑娟，王悦. 东道国多维度技术集聚与跨国公司海外投资逆向技术溢出效应研究——基于中国对 OECD 国家投资的实证分析 [J]. 浙江社会科学，2016（9）：46 - 58 + 157 - 158.

逆向技术溢出效应的吸收能力，研究发现人力资本存量越大，说明投资母国对国外先进技术学习、模仿、创新消化吸收能力越强，越有利于对 OFDI 逆向技术溢出效应的吸收和扩散。克里斯泼等（Crespo et al.，2002）[①] 利用 OECD 数据，采用 GMM 估计方法，实证研究发现 OFDI 逆向技术溢出受投资母国人力资本的影响。考伊（Coe，2009）则运用国际技术溢出 C－H 模型，使用 24 个国家的数据，实证研究发现进口贸易渠道的技术溢出受投资母国人力资本的影响，人力资本存量越大越有利于进口贸易渠道的技术溢出。赵伟和汪全立（2006）[②]、刘明霞和王学军（2009）、李梅和金照林等（2011）均以人力资本作为吸收能力的代理指标，实证研究发现中国 OFDI 逆向技术溢出确实受人力资本的影响，人力资本水平强的区域，OFDI 逆向技术溢出效应才显著，因此，中国东中西部地区由于人力资本发展水平不一样，对 OFDI 逆向技术溢出吸收能力也不尽相同。罗丽英和郑兴（2015）[③] 采用 2004～2013 年面板门槛模型，检验人力资本对不同要素密集度行业的 OFDI 逆向技术溢出影响，结果显示人力资本的门槛效应显著。杨小花、徐英杰等（2018）[④] 采用 2003～2015 年的面板门槛模型，检验人力资本、技术差距等因素对 OFDI 逆向技术溢出影响，并指出我国各省对各门槛变量的跨越情况，结果显示我国各省的各门槛因子表现出显著的异质性。

（2）研发强度

科恩和利文索尔（1989）最先提出投资母国研发强度对 OFDI 逆向技术溢出吸收能力的影响。凯勒（W. Keller，2001）、古姆鲍和马乌多斯（M. Gumbau & J. Maudos，2009）在科恩和利文索尔（1989）的研究基础上，以投资母国的研发投入作为吸收能力的代理指标，实证研究发现 OFDI 逆向技术溢出受投资母国研发水平的影响，研发水平越高对国外技术的消化吸收能力越强。林青和陈湛匀（2008）以研发投入作为反映投资国技术吸收能力的指标，他们认为投资国的研发投入以及高等教育水平超出东道国越多，技术吸收能力就

[①] Crespo J., Martin C., Velázquez F. J. International Technology Diffusion through Imports and its Impact on Economic Growth [J]. European Economy Group Working Papers, 2002 (12): 1-25.

[②] 赵伟，汪全立. 人力资本与技术溢出：基于进口传导机制的实证研究 [J]. 中国软科学，2006（4）：66-74.

[③] 罗丽英，郑兴. 人力资本与不同要素密集度行业的 OFDI 逆向技术溢出门槛效应——基于 19 个行业 2004～2013 年面板数据 [J]. 现代财经（天津财经大学学报），2015，35（12）：16-28.

[④] 杨小花，徐英杰，聂名华. 中国 OFDI 逆向技术溢出效应的影响因素分析 [J]. 统计与决策，2018（11）：129-133.

越强,进而 OFDI 逆向技术溢出效应就越大。尹东东、张建清(2016)采用 GMM 估计方法,基于吸收能力视角分区域检验人力资本、研发投入等因素对 OFDI 逆向技术溢出效应的影响,结果显示各影响因素对 OFDI 逆向技术溢出的影响表现出显著的区域异质性。

(3)技术差距

佩里兹(Perez,1997)在前人研究基础上首先提出技术差距对国外研发资本溢出的影响是非线性的,即存在一个技术差距的临界突变点。博恩斯坦(Borensztein,1998)将这种效应称为"门槛效应",将临界突变点比作技术吸收的"门槛"。许(Bin Xu,2000)将技术差距作为吸收能力的代理变量,实证检验投资国对 OFDI 逆向技术溢出的技术吸收能力,结果表明技术领先国人力资本差距较小的国家能够在技术寻求型的 OFDI 中获得逆向技术溢出,而那些技术水平较为落后的国家却难以获得这种溢出好处。克里斯泼(Crespo,2002)基于 OECD 国家的 OFDI 数据,运用 GMM 估计法,研究发现国外研发溢出对 OECD 国家经济增长的影响受到本国人力资本以及研发资本存量的影响。李、李和莱勒斯等(Mei Li,Dan Li & Marjorie Lyles et al.,2016)[1] 以技术差距为门槛变量,建立双重门槛模型实证检验中国企业 OFDI 的逆向技术溢出效应。李燕和韩伯棠(2011)运用中国省际面板数据,构建门槛回归模型实证检验国外研发资本溢出在不同技术差距区间内存在异质性。刘明霞(2010)、尹建华和周鑫悦(2014)实证检验了国内外技术差距对我国 OFDI 逆向技术溢出的影响,结果表明 OFDI 对我国 TFP 的提高产生了显著的逆向溢出效应,但是我国与投资国家的技术差距以及我国不同省市的技术差距均会制约 OFDI 逆向技术溢出吸收能力的提升。申俊喜和鞠颖(2016)基于 15 个国家的非线性门槛技术模型,重点检验了技术差距门槛效应,结果表明,技术差距存在单一门槛值,技术差距对逆向技术溢出具有显著的正向影响。陶爱萍和盛蔚(2018)[2] 采用门槛模型检验技术势差对 OFDI 逆向技术溢出促进制造业高端化水平的显著影响。

(4)其他因素

除了考虑人力资本、研发强度、技术差距对 OFDI 逆向技术溢出影响之

---

[1] Mei Li, Dan Li, Marjorie Lyles, Shichang Liu. Chinese MNEs' Outward FDI and Home Country Productivity: The Moderating Effect of Technology Gap [J]. Global Strategy Journal, 2016, 6 (4): 289 – 308.

[2] 陶爱萍,盛蔚. 技术势差、OFDI 逆向技术溢出与中国制造业高端化 [J]. 国际商务(对外经济贸易大学学报), 2018 (3): 85 – 98.

外，学者们也从经济发展水平、贸易开放度、人口增长率、知识产权保护等方面多元化分析OFDI逆向技术溢出效应的吸收能力。常（Sea Jin Chang, 1995）从技术扩散视角出发，认为贸易开放政策和知识产权保护是影响国内技术扩散效应的关键因素。奥夫斯多特（Olfsdotter, 1998）认为影响投资国吸收能力的因素有很多，如经济开放度、政府政策及行政效率、基础设施状况、人口增长率等因素都影响投资母国对外直接投资逆向技术溢出效应的吸收能力。阿法罗（Alfaro, 2000）则重点关注了一国金融市场效率对吸收能力的影响，认为金融市场效率是影响吸收能力的重要因素。近年来众多学者逐步开始研究制度因素对OFDI逆向技术溢出的重要作用。巴里奥斯和斯托伯（Barrios & Strobl, 2002）认为东道国和母国的经济制度会影响OFDI逆向技术溢出的传导，一个国家的经济开放程度会影响其国内外经济交流效率，从而影响对技术溢出的吸收能力。叶和赵等（Ye Jiao & Zhao Yunpeng et al., 2018）[①]研究文化距离对投资欧洲和美国的OFDI企业逆向及溢出的影响。周春应（2009）在考虑人力资本、研发投入因素的基础上，将金融发展水平、经济开放度等因素也作为吸收能力的衡量指标，通过构造"连乘解释变量"检验各因素对OFDI逆向技术溢出吸收能力的影响程度。李梅和柳士昌（2012）将OFDI看作国际技术溢出的传导渠道，从人力资本、研发强度、技术差距、经济发展、金融发展水平以及对外开放程度多方面实证检验OFDI渠道逆向技术溢出存在显著的门槛效应。余官胜（2013）将地区经济发展水平作为吸收能力的衡量变量，研究了OFDI影响国内技术创新的地区差异性，其研究结果显示，当吸收能力较弱时，OFDI不利于国内技术创新；只有当吸收能力较强时，OFDI才能促进国内技术创新。也有部分学者同时选取多个指标作为OFDI逆向技术吸收能力的代理变量。李梅、袁小艺等（2014）选取科技支持、金融支持、教育支持、知识产权保护、政策开放度及政府对企业的扶持六个维度衡量投资母国的制度环境，并从投资国制度环境视角检验了制度因素对OFDI逆向技术溢出效应的影响，研究显示除政府对企业的扶持因素外，其余五个维度衡量的母国制度环境均对OFDI逆向技术溢出产生积极的影响，且具有显著的地区异质性。韩玉军和王丽（2015）选取中国对13个主要发达国家的OFDI数据，构建国别面板门槛模型，从东道国研发支出、技术差距、人力

---

① Ye Jiao, Zhao Yunpeng et al. Effect of cultural distance on reverse technology spillover from outward FDI: a bane or a boon? [J]. Routledge Journals, 2018 (25): 693–697.

资本、制度环境、市场自由度、全要素生产率、技术创新能力等方面实证研究对中国 OFDI 逆向技术溢出的影响，结果显示除市场自由度及技术创新力因素外，其他各因素对 OFDI 逆向技术溢出均表现为显著的正向影响。衣长军、李赛等（2017）① 运用 Huber – White 稳健残差、面板回归实证检验企业 OFDI 逆向技术溢出受制度距离和海外华侨华人网络的影响。殷朝华、郑强等（2017）以金融发展为门槛变量的门槛模型实证检验 OFDI 影响中国自主创新的门槛特征。阮敏、李衡（2018）② 运用 LP 模型，实证检验投资母国科技、金融、法律支持等制度环境对 OFDI 逆向技术溢出具有显著促进作用。

（三）关于 OFDI 逆向技术溢出促进制造业行业内结构升级研究

关于 OFDI 逆向技术溢出促进制造业行业内结构升级研究，本节主要从 OFDI 逆向技术溢出促进制造业行业内技术进步方面进行梳理。20 世纪 90 年代之前西方学者大多将研究重点放在了对外直接投资对东道国的技术溢出方面，很少涉及 OFDI 对母国的逆向技术溢出效应。随着发展中国家 OFDI 的不断壮大，学者们纷纷开始研究发展中国家 OFDI 对母国的技术水平提升的研究，并取得了一系列富有价值的研究成果。

1. OFDI 逆向技术溢出对制造业技术进步具有显著影响的研究

LP（1996，1998，2001）采用研发资本溢出作为技术溢出的代理变量，全要素生产率作为衡量投资母国技术进步的替代变量，通过一系列研究发现，国外研发资本溢出促进了投资母国技术进步。许和王（Bin Xu & Wang Jianmao，2000）使用 OECD 国家数据进行了更加详细的研究，进一步论证了 OFDI 逆向技术对投资母国技术进步的促进作用。尼格尔和詹姆斯（Nigel & James，2003）则从制造业行业视角出发，研究英国制造业企业的对外投资，结果发现研发强度大的英国制造业的技术会外溢给在英国进行直接投资的外国企业。德里菲尔德和莱弗（Driffield & Love，2003）进一步论证了外资企业对英国研发密集型制造业行业投资，将促进外资企业的技术进步率，且受英国资本存量、投资行业及区域影响。坎特威尔（Cantwell，2004）研究得出制造业行业之间的逆向技术溢出程度存在着显著的差异，如化学制药行业的技术水平得到了

---

① 衣长军，李赛，陈初昇. 海外华人网络是否有助于 OFDI 逆向技术溢出？[J]. 世界经济研究，2017（7）：74 – 87.

② 阮敏，李衡. 母国制度环境对 OFDI 逆向技术溢出效应研究 [J]. 产经评论，2018，9（2）：85 – 98.

提升并最终实现了对英国同行业技术水平的超越，但在橡胶、纺织等行业则没有出现显著的技术进步，且与英国企业的技术差距进一步拉大。斯特法诺等（Stefano et al.，2009）使用印度企业数据，实证检验发现 OFDI 有利于促进投资母国高技术劳动的发展，有利于高技术高附加值制造业行业的发展，而对投资母国低技术劳动具有显著的抑制效应。阿米格希尼和拉贝罗蒂（Amighini & Rabellotti，2010）认为 OFDI 逆向技术溢出是发展中国家实现技术追赶的重要渠道，发展中国家通过 OFDI 有利于国内制造业母公司的技术进步。比赫拉和高尔达（Behera & Goldar，2012）的研究发现投资母国技术进步与对外直接投资的逆向技术溢出存在长期的稳定关系。阿罗拉和罗哈尼（Arora N. & Lohani, P.，2017）基于印度药品和制药行业的对外直接投资研究发现，印度制药行业 OFDI 逆向技术溢出提升了行业技术进步。袁等（Xianping Yuan et al.，2018）[①] 加入风险因素采用经典的线性回归模型，实证检验中国西部地区企业对国外技术密集型产业的 OFDI 将获得显著的逆向技术溢出，以提升西部地区的技术水平。

赵伟等（2006，2007，2010）一系列基于产业内转移视角的研究发现，中国企业对外直接投资加大了行业内竞争，有利于国内行业技术水平的提升。通过对外直接投资，企业可以学习、模仿、消化吸收国外先进的技术水平和管理经验，使企业在国内同行业占据优势，其他企业为了维持、抢占市场也会逐步提高自身的技术水平，促进了国内产业整体结构升级。尹小剑（2010）基于 2003～2008 年我国非金融类对外投资的 6 大行业数据，实证分析各行业对外投资与产业结构关系，结果发现计算机、采矿业和批发零售业影响力更大，而制造业将成为国内产业结构优化的重要途径。李逢春（2013）也基于 6 大行业数据，分析认为我国制造业 OFDI 对国内产业结构升级效应最明显，资源类次之，金融业的升级效应不明显，商务服务业等劳动密集型行业的推动效应最弱。谢光亚、杜君君（2015）利用 2006～2012 年 8 个行业的数据，同样运用灰色关联分析法，实证检验我国 OFDI 对国内产业结构优化关系的影响，研究结果则认为建筑业、信息传输、软件和信息技术服务业、租赁和商务服务业的产业结构优化升级效用不显著，而金融业、制造业、采矿业的产业结构优化升级效用明显。李晓峰和陈凤林（2012）采用 1981～2010 年的数

---

① Xianping Yuan, Yuanyuan Zhang. OFDI Reverse Technology Spillovers of Western China [J]. Open Journal of Social Sciences, 2018, 06 (02): 62 - 70.

据，刘新宇和辛静静（2014）采用 1991~2013 年的数据，通过构建 VAR 模型实证检验发现，不管是长期还是短期，OFDI 均有利于国内产业结构升级，但 OFDI 对国内产业结构升级的影响存在时滞，使得短期内效果弱于长期。申俊喜和鞠颖（2016）采用 2007~2013 年我国电子信息百强企业中上市公司的面板数据，基于分位数回归方法实证检验发现我国电子信息产业 OFDI 逆向技术溢出效应显著，相比于传统电子制造业，软件与信息技术服务业的 OFDI 逆向技术溢出的效果更好。聂飞、刘海云（2015）在探讨 OFDI 影响国内制造业转移机理上，研究发现在行业层面上，资本密集型制造业较之于劳动密集型制造业，具有更强的市场扩张潜力。贾妮莎、申晨（2016）从企业微观出发，研究发现中国企业在 OFDI 上促进了制造业高中端技术制造业增加值份额的提升，对低端技术企业增加值份额的推动作用并不明显，进而推动了制造业产业升级。刘海云和廖庆梅（2017）[①] 对中国制造业 OFDI 存量分类型测算了不同技术水平制造业，不同技术水平 OFDI 对劳动力结构影响存在异质性，初级制造业总体 OFDI 对国内就业有正向促进作用，中等技术制造业 OFDI 对国内就业的影响不显著，高技术制造业 OFDI 对国内就业存在正向促进作用。李超和张诚（2017）[②] 研究发现 OFDI 显著提升了高技术制造业全球价值链的分工地位，但对低技术制造业和中低技术制造业的全球价值链升级的影响尚不显著。王卉（2017）[③] 将制造业 OFDI 分为劳动密集型制造业、技术密集型制造业、生产服务型制造业及知识密集型制造业，采用灰色关联模型，运用全国 30 个省区市 2000~2015 年数据，实证分析制造业 OFDI 对母国产业结构调整的影响，结果显示劳动密集性制造业的对外直接投资对产业结构调整效果显著，且工业对制造业对外直接投资的相对关联度最高。

2. OFDI 逆向技术溢出对制造业技术进步影响不显著的研究

亨里克、卡罗利纳和凯伦（Henrik, Karolina & Karen, 2001）利用瑞典企业和行业层面的数据分析比较了 OFDI 和 FDI 渠道技术外溢效应，结果显示 FDI 渠道的技术外溢效应是不存在的，而 OFDI 途径的逆向技术溢出效应很难解释，由此对技术溢出效应持怀疑态度。李（Gwanghooon Lee, 2005）选取

---

① 刘海云，廖庆梅. 中国对外直接投资对国内制造业就业的贡献[J]. 世界经济研究，2017 (3)：56-67.

② 李超，张诚. 中国对外直接投资与制造业全球价值链升级[J]. 经济问题探索，2017 (11)：114-126.

③ 王卉. 制造业 OFDI 母国的产业结构调整效应分析[J]. 统计与决策，2017 (24)：133-136.

OECD16 国的面板数据比较研究了 OFDI 和 FDI 渠道的技术外溢效应，结论显示 FDI 渠道的技术外溢效应比较明显，而 OFDI 渠道的逆向技术溢出效应不显著。刘伟全（2010）[①] 基于技术创新投入产出视角，运用 1987～2008 年的对外投资数据，采用协整模型，实证检验发现对外直接投资对国内技术进步效果不显著。杨连星、罗玉辉（2017）[②] 采用两步系统动态 GMM 方法分行业检验发现，技术密集型行业尤其是高新技术密集型行业，OFDI 逆向技术溢出效应的促进效应并不显著。

（四）关于 OFDI 逆向技术溢出促进制造业行业间结构升级研究

关于 OFDI 逆向技术溢出促进制造业行业间结构升级研究，国内外学者并没有专门的理论分析、论述 OFDI 促进投资母国制造业结构升级的关系，但从 OFDI 促进投资母国产业结构调整文献内容上找到相应的支撑。本节基于 OFDI 逆向技术溢出对产业结构升级主要从 OFDI 逆向技术溢出促进制造业高级化、合理化显著性和不显著进行梳理。

1. OFDI 逆向技术溢出对制造业行业间结构升级具有显著影响的研究

弗农（Vernon，1966，1971）最早指出美国等发达国家通过对外直接投资将国内劳动密集型制造业转移至发展中国家，反过来促进了投资母国产业向资本和技术密集型产业发展。坎特威尔和多伦蒂诺（John Cantwell & Paz Estrella E. Tolentino，1990）认为技术创新是一国产业升级和企业发展的根本动力，发展中国家受技术和资金的限制，难以通过大规模的研发投入促进技术创新，只能利用特有的学习经验和组织能力掌握和开发现有的技术，以此实现技术创新和产业升级。小川和李（Ogawa & Lee，1996）认为日本和亚洲国家的对外投资多为劳动密集型行业，基于日本六大产业的面板数据，研究各产业对外投资与其资本回报率的关系，产业利率下降企业有动力通过对外投资提升资本回报率，从而优化国内产业结构。利普赛（Lipsey，2002）和萨尔瓦多等（Salvador et al.，2005）分别基于新兴工业化经济体和爱尔兰的数据研究发现，OFDI 通过逆转投资母国中间品需求结构促进母国产业结构优化升级。巴里奥斯等（Barrios et al.，2005）也以爱尔兰海外投资企业对中间品

[①] 刘伟全. 我国 OFDI 母国技术进步效应研究——基于技术创新活动的投入产出视角 [J]. 中国科技论坛，2010（3）：96-101.

[②] 杨连星，罗玉辉. 中国对外直接投资与全球价值链升级 [J]. 数量经济技术经济研究，2017（6）：54-70.

需求结构为研究对象，分析投资企业通过改变国内投入品结构促进母国国内产业结构的调整。马修斯（Mathews，2006）认为发展中国家 OFDI 通过"干中学"、边际产业扩张以及杠杆效应获得新的竞争优势，进而促进母国制造业产业向高附加值高技术和高资本密集型升级。联合国贸发会议（UNCTAD，2006）通过选取中国台湾地区的半导体及计算机制造业、中国和韩国的电子产品制造业及印度的通信信息技术制造业为案例，分析了 OFDI 与国内制造业结构升级的关系，结果表明 OFDI 能够显著优化制造业行业结构，从而促进投资国整体产业结构升级。斯马特（Smart，2012）以加拿大对中国制造业的对外直接投资为研究对象，结果发现提高加拿大对中国 OFDI 的力度，有利于加拿大制造业的有序发展，有利于增强加拿大和中国的双边投资额度，有利于两国制造业结构的升级优化。陈和祖基弗利（Chen & Zulkifli，2012）通过研究马来西亚的对外直接投资发现，马来西亚的对外直接投资与国内制造业增长之间存在双向因果关系。迪施维里等（Deschryvere et al.，2013）基于芬兰的对外投资数据，实证分析芬兰对外投资企业可以通过绿地投资影响母国劳动力结构、资本结构，进而促进母国产业变动调整。

国内关于 OFDI 逆向技术溢出对投资母国制造业结构影响的文献多集中在中国加入世贸组织之后，且发展迅速，这与中国的投资发展阶段（IDP，investment development path）相关。江小涓、杜玲（2002）认为 OFDI 的产业结构效应会从企业内部结构、产业内部结构和产业间的结构转移三个层次对投资母国产业结构产生影响，通过 OFDI 建立新的技术生产线推动企业内部结构调整；通过 OFDI 将母国企业向原产业的上下游转移推动产业内部结构调整；通过 OFDI 将母国原有企业向新的产业转移推动产业间结构转移，最终提升国内产业整体结构升级。赵伟（2006，2007，2010）一系列的系统研究丰富了投资技术溢出对产业结构升级的影响，并将产业结构界定为产业内和产业间结构。并对产业间关联机制作了进一步分解，提出对外投资可划分为前向关联效应和后向关联效应，认为中国 OFDI 逆向技术溢出对产业结构调整起作用的主要是前向关联效应。产业内结构采用"产业高加工度水平"和"霍夫曼系数"表示。冯春晓（2009）在产业结构理论基础上，较早构建了测度制造业结构的指标体系，从制造业结构合理化、高度化方面实证检验发现，OFDI 能显著提升制造业结构高度化，而对制造业合理化的检验则不显著。李梅（2012）、蒋冠宏等（2014）一致认为 OFDI 逆向技术溢出效应显著存在，并能促进地区产业向高附加值和高技术化发展，最终推动行业结构升级。邓丽娜、范爱军（2014）① 采用国际技术溢出模型，实证分析进口和 FDI 渠道对中国制造业产业结构升级影响，结果显示贸易和投资渠道都能促进制造业产业结构升级。欧阳艳艳、刘丽等（2016）② 通过构建产业升级的指标体系，运用空间计量模型，实证得出 OFDI 逆向技术溢出能显著促进产业技术升级。聂飞、刘海云（2016）采用系统 GMM 方法分析 2003~2012 年中国城市各类动机 OFDI 的国内区域制造业转移效应，区域制造业转移效应受不同类型对外直接投资的影响。李东坤、邓敏（2016）采用空间杜宾模型实证检验发现 OFDI 能显著促进产业结构合理化，且表现空间溢出效应，但对国内产业结构高度化的空间溢出影响并不明显。张林（2016）构建动态面板模型实证检验了中国 FDI 和 OFDI 对产业结构优化的总体效应与区域差异，研究结果表明中国 FDI 和 OFDI 均能显著提升产业结构高级化和合理化，但二者的交互作用却因为不协调而产生一定程度的阻碍作用。傅元海、叶祥松等（2014，2016）③ 基于 OECD 将制造业分为低端、中端和高端制造业三类，并分别测算了制造业结构高级化和合理化指数，外资技术溢出有利于制造业结构合理化，而对制造业结构高级化的影响尚不显著。王丽、韩玉军（2017）④ 指出 OFDI 逆向技术溢出通过促进母国技术进步从而推动产业结构升级，并通过计算产业结构层次系数，运用系统 GMM 检验发现 OFDI 逆向技术溢出能显著正向影响产业结构优化。

2. OFDI 逆向技术溢出对制造业结构升级影响不显著的研究

在多数学者认为对外直接投资可以促进母国制造业结构升级的同时，也有少数学者的观点不一致，认为 OFDI 不一定能优化母国的产业结构。尼格（Ng，1995）基于中国香港地区的数据进行研究，得出结论：表面上看 OFDI 有利于香港的产业结构调整，但真实的情况是 OFDI 可能减缓了产业层面以下的 TFP 增长，从而不利于产业结构的调整。斯劳特（Slaughter，1998）采用美国海外投资企业数据研究发现，对外直接投资可以增加海外子公司的资本

---

① 邓丽娜，范爱军. 国际技术溢出对中国制造业产业结构升级影响的实证研究 [J]. 河北经贸大学学报，2014（4）：96－100.
② 欧阳艳艳，刘丽，陈艳伊. 中国对外直接投资的产业效应研究 [J]. 产业经济评论，2016（1）：9－19.
③ 傅元海，叶祥松，王展祥. 制造业结构变迁与经济增长效率提高 [J]. 经济研究，2016（8）：86－100.
④ 王丽，韩玉军. OFDI 逆向技术溢出与母国产业结构优化之间的关系研究 [J]. 国际商务（对外经济贸易大学学报），2017（5）：53－64.

存量、劳动力结构，但这种对外生产转移并未增加海外生产的绝对水平，从而对国内产业结构的影响有限。高灵（Cowling，2010）提出了产业结构空心化理论，认为对外直接投资企业如果将尚未成熟的支柱制造业转移至国外，将导致投资母国产业空心化，将不利于国内制造业结构升级。叶（Ye Ziqi，2016）[①] 通过构建 VAR 模型，动态研究中国广东省对外直接投资与制造业结构优化升级的影响，结果显示制造业结构升级与广东省 OFDI 之间并无显著的 Granger 因果关系。周振华（1998）、国彦兵（2003）和樊纲（2003）等也提出 OFDI 将导致母国产业结构的空心化现象，认为可能的原因是在投资母国新兴支柱产业尚未发展壮大之前，就迅速将落后的成熟产业转移至国外，将引致母国支柱产业的空缺，产业结构新而不强，整体水平下降，不利于产业结构升级。汪琦（2004）、曹秋菊（2006）和宋维佳（2008）等学者的研究指出 OFDI 对国内产业结构升级的影响表现在两个方面：一方面，OFDI 通过转移国内相对落后的濒临淘汰的"夕阳产业"，有利于国内资源要素向新兴高科技产业转移，优化资源有效配置，促进国内产业结构升级；另一方面，OFDI 将加大东道国和投资母国重叠产业的市场竞争，削减国内同行业的生产和就业，通过影响国内产值结构和劳动力结构继而对产业结构升级产生消极影响。杨英和刘彩霞（2015）以中国对"一带一路"沿线 64 个国家的对外直接投资为研究对象，采用 2003～2013 年的数据，运用 VAR 模型实证研究发现 OFDI 对于国内产业结构升级的影响效果不显著，相反，产业结构升级推动了"一带一路"国家的直接投资。

（五）文献述评

从现有文献看，关于 OFDI 逆向技术溢出效应的理论分析和实证检验已经形成了丰富的研究成果，也取得了许多具有现实意义和实践指导意义的研究成果：OFDI 研究多从投资动因、逆向技术溢出的存在性和实现机制几个方面进行阐述，实证检验也多检验 OFDI 逆向技术溢出的存在性和区域异质性，OFDI 逆向技术溢出存在性研究为新兴经济体对发达经济体的 OFDI 提供了理论依据。此外，国内外学者采用多种研究方法深入分析了 OFDI 的产业结构调整和升级效应，但 OFDI 逆向技术溢出在产业结构升级的传导机制及实证检验方面，并未形

---

① Ye Ziqi. A Research on Dynamic Relationship between OFDI and Industrial Structure Optimization—A Case Study of Guangdong Province [J]. Modern Economy, 2016, 7 (1): 55 – 63.

成统一的研究结论，有些则是相异的结论。本书认为有以下几方面不足：

（1）通过现有的研究我们发现欠发达经济体的 OFDI 动机已不仅仅是单纯的技术寻求动机了，还更多地包含了本国产业政策及投资企业自身发展的客观需要。中国作为发展中国家，OFDI 更应立足于本国产业发展实际，通过企业开展 OFDI 来推动国内产业结构调整升级，以促进国民经济的健康持续发展。

（2）国内的研究多是结合中国 OFDI 数据，检验中国 OFDI 逆向技术溢出的存在性。利用 OFDI 逆向技术溢出效应实现制造业结构升级，更是对 OFDI 与供给侧结构性改革理论的融合形成更高的要求。聚焦到制造业这一特定行业，系统研究 OFDI 逆向技术溢出促进产业升级的机理，具有重大的理论现实意义。国内这方面的理论与实证研究仍较少。

（3）现有关于 OFDI 逆向技术溢出产业结构升级效应的研究大多从宏观和微观视角，多采用案例引入、理论阐述和模型分析的方法来探讨 OFDI 促进产业结构升级的影响，对实现机理部分的分析有待完善。此外，通过 OFDI 技术溢出路径的国外研发资本这一中间变量环节促进国内产业结构升级的研究结论尚未达成一致，大部分学者支持 OFDI 有助于产业结构升级的研究观点，但仍有学者认为 OFDI 的产业结构升级效应还有待商榷。因此，仍需根据实际情况不断拓宽研究思路，修正研究方法，扎实推动本领域研究不断向前发展。

（4）研究基本技术工具方面，主要包括 TFP 测算技术、面板回归技术、时序分析技术、数据统计分析技术、参数和非参数回归技术、广义矩估计技术等。实证模型方面多采用测算灰色关联模型、VAR 模型等对全要素生产率的影响，且实证分析多把中国 OFDI 总量数据作为研究对象来考察其对国内技术进步、产业升级的影响。然而总量数据并不能反映各微观主体行为，本书基于制造业中观层面，建立包含制造业行业内和行业间的面板模型和面板门限模型，考虑中国 OFDI 逆向技术溢出在促进制造业结构升级时是否存在门槛，则更具现实意义。

四、研究目标、难点及解决办法

（一）研究目标

1. 探析影响关系

利用客观数据探析中国 OFDI 促进制造业结构长期演变的态势。在中国经济步入"新常态"的新形势下,对外直接投资回归理性,中国制造业面临由大趋强的结构调整的客观需要。本书拟从定性和定量分析的视角探究对外投资路径与国内制造业结构的现实状况及具体影响,并通过客观数据分析 OFDI 逆向技术溢出对有效带动国内制造业结构调整升级的可行性。

2. 寻找作用机理

探索 OFDI 逆向技术溢出对制造业结构升级效应的实现机理,服务国内转型。本研究采用机制分析法从基础理论出发,重点聚焦中观层面探究 OFDI 逆向技术溢出对制造业行业内和行业间结构升级的实现机理。从制造业内部实际情况出发,探求适合中国现阶段促进制造业结构升级的 OFDI 路径,为加快国内经济转型和结构调整寻求新途径。

3. 系统模型分析

全面、系统的实证分析 OFDI 逆向技术溢出对国内制造业行业内及行业间的结构升级效应。在借鉴国际技术溢出回归模型的基础上,构建包含国外研发资本溢出的进口贸易、FDI、OFDI 的三种技术溢出路径以及国内研发资本溢出的系统计量模型。重点考察通过 OFDI 渠道国外研发资本存量的技术溢出对制造业结构升级的具体影响,同时与影响制造业结构升级的国内自主创新渠道以及 FDI 和进口贸易渠道进行横向比较。此外,由于我国地缘广袤,对外投资贸易发展不平衡等历史问题,通过构造面板数据模型分区域对中部、东部和西部地区的影响效果做横向比较,探究 OFDI 逆向技术溢出对制造业结构升级区域异质性,为区域制造业结构协同调整提供理论上的支撑。

4. 测度重要影响因素

挖掘影响制造业 OFDI 逆向技术溢出效应的重要因素,通过修正基础模型构建面板门槛模型。重点从投资母国吸收能力视角检验人力资本、研发强度、技术差距、贸易开放度等因素对制造业结构升级效应影响,并测算中国各省地区差异对各因素门槛值的影响,据此提出区域协调发展增强吸收能力的相关建议。

(二) 研究难点与解决办法

1. 制造业细分行业 OFDI 缺乏公开连续数据,世界各国研发资本存量缺乏同步性

与国际贸易和 FDI 渠道相比,国内外有关中国 OFDI 促进制造业结构升级效应的研究资料较少,数据统计也存在明显滞后性。中国加入 WTO 之

前，OFDI 官方数据统计尚未公开显示，直到 2002 年后才正式陆续公开，而且 OFDI 数据仅公开统计了中国各省区市及产业大类的数据，对制造业细分行业的 OFDI 数据匮乏。此外，世界各国有关国内研发资本存量的统计也缺乏同步性，发达国家如美国、英国等对外投资发展历史悠久，数据统计连续完整相对较成熟，而发展中国家尤其是社会主义国家和新兴经济体如俄罗斯、南非等国则略显不足，数据统计尚未完整统计或公开。为了保持统计口径的一致性，本研究实证部分数据选取 2003～2015 年《中国对外直接投资统计公报》中国整体及各省的 OFDI 数据。此外选取世界银行数据库中，中国对外直接投资占比 7 成以上的研发数据统计完整的，包含发达、发展中国家和新兴市场在内的 16 个国家或地区作为样本，以 2003 年为基期，测算通过逆向技术溢出渠道获得的国外研发资本存量；并采用各省制造业 OFDI 数据，对各省制造业细分行业数据按技术密集度分类加总；并由此来研究 OFDI 对国内制造业结构升级的影响。

2. 制造业结构优化升级指标多样且片面

国内有关制造业结构升级指标研究较少，尚未形成统一的标准，而讨论产业结构优化升级指标的研究成果比较丰富。衡量制造业结构层次的指标多套用产业结构层次理论，在指标选择上也不尽相同，有的采用赋权法有的采用比重法，学者们的随意性较大。虽然这些指标均能在一定程度上衡量制造业结构层次，但究竟哪种方法更科学、更准确、更客观、更完整都尚未定论。显然，各种指标都有其独特性和片面性，而指标所需要的数据也存在一定的稀缺性，这也是本研究的难点和亟待攻克的难关，也是本书亟须解决的重要理论和方法问题。结合本研究议题数据的可获得性和及时性，笔者在查阅相关文献资料，吸取各家观点的基础上，拟从制造业行业内部和行业间两方面，采用衡量制造业结构升级的多级指标来全面测算制造业结构升级的现状，增强其可行性和说服力。

3. 影响制造业 OFDI 逆向技术溢出效应的因素量化方法有待完善

在考察制造业 OFDI 逆向技术溢出影响因素时，本研究仅从投资母国的吸收能力视角，选取影响母国吸收能力的人力资本、研发强度、贸易开放度及金融投资开放度等因素，而在对各种影响因素具体量化、测算和估计时方法有待完善。如现行对人力资本指标的测算有采用不同学历层次比重测算，也有按受教育的年限法测算，更有采用构建综合指标的办法，这些方法既有一定的合理性，但也存在对模型有效性解释的缺陷性。因此，本研究在对各种因素测算时吸取各家优势、剔除不足和缺陷,并考虑数据的可得性,对能够量化的因素变量指标按照综合考量的方法进行测定,而对无法量化的则选用近似的替代指标以确保结果的真实性和科学性。

五、研究方法、结构与创新点

(一)研究方法

1. 文献归纳法

通过广泛查阅国内外文献资料,在对以往 OFDI 逆向技术溢出存在性、影响因素、产业结构升级效应等相关问题的研究文献进行系统梳理、总结之上,归纳出本书希望研究和解决的问题。

2. 规范分析法

本研究从整体上采用规范分析的方法对 OFDI 逆向技术溢出制造业结构升级效应展开全方位的分析,在框架构建上遵循发现及提出问题、分析问题和解决问题的研究思路,首先提出制造业长远发展存在的突出问题,中国日益增长的海外扩张能否促进制造业技术进步、产业结构调整升级;其次,梳理了 OFDI 逆向技术溢出基础理论和制造业结构升级理论,并以此为基础阐述 OFDI 逆向技术溢出促进制造业结构升级的作用机制和升级路径;再其次,定量测度制造业技术进步指标、制造业结构合理化指标和高级化指标以及 OFDI 逆向技术溢出指标;最后,构建 OFDI 逆向技术溢出模型基础上,通过实证分析 OFDI 逆向技术溢出对制造业结构优化升级效果,达到解决问题的目的。因此,本书以基础理论和作用机制为基础和支撑,依赖于对外直接投资现状和制造业结构现状,以指标测算和实证检验为工具和手段、政策建议为落脚点的思路展开,确保整体结构安排的衔接性、协调性和逻辑性,规范研究和探讨 OFDI 逆向技术溢出的产业结构升级效应。

3. 实证分析法

实证分析方法是本研究重点采用的研究方法。为全面、系统且有逻辑性地分析 OFDI 逆向技术溢出对制造业结构升级效应,本研究在基础理论之上,构建了 OFDI 逆向技术溢出促进制造业结构升级的作用机制,侧重于制造业行业内和行业间结构升级的 OFDI 逆向技术溢出效果。由此构建了代表制造业行业内升级的技术进步指数,代表行业间升级的合理化和高级化指标,并分别采用 DEA 的 Malmquist 指数法和泰尔指数法对各项指标加以实证测算。在此基础上通过修正国际技术溢出模型，构建了本研究采用的面板模型，系统检验了 OFDI 逆向技术溢出的制造业结构升级效应。

4. 因素分析法

本研究在论述 OFDI 逆向技术溢出促进制造业结构升级时，系统分析了影响制造业 OFDI 逆向技术溢出效应的人力资本、研发强度、技术差距、经济发展水平、贸易开放度等因素，在对各影响因素指标测算后，构建面板门槛模型，分别检验了各因素的门槛值。

（二）技术路线图

本书遵循发现提出问题、分析问题和解决问题的研究思路，首先提出制造业长远发展存在的突出问题，再对 OFDI 逆向技术溢出相关理论及与制造业结构优化升级理论进行文献梳理；基于前人的研究基础，运用对外投资理论、产业结构优化升级理论和计量经济学理论标准，测度制造业技术进步指标、制造业结构合理化指标和高级化指标以及 OFDI 逆向技术溢出指标；然后，构建 OFDI 逆向技术溢出模型基础上，通过实证分析 OFDI 逆向技术溢出对制造业结构优化升级效果，达到解决问题的目的。

（三）本书可能的创新之处

（1）本书拓展了 OFDI 渠道对母国产业结构升级影响的视角。跳出以往 OFDI 逆向技术溢出对国内产业结构升级的研究框架，首次从制造业结构视角出发，将研究重点聚焦到制造业这一特定行业结构，研究 OFDI 渠道对母国制造业行业内和行业间结构升级的影响，以往较少有人研究 OFDI 逆向技术溢出渠道对制造业结构升级影响。

（2）本书弥补了 OFDI 及制造业数据的缺陷，丰富了 OFDI 逆向技术溢出渠道的制造业结构升级研究的数据。中国 OFDI 官方数据统计直到 2002 年后才正式陆续公开，OFDI 数据也仅着重公开统计了中国各省及产业大类的数据，对制造业细分行业的 OFDI 数据匮乏，而世界各国有关国内研发资本存量的统计也缺乏同步性。因此，本书以 2003 年为基期，对各省制造业细分行业数据按技术密集度分类加总，并计算整理了制造业劳动、资本和技术密集型行业的产值、就业人数和固定资产净值数据，并以此为依据测算制造业结构指标数据；此外，本书选取世界银行数据库中，中国对外直接投资占比 7 成以上的研发数据统计完整的,包含发达、发展中国家和新兴市场在内的 16 个国家或地区作为样本,测算通过逆向技术溢出渠道获得的国外研发资本存量数据。

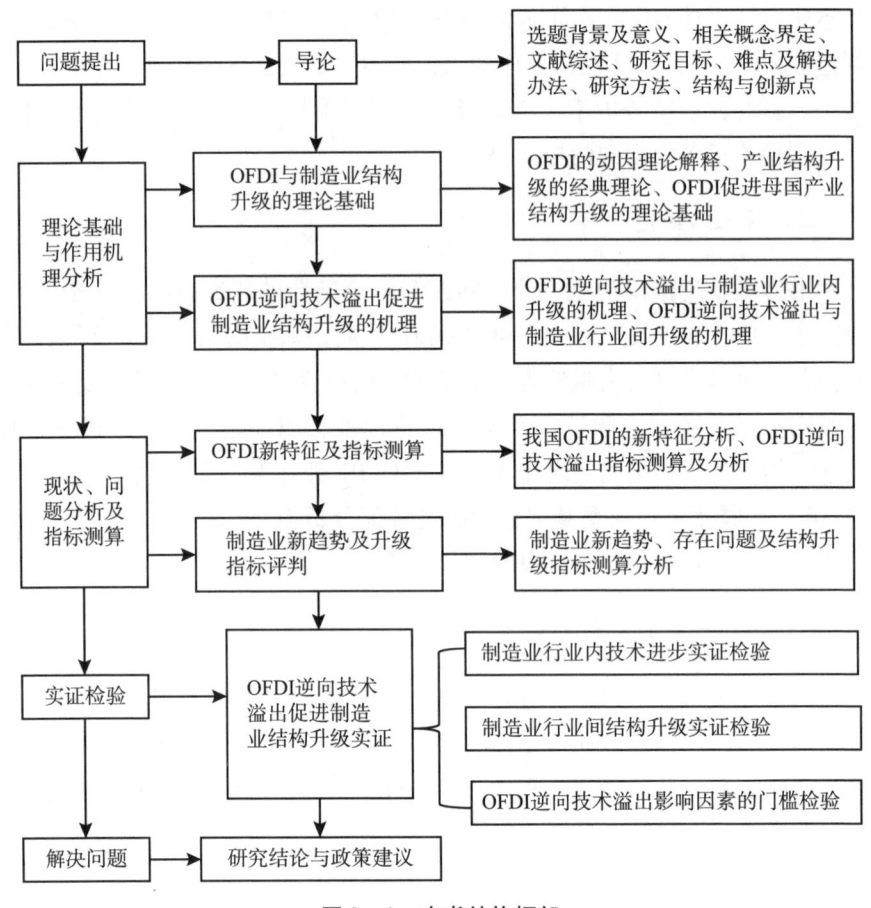

图 0-1 本书结构框架

(3) 本书构建了行业视角的系统、科学和多样化的制造业结构升级指标体系。以往学者们研究 OFDI 时多探讨逆向技术溢出的存在性及对母国整体产业结构升级的影响,对制造业结构升级的指标体系构建也具有单一性和片面性。本书从制造业行业内部层面切入,考虑我国各省区市的异质性和制造业内部劳动密集型行业、资本和技术密集型行业的差异,将制造业内部结构升级区分为行业内结构升级和行业间结构升级。行业内结构升级以制造业内部劳动、资本和技术密集型细分行业的技术进步指数为升级特征指数；行业间结构升级以制造业内部各细分行业的高级化和合理化为升级特征指数，其中，高级化表现为制造业内部行业的产值结构、就业结构和资产结构，合理化表现为制造业内部行业的结构偏离度和泰尔指数。

（4）本书丰富了各省制造业 OFDI 逆向技术溢出效应的门槛值检验。本书在原有国际技术溢出模型基础上，构建面板门槛模型，测度人力资本、研发强度、经济发展水平、技术差距和贸易投资开放度等因素的门槛值，力求发现影响我国制造业 OFDI 逆向技术溢出效应的门槛值，并据此推演出中国各省在哪些影响因子下通过了门槛检验，由此提出对应的政策性建议。

第一章

理论基础与作用机制

本章梳理了OFDI逆向技术溢出与制造业结构升级的基础理论,在此基础上分析OFDI逆向技术溢出促进制造业行业内升级和行业间升级的作用机制。本章第一节系统阐述了对外直接投资逆向技术溢出的基础理论,主要介绍了技术地方化理论、技术创新产业升级理论、产业关联理论和产业竞争理论;第二节制造业结构优化升级理论主要介绍配第—克拉克定理、钱纳里模式、霍夫曼定理以及工业化阶段理论;第三节从产业转移路径、产业关联路径、产业竞争路径和劳动力结构优化路径系统分析了OFDI逆向技术溢出促进制造业结构优化升级的路径理论;第四节以路径理论为前提,分析OFDI逆向技术溢出影响制造业行业内和行业间升级的传导机制,也为后文构建制造业结构优化升级模型和实证检验提供理论依据。

第一节 OFDI逆向技术溢出基础理论

20世纪80年代以前形成的诸如垄断优势理论、边际产业扩张理论等对外直接投资理论,主要是以发达国家为背景,这些理论并没有专门论述OFDI逆向技术溢出促进投资母国产业升级,技术进步的关系,但在内容上也蕴含着对外直接投资有利于投资母国经济增长和产业升级的主题。随着国际分工的不断深化和国际产业转移的梯度推进,发展中国家逐渐成为国际直接投资中的一支新兴力量。20世纪80年代后,出现了以发展中国家对外直接投资为对象的更具针对性的OFDI理论,主要有技术创新产业升级理论、产业关联理论、产业竞争等理论,并更多关注技术溢出的产业升级效应。

一、技术地方化理论

英国学者拉奥（Lall，1983）在其著作《新跨国公司：第三世界企业的发展》中提出了技术地方化理论。该理论基于印度跨国公司的投资动机和经验事实解释了发展中经济体的对外直接投资行为，认为发展中国家在对外直接投资过程中以及自身研究发展过程中包含着具有企业自身"特定优势"的内在创新活动，发展中经济体企业对发达经济体进行对外投资时不单单是被动的模仿和复制，而是会对引进的国外先进技术进行消化吸收并加以改进和创新。即 OFDI 逆向技术溢出的技术吸收过程是一个受当地生产供给、需求条件和企业特性影响的不可逆的创新活动，发展中国家的企业对外直接投资不局限于对外来技术的简单模仿，会将其消化、改进和创新，使其形成自身特定优势适应地方化发展。发展中国家 OFDI 逆向技术溢出通过四条途径形成自身特定优势，促进技术地方化：一是不同于发达国家所处的环境，发展中国家技术地方化通过该国要素价格和质量形成更具地方化的成本优势；二是发展中国家通过对引进先进技术和产品的更新改造后，生产出具有自身特色的更能适合社会需求的地方化产品优势；三是发展中国家生产销售过程通过紧密联系地方市场，内在创新所产生的技术相较于小规模生产具有更高的经济效率优势；四是发展中国家通过提供契合地方消费者品位和购买能力的产品，更具差别化的消费需求优势。

二、技术创新产业升级理论

英国经济学家坎特威尔和托兰惕诺（John Cantwell & Paz Estrella E. Tolentino, 1990）在其合著《技术创新和跨国公司》中最早提出了技术创新产业升级理论。该理论侧重发展中国家尤其是新兴工业国家和地区的 OFDI 行为，动态分析了发展中国家企业 OFDI 逆向技术溢出促进母国企业技术创新、产业升级的关系，主要包含两个基本观点：一是发展中国家对外直接投资的提高与母国产业升级具有直接的联系，技术创新是一国产业升级的根本动力；二是发展中国家企业提升技术创新能力具有长期性，需要长年累月的积累，企业长期积累的技术创新能力能不断推动产业结构升级。该理论的结论是：发展中国家 OFDI 的产业分布和区位分布随时间推移而变化，OFDI 逆向技术溢出受产业分布和区位分布的影响。在产业分布上，先自然资源开发后进口替代和出口导向，即先纵向后横向的原则；在海外投资扩张的地理方向上，则受"心理距离"的影响，首先偏好投资于邻近的"心理距离"较小的周边国家，其次是"心理距离"稍远的发展中国家，最后是"心理距离"最大的发达国家的渐进发展路径。技术创新产业升级理论认为技术创新是一国企业或产业发展的根本动力，不管是发达国家还是发展中国家技术积累路径对产业升级的促进作用都是相同的，但技术创新所表现的特征又有所不同。具有绝对比较优势的发达国家可以直接通过大量的研发投入，获得高端精尖技术自主提升本国技术创新能力，而不具有绝对比较优势的发展中国家受技术和资金的限制，可以通过对外直接投资学习、模仿、改进获取国外先进的技术溢出，由此提高本国的技术创新能力。

三、产业关联理论

美国经济学家赫希曼（Hirschman，1958）在其《经济发展战略》一书中提出了产业关联理论，又称关联效应标准。该理论认为产业关联是指各产业间的技术经济联系，这种联系分为产品、劳务联系、生产技术联系、价格联系、劳动就业联系和投资联系，整条联系组成了生产环节关系链。产业关联理论认为产业关联的方式主要有前向关联和后向关联，任何产业都不是独立发展的，会与其生产销售环节中的上下游相关产业相互影响。其中，前向关联是产业间供给的联系，通过供给关系与原材料加工、生产等关联的上游产业部门发生的关联；后向关联是基于需求的联系，是通过需求联系与销售等下游产业部门发生的关联。在开放经济条件下，对外投资企业融入国际大环境，生产链和销售链拉长，产业的波及辐射效应加大。相关产业部门的变化导致与其相关的其他产业部门的变化，这种变化不断传递，最终导致产业波及辐射效应成倍增长。对外投资企业通过跨国投资，接触吸收国外先进的技术、高端的产品，为了争夺国内外市场，必然会加快规模扩张和技术进步的步伐，这使产业关联度大的企业面临更激烈的竞争，为了企业的生产发展，相关产业也会提高技术水平和服务质量，最终促进国内技术水平的整体提升，实现整体产业结构的升级。OFDI逆向技术溢出通过产业关联提升国内产业升级的原因主要有两点：一方面，对外直接投资企业通过OFDI吸收国外先进的生产技术和管理经验后，会更新现有的生产线，并对国内向其提供中间品的生产企业提出更高的要素、更优的配套服务，促进下游产品的升级，通过行业间的产业波及辐射效应会带动其他中间品的产品升级，从而促进国内整体技术水平的提升；另一方面，中间投入品技术质量的提升，有利于提高资源的配置效率和降低原材料的成本及消耗量，产业间通过供求联系、价格联系、技术联系交叉作用波及到整个产业系统，并通过行业间的循环积累效应优化整个产业链的生产需求结构，最终导致国内产业结构的优化升级。

四、产业竞争理论

美国经济学家迈克尔·波特（Michael E. Porter，1990）在其《国家竞争优势》一书中最早提出了产业竞争理论，也称国家竞争理论。该理论的核心是"钻石模型"，技术创新和技术进步是竞争的基本特征。该理论认为一国特定产业的国际竞争力受生产要素、需求、相关产业、企业战略和竞争环境的影响，国家的竞争力主要体现在产业优势上。对外直接投资企业为了适应国际市场上的激烈竞争，必然会加大对国外先进生产技术和管理经验的引进力度，增强研发自主创新能力以此提高在国际市场上的产品竞争力。产业竞争理论可以用博弈论的知识解释对外投资企业行为与其他企业决策行为的联系，对外直接投资企业的决策不仅受自身选择的影响，而且还依赖与其博弈的竞争对手行为的影响。OFDI逆向技术溢出提升国内产业竞争力主要表现在两个方面：一方面，对外投资企业为了适应国际竞争环境，在对先进技术消化吸收后，技术进步会提升企业产品的竞争力，也会加大为其提供生产要素和服务的关联企业的产品要求，倒逼其关联企业为维持发展也融入国际竞争环境。另一方面，对外投资企业竞争力的提升，会加剧国内同行业企业的威胁，形成行业内部竞争，通过优胜劣汰淘汰提升产业整体技术水平，再通过循环往复竞争效应促进投资母国整体产业结构的升级。

五、理论评价

目前，并没有专门的OFDI逆向技术溢出的理论，本节主要从对外投资理论总结延伸出OFDI获取的逆向技术溢出的效应理论，分别包括技术地方化理论、技术创新产业升级理论、产业关联理论和产业竞争理论。这些理论虽然研究视角不同，但结论却都认为发展中国家对外直接投资可以通过吸收创新技术、转化具有本土特色的比较优势，由产业关联效应，加剧产业竞争最终显著促进国内制造业结构转型升级。技术地方化理论不仅解释了发展中国家跨国企业对外直接投资的优势，还从微观视角分析企业形成该种特定优势的原因，认为企业在进行对外直接投资后，会在国外技术消化吸收基础上结合本土资源要素优势，生产出具有本土化特色的差异化产品优势满足当地消费需求结构，促进资源的有效配置，但该理论缺乏对技术创新活动的详细分析解释。该理论能更好地解释发展中国家通过产业布局和投资区位配置选择影响OFDI逆向技术溢出效应，由于发展中国家在投资方向上受"心理距离"的影响，遵循"周边邻近国家—稍远的发展中国家—发达国家"，而这种投资区位"心理距离"的影响会削弱发展中国家在OFDI中获取的逆向技术溢出效应，从而使国内产业升级的效果有限。产业关联理论和竞争理论说明对外直接投资企业加剧国内行业竞争，有利于关联企业的技术创新、产品开发，通过优胜劣汰势必淘汰部分落后产业，发展新兴产业和高科技产业，从而促进投资行业的结构升级。

中国对外直接投资有其特殊性，与其他国家和经济体相比并不完全一样，上述诸多OFDI逆向技术溢出理论在真正指导中国对外直接投资实践时，还需要联系中国实际情况。中国OFDI在推动制造业结构升级中离不开诸如技术地方化理论的指导，无论是投资主体、产业和区位选择都应该结合本国的地方特色，形成具有地方特色的比较优势；在运用技术创新升级理论时，要重视技术创新的积累效应，在投资产业和区位分布时尽量规避"心理距离"效应给逆向技术效应带来的不利影响，才能获取更高端精尖的技术。在运用产业关联理论和竞争理论时，要注重提升关联行业的正向波及效应，通过技术创新加剧行业竞争，以加快当前没有比较优势行业的技术创新和改革的步伐，促进产业结构转型升级。

第二节 制造业结构优化升级理论

纵观世界各国的经济发展历程，虽然各国的产业结构演进历程有所不同，但实践表明，一国经济发展与制造业结构升级调整密不可分。而且各国在制造业结构升级方面存在某些共同的一般性规律，形成了具有代表性的系统性理论，如"配第—克拉克定理""库次涅茨法则和赛尔奎因—钱纳里模式"

"霍夫曼定理",以及钱纳里的"工业化阶段理论"等。

一、配第—克拉克定理

配第—克拉克定理是由英国经济学家威廉·配第(William Petty)在其著作《政治算术》首次发现,于1940年经科林·克拉克(C. G. Clark)在《经济进步的条件》一书中实证检验和系统归纳整理的。克拉克通过整理、归纳总结40多个不同国家和地区不同时期的三次产业发展资料,提出经济不断发展的同时人均国民收入也会不断提高,劳动力会逐步从第一产业向第二产业转移,最终趋向第三产业演变。[①] 配第—克拉克定理在产业结构理论中认为一国或地区的人均收入水平越低时,第一产业的劳动力比重也越大,随着人均收入水平的提高,将逐步提高第二、三产业的劳动力比重。配第—克拉克定理表明一个国家或地区的经济发展水平越高,其第一产业经济和劳动力占全部经济和劳动力的比重就越小,第二、三产业经济和劳动力比重就越大。配第—克拉克定理有两个主要的形成机制:一是三大产业的收入弹性差异,工业和服务业的收入弹性大于农业部门的收入弹性;二是投资报酬差异,也称技术进步差异。由于工业和服务业的技术进步要快于农业,促使工业和服务业的投资报酬高于农业。本书以产业结构理论中的配第—克拉克定理作为制造业结构优化升级的理论基础,类比三次产业划分标准将制造业行业内部按技术密集度划分为劳动密集型行业、资本密集型行业和技术密集型行业,认为全国31个省区市经济发展水平越高,制造业行业内部资本和技术密集型行业比重会增大,经济技术水平越高,制造业结构也趋于高级化和合理化。

二、库兹涅茨法则和赛尔奎因—钱纳里标准模式

库兹涅茨(Simon Kuznets)基于配第—克拉克的研究,通过实证统计分析多个国家国民收入和劳动力在产业间的结构变化情况,得到了新的认识,称为库兹涅茨法则,其内容是:(1)农业部门的国民收入和劳动力比重不断下降;(2)工业部门的国民收入比重大体上升,但工业部门劳动力比重不变

---

① Clark C. The Conditions Economic Progress [J]. Population, 1960, 15 (2): 374.

或略有上升;(3)服务部门的国民收入和劳动力比重呈现上升态势[①]。

赛尔奎因与钱纳里研究认为,产业结构变动具有一定的规律性,并指出了工业化阶段与三次产业劳动力的关系。即在工业化发展的不同阶段三次产业劳动力结构表现如下:在前工业化阶段,第二产业的劳动力比重较低,而第一产业劳动力比重较高;在工业化初期,第二、三产业劳动力比重上升,第一产业劳动力比重持续下降(大于20%),且第二产业劳动力比重上升速度快于第三产业,但第二产业劳动力比重仍低于第一产业;在工业化中期阶段,第一产业劳动力比重下降到20%以下,第二产业占GDP比重最大且高于第三产业;在工业化后期阶段,第一产业比重下降到10%左右,第二产业比重上升到最高水平。此外,赛尔奎因与钱纳里还给出了关于人均经济产值与三次产业经济、就业比重关系的赛尔奎因—钱纳里模式,见表1-1和表1-2。

表1-1　　赛尔奎因—钱纳里模式:人均产值与标准三次产业产值结构

人均GDP(美元)	<300	300	500	1 000	2 000	4 000
第一产业	46.3	36	30.4	26.7	21.8	18.6
第二产业	13.5	19.6	23.1	25.5	29	31.4
第三产业	40.2	44.4	46.5	47.8	49.2	50.0

注:基准水平为1980年为基期的水平。

表1-2　　赛尔奎因—钱纳里模式:人均产值与标准三次产业就业结构

人均GDP(美元)	<300	300	500	1 000	2 000	4 000
第一产业	81.0	74.9	65.1	51.7	38.1	24.2
第二产业	7.0	9.2	13.2	19.2	25.6	32.6
第三产业	12.0	15.9	21.7	29.1	36.3	43.2

表1-1显示当人均GDP低于300美元(1980年基期价格水平)时,标准的三次产业产值比值为46.3:13.5:40.2,当人均GDP为1 000美元时,标准的三次产业产值比值为26.7:25.5:47.8,当人均GDP达到4 000美元时,

---

[①] Kuznets S. Quantitative Aspects of the Economic Growth of Nations:Ⅲ. Industrial Distribution of Income and Labor Force by States, United States, 1919 – 1921 to 1955 [J]. Economic Development and Cultural Change, 1958, 6 (4): 1 – 128

标准的三次产业产值比值为 18.6∶31.4∶50.0。由此可见，随着人均产值的不断提高，标准三次产业产值结构变动规律遵循第一产业产值比重不断下降，第二、三产业产值比重不断提高，且第三产业产值上升速度慢于第二产业的变动趋势。

表 1-2 显示当人均 GDP 低于 300 美元时，标准的三次产业就业人数比值为 81.0∶7.0∶12.0，当人均 GDP 为 1 000 美元时，标准的三次产业就业人数比值为 51.7∶19.2∶29.1，当人均 GDP 达到 4 000 美元时，标准的三次产业就业人数比值为 24.2∶32.6∶43.2。由此可见，随着人均产值的不断提高，标准三次产业劳动力结构变动规律遵循第一产业劳动力人数比重不断下降，第二、三产业劳动力人数比重不断上升，且第三产业劳动力人数上升速度快于第二产业。

本书以库兹涅茨法则和赛尔奎因—钱纳里标准结构变动理论为基础，将制造业行业内部按技术密集度划分为劳动密集型行业、资本密集型行业和技术密集型行业，认为制造业结构升级将增加资本和技术密集型制造业行业的产值比重和劳动力比重，劳动密集型制造业行业的比重不断降低。

三、霍夫曼定理

霍夫曼定理也称"霍夫曼经验定理"，是 1931 年由德国经济学家霍夫曼（W. G. Hoffmann）在其《工业化阶段和类型》一书中提出的。霍夫曼通过归纳整理 1880～1929 年 20 多个国家的消费资料制造业和资本资料制造业比重数据，阐述了工业化进程中工业结构演变规律，指出随着工业化的进展，消费资料制造业与资本资料制造业的净产值比重会逐步下降，这一比例也被称为霍夫曼系数或霍夫曼比例。20 世纪 20 年代后期，英、法、德、美等国均处于工业化中期阶段，各国消费资料制造业产值与资本资料制造业产值的比重大致齐平。[①] 在此基础上，霍夫曼提出了霍夫曼定理。其一，他将工业中制造业行业分为三类：一是消费资料制造业，包括食品制造业、纺织制造业、皮革制造业、家具制造业等；二是资本资料制造业，包括冶金制造业、运输机械制造业、一般机械制造业、化学制造业等；三是其他制造业，包括橡胶制造业、木材制造业、造纸制造业、印刷制造业等。其二，将霍夫曼比例定义为

---

① Hoffman W. G. The growth of industrial economics [M]. London: Oxford University Press, 1931.

消费资料制造业产值与资本资料制造业产值之比。根据霍夫曼比例,工业化进程可以分为四个发展阶段,具体如表1-3所示。

表1-3　　　　　　　　　　霍夫曼工业化阶段

工业化阶段	霍夫曼系数
第一阶段	5（±1）
第二阶段	2.5（±1）
第三阶段	1（±1）
第四阶段	1以下

资料来源:Hoffman W. G. The growth of industrial economics [M]. London: Oxford University Press, 1931.

该理论认为无论各国工业化从何时开始,霍夫曼比例都呈现不断下降的相同趋势。即随着一国工业化的发展,消费资料制造业与资本资料制造业的净产值之比是趋于逐步下降的。根据霍夫曼比例,工业化进程可以分为四个发展阶段:在工业化发展的第一阶段,霍夫曼比例约为5,资本资料制造业发展欠发达,而消费资料制造业在制造业生产中占据主导地位;在工业化发展的第二阶段,霍夫曼比例约为2.5,资本资料制造业发展提速,速度快于消费资料制造业的发展,但资本资料制造业的规模仍小于消费资料制造业;在工业化发展的第三阶段,霍夫曼比例约为1,资本资料制造业与消费资料制造业规模旗鼓相当;在工业化发展的第四阶段,霍夫曼比例小于1,资本资料制造业规模超过消费资料制造业规模,标志着进入重工业化阶段。霍夫曼经验定理揭示了工业化进程中制造业结构演变的一般趋势,本书将霍夫曼定理作为基础理论研究中国制造业结构的发展具有重要的借鉴意义。

四、工业化阶段理论

钱纳里(H. B. Chenery)1986年在其著作《工业化和经济增长的比较研究》中提出了工业化阶段理论。该理论采用"二战"后9个准工业化发展中国家1960~1980年数据,通过构建多国模型分析了制造业内部各产业在经济发展的长期过程中的地位和作用,揭示了制造业结构演变过程中产业间存在关联效应的一般规律,认为制造业发展受人均国民生产总值的影响,并将不发达经济到成熟工业经济发展的整个过程分为三个阶段六个时期,具体如表1-4所示。

表1-4　　　　　　　　　钱纳里工业化发展阶段

人均国民生产总值（美元）	经济发展阶段	
300~600	不发达经济阶段	
600~1 200	初级	工业化阶段
1 200~2 400	中级	
2 400~4 500	后期	
4 500~7 200	初级阶段	发达经济阶段
7 200~10 800	高级阶段	

如表1-4所示,当人均国民生产总值为300~600美元时,经济发展处于第一阶段即不发达经济阶段。此时工业还处于萌芽时期,第一产业处于国民经济中的主导地位,产业结构发展以农业为主;当人均国民生产总值为600~1 200美元时,经济发展处于第二阶段即工业化初级阶段。此时工业发展速度加快,产业结构逐步由农业向现代化工业转变,工业发展主要以食品制造业、烟草制造业和采掘业等劳动密集型制造业为主,第二产业重心逐步由轻工业向重工业转移;当人均国民生产总值为1 200~2 400美元时,经济发展处于第三阶段即工业化中级阶段。第一产业在国民经济中的比重不断减少,以非金属制造业、橡胶、木材、石油、化工、煤炭等为主的重工业制造业在工业中的支柱地位得以确定,第二产业比重趋于稳定,第三产业比重不断上升;当人均国民生产总值为2 400~4 500美元时,经济发展处于第四阶段即工业化后期阶段。此时第一、二产业在国民经济及社会劳动就业中的比重不断下降,第三产业比重迅速上升,并成为区域经济增长的主要力量,工业发展进入技术集约化阶段逐步由粗放型向技术集约型制造业转变;当人均国民生产总值为4 500~7 200美元时,经济发展处于第五阶段即经济发达初级阶段,工业化工程基本完成,制造业内部结构以资本密集型产业向技术密集型产业转变,技术密集型产业发展迅速;当人均国民生产总值为7 200~10 800美元时,经济发展处于第六阶段即经济发达高级阶段,知识密集型产业占据主导地位并开始从第三产业中剥离出来,第三产业占国民生产总值及劳动就业的60%以上。钱纳里的工业化发展阶段理论认为产业间的关联效应是制造业内

部结构变化的关键因素，确立了制造业内部各产业在长期发展过程中地位和作用，为分析制造业内部结构的变动趋势奠定了基础。

五、理论评价

配第—克拉克定理为产业结构升级理论指明了方向，即随着经济发展和人均收入提高，产业结构升级遵循劳动力会逐步从第一产业向第二产业转移，最终趋向第三产业的一般规律。也就是说第一产业经济和劳动力比重会逐步下降，第二、三产业比重增加。库兹涅茨法则和赛尔奎因—钱纳里标准模式也是对配第—克拉克定理的进一步深化，钱纳里的工业化发展阶段理论则强调和解释了产业间的关联效应是制造业内部变化的主要原因，制造业结构升级理论应以产业结构升级理论为基础。以上四个产业结构升级理论都表明经济发展与产业结构调整之间存在着相互依存和相互促进的内在联系。一方面，人均国民收入的提高，有利于提升一国的经济结构，进一步促进产业结构的调整和升级。另一方面，产业间的关联是制造业结构变动的关键因素，劳动力、资本、技术等生产要素在不同制造业行业之间的配置和再配置是推动制造业结构转变的直接因素，其中资本又是最重要的影响因素，因为劳动力和技术等其他生产要素总是伴随着资本的转变或资本再配置而流动，生产要素从效率低的行业向效率高的行业流动必然会加快经济增长步伐，要素流动导致不同制造业行业间的此消彼长，最终引起制造业结构的优化和升级，而制造业结构优化升级也成为了现代经济增长的内生动力。

第三节 OFDI逆向技术溢出促进制造业结构升级的路径理论

本章第二节系统分析了制造业结构升级理论，不难发现经济发展的过程必然伴随着产业结构从低级到高级的演进，制造业作为国家支柱产业，产业升级过程也是制造业结构从粗放型向技术集约型转变。由此，社会经济发展的过程在某种意义上就是产业结构调整和优化升级的过程。通过本章第一节对OFDI逆向技术溢出理论的分析可知，在开放经济条件下，OFDI可以通过多方面的综合作用促进一国产业结构的调整升级。具体来说，本节从产业关联、转移、竞争和劳动力结构优化等路径系统搭建了 OFDI 逆向技术溢出促进制造业结构升级的路径理论。

一、产业转移路径

根据小岛清的边际产业扩张理论，OFDI 可以分别从顺梯度和逆梯度两大路径促进制造业结构优化升级：一方面，OFDI 可以通过顺梯度路径释放投资母国沉淀的生产要素，转移国内相对劣势产业，促进国内比较优势产业的发展。另一方面，OFDI 又可以通过逆梯度路径获取国外先进技术和稀缺资源以赚取较高的投资收益，进而革新国内生产技术促进新兴产业成长。产业转移的顺梯度路径可以将本国高污染、高消耗、低效率、低收益的母国产能严重过剩，供过于求的钢铁、水泥等劳动密集型的粗放型制造业行业转移到国外，即将国内处于或已经处于比较劣势的传统产业转移到国外，也就是将边际产业向经济发展水平相对较低的低梯度国家转移。产业转移的逆梯度路径可以为新兴产业的成长需求提供技术、市场空间。

一国产业结构的优化升级必然伴随着传统产业的逐渐衰败和新兴产业的日益崛起，生产要素也是从传统产业向新兴产业转移，即社会生产要素的重新配置。如果生产要素不能及时从已经或即将失去比较优势的传统劣势产业中转移出来，那么就难以满足新兴产业发展所需的生产要素资源，产业结构升级所需的物质和技术基础被削弱，也将减缓产业升级的速度。而传统产业在退出社会生产时往往会遭遇退出壁垒，这些壁垒主要是由机器设备及人力资本的专用性和沉淀性所导致的，除此之外还有法律政策和社会文化的原因。因此，新兴产业的成长是以有效的市场需求、充足的生产要素以及必要的技术支持为前提条件的，对外直接投资尤其是对发达国家技术寻求型的 OFDI 是促进国内新兴产业成长极其有效的渠道。因为 OFDI 可以通过以下三种途径来促进母国新兴产业的成长：第一种途径是一方面通过向发展水平较低的低梯度国家转移边际产业，然后将传统产业释放出的沉淀生产要素用于国内高新技术产业的发展。另一方面，通过 OFDI 获取高于国内的投资收益，并将这部分投资收益汇回国内投入新兴产业从而促进其成长。新兴产业拥有了丰富的物质和技术基础之后，则更有利于自身的成长，从而提高母国的国际竞争力；第二种途径是对发达国家的技术寻求型 OFDI 使得跨国公司的海外子公司能更直接、方便地学习和获取发达国家的先进技术和组织管理经验，然后海外子公司再将这些先进的技术向国内母公司转移,进而提升国内技术研发能力和组织管理水平,从而加速母国产业结构升级的步伐。第三种途径是通过对发达国家的 OFDI,可以学习和引进国外的消费理念和模式,从而增强国内消费者对高新技术产品、个性化产品的需求,借助国内新的消费需求支撑新兴产业的成长。总之,通过产业转移路径,OFDI 可以极大地促进本国的制造业行业结构升级,提升国内制造业高级化和合理化水平,具体路径如图 1-1 所示。

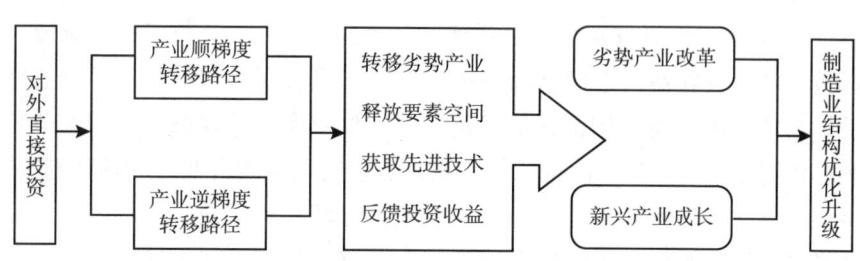

图 1-1　OFDI 促进制造业结构优化升级的产业转移路径

二、产业关联路径

OFDI 逆向技术溢出可以通过产业的前向和后向两种关联路径促进制造业结构升级。前向关联是指企业所处行业在生产经营过程中某些因素的变化将影响下游关联行业技术、规模等生产效率的改变,如改变企业生产方式、革新技术、扩大生产规模等都将引起其下游关联产业相应方面的变化;后向关联是指本产业技术、生产规模、产品质量等方面的改变将影响上游关联产业的发展。产业关联揭示了所有产业中的企业都不是独立存在的,上下游企业之间相互影响彼此依存,不管是行业内还是行业间都存在一定程度的关联。在开放经济条件下,将那些生产链条长、有明显的前后向联系而且辐射效应大的产业进行对外直接投资,基于产业间相互关联的性质,我们容易得到上下游产业之间可以通过合理配置生产要素、资源以及革新工艺和研发技术等产业价值链传导调整产业结构,促进产业结构优化升级。上游产业革新技术,提升产品质量,将增加产品销量及利润进一步刺激下游产业加大研发资金投入,扩大市场规模,增强市场竞争力;下游产业扩张也会扩大产量,进一步带动上游生产规模的扩张。也就是说,前向关联可以增加产出规模,推动产品的高附加值化，促使产值结构合理化；后向关联加大了上下游企业的研发资金投入，有利于产品高技术化，促进产业技术结构的优化。最终前向和后向关联路径的交叉作用能提升国内技术水平，对制造业结构的优化升级都具有促进作用。具体如图1-2所示。

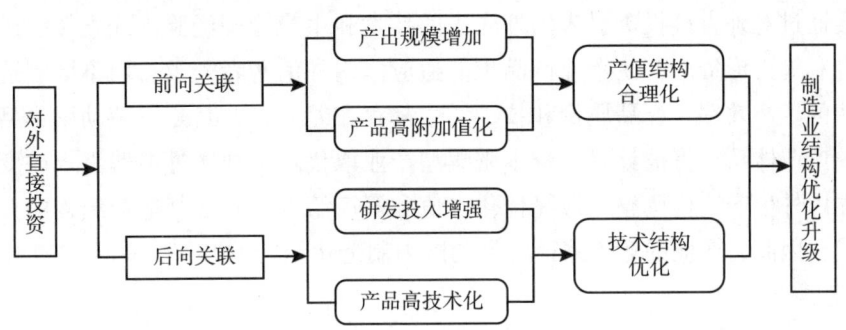

图1-2　OFDI促进制造业结构优化升级的产业关联路径

OFDI逆向技术溢出通过产业关联路径促进制造业结构优化升级的原因主要有两点：一方面，OFDI促使制造业关联大的行业间竞争加大，为争夺市场份额维持发展，各相关行业必然会加大要素投入和配套服务的提升，提高技术和服务水平促进行业技术水平的提升。另一方面，高技术水平又会反过来带动原材料消耗量的降低，资源配置使用效率的提高，引起制造业行业内中间需求率和中间投入率的变化。制造业行业间的技术关联、供求关联、利益关联及竞争关联的交叉作用也会扩大影响的辐射范围，波及整个制造业系统，最终优化国内的制造业结构。

三、产业竞争路径

产业竞争路径主要指不同制造业行业间为争夺市场份额，展开对有限自然资源和战略资本的竞争，进而提高生产效率、产品质量迎合消费者需求的一种经济行为，主要包括国内同行业竞争和国际市场竞争。一般而言，产业结构的演变升级必然伴随着产业间的竞争，一国经济社会的不断发展进步将引起国内外消费者需求结构的改变，消费者增加对高端消费品的需求，降低初级或低端品的需求。需求结构的改变会引发企业生产结构的调整，企业将逐步降低对自然资源密集型和低端的劳动力密集型初级产品的生产，提高对资金和技术密集型以及高端的劳动密集型产品的生产，生产结构逐渐由初级制品向高级制造品转变。初级产品的生产规模日趋下滑而高级制造品的生产规模将逐步扩大，为了争夺有限的自然和生产资源不同制造业行业间必将展开激烈的竞争。国内竞争加剧了企业对技术和产品的要求，为迎合市场，企业会通过对外直接投资引入国外先进的技术和生产管理经验，或直接引进国外专利等无形资产，使企业产品更能适应国内外消费者需求，而不同制造业企业的生产效率、产品质量和技术实力都存在差异，尤其是以劳动密集型为主的产业体系终将被技术、资本密集型产业取代。这种通过消费需求改变带动国内外生产结构调整，最终优化产值和资产结构，实现制造业结构的升级换代，因此，产业的竞争路径将带动国内制造业结构的升级，具体如图 1-3 所示。

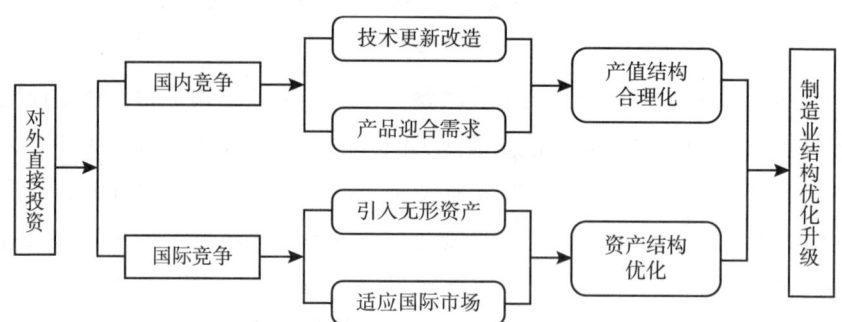

图 1-3 OFDI 促进制造业结构优化升级的产业竞争路径

如图 1-3 所示，对外直接投资企业将面临东道国国际市场竞争和投资国内同行业竞争。一方面投资企业为了适应国际市场竞争环境，既面临国外同行业的竞争又面临国内同行业竞争。为争夺国内外市场份额，适应国际市场，OFDI 企业必然会通过在东道国设立子公司引入国外新型生产工艺、管理模式和创新的营销策略等无形资产，以增强自主创新能力和对核心技术引进力度，以提高投资母公司竞争力，优化其资产结构。另一方面 OFDI 企业面临国内同行业会要求为其提供生产要素和配套服务的企业提高产品和服务质量，将国内同行业带向了开放的市场，加大了国内关联企业的竞争力；同时，OFDI 企业自身竞争力的提升，也会给国内制造业内部同行业企业造成威胁，为争夺市场份额，国内制造业同行业企业也会加大研发投入，技术更新改造以迎合消费者需求，进而加剧制造业同行业的内部竞争，使同行业产值结构得以优化，这样循环往复最终会促进母国制造业整体结构的优化升级。

四、劳动力结构优化路径

经济学家霍金斯（1972）提出了OFDI促进母国就业的就业创造理论。该理论认为对外直接投资会增加国内的投资和消费，海外投资企业通过绿地投资等跨国扩张行为，加大国外子公司对国内中间产品、资本设备或配套产品的需求，从而创造母国的就业。经济学家弗斯弗利（Fosfuri，1999）在霍金斯的就业创造理论基础上，重点关注海外投资企业总部及辅助性企业效应，提出了对外直接投资影响投资母国就业的劳动力结构优化理论。接着福斯和库科（Fors & Kokko，1999）、英（Ying，2003）、库维尔斯（Curvers，2005）等都通过理论研究支持并完善了弗斯弗利的劳动力结构优化的观点。根据劳动力结构优化理论的观点，对外直接投资可以通过加强人才的跨国流动和借鉴人才培养模式促进劳动力结构优化，最终带动制造业结构优化升级。如图1-4所示。具体来看，OFDI促进制造业结构优化升级的劳动力结构路径表现在两方面：一方面，海外投资企业依托子公司嵌入式学习的形式进入东道国，而投资企业高层管理人员、高级行政职能部门一般仍集中在国内投资母国总部，子公司的海外扩张战略必然会加大投资母公司对研发、技术人员等就业岗位的需求，总部会招聘高端的技术研发人才，也可以通过高薪聘请国外高端人才，亦可以通过人才跨国技术交流传播隐性知识，提升国内劳动力技术水平，优化劳动力结构。另一方面，随着子公司经营业务的扩大，OFDI企业母公司还可以通过学习借鉴发达国家人才培养模式，将其优秀的管理方法、培养经验

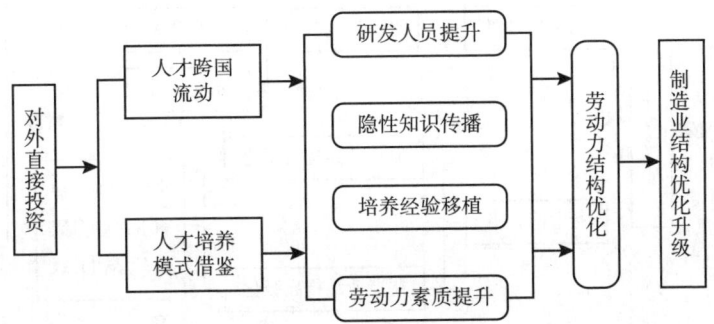

图1-4 OFDI促进制造业结构优化升级的劳动力结构优化路径

转移到国内，提升国内研发人员的自主培养能力，增强母公司的人才结构，促使国内劳动力结构优化升级。

第四节 OFDI 逆向技术溢出促进制造业结构升级的作用机制

本章第三节系统分析了 OFDI 逆向技术溢出促进制造业结构升级的路径理论，本节以路径理论为基础，基于制造业行业内和行间升级视角，分析了 OFDI 逆向技术溢出促进制造业行业内和行业间升级的作用机制。随着世界经济的日益开放，各国科技水平也飞速发展，世界各国为争夺国际市场都不遗余力地发展对外投资行为。本书所述 OFDI 逆向技术溢出对投资母国制造业结构影响分为制造业行业内的结构升级和制造业行业间的结构升级。制造业行业内的结构升级以促进制造业行业内技术进步为依据，而制造业行业间的结构升级以促进制造业内部结构合理化和高级化为依据。制造业行业内升级表现为制造业各行业内部生产要素的优化组合、技术水平和管理水平及产品质量的提高及新旧产品的更替，具体指制造业细分行业的制造工艺升级、产品升级和功能升级；制造业行业间升级表现为制造业内部结构的合理化和高级化。高级化表现为高技术含量、高附加值、高加工度比重的增加，亦表现为制造业高技术密集行业产值结构的高级化、就业结构的高级化和资产结构的高级化，合理化则表现为制造业内部行业间协调程度、结构聚合质量或资源配置效率合理，结构偏离度较小。具体升级机制如图 1-5 所示。

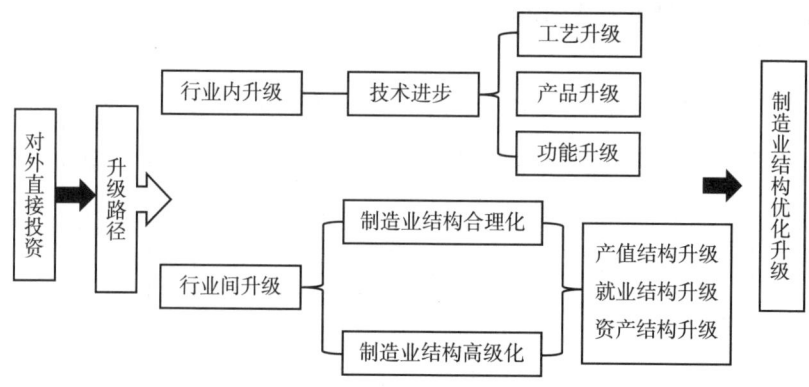

图 1-5 OFDI 逆向技术溢出促进制造业结构升级的作用机制

一、OFDI 逆向技术溢出对制造业行业内升级的作用机制

OFDI 逆向技术溢出对投资母国制造业行业内的结构升级，以促进制造业行业内技术进步为依据，技术进步可以促进制造业生产工艺及设备的更新换代，可以促进产品的升级换代，还可以带来劳动者经营、管理以及专业知识的积累，有助于制造业行业内结构从价值链低端向高端环节的攀升。对外直接投资技术的逆向溢出是一个复杂的动态过程，主要分两个阶段：一个阶段是发生在东道国，东道国本土企业的先进技术通过海外投资企业在东道国的子公司扩散和传递；第二个阶段是海外投资企业子公司通过路径理论将国外先进技术转移至国内的母公司，投资母国从企业层面、行业层面及国家层面消化吸收国外先进技术，在三大层面共同作用下完成对制造业劳动、资本、技术密集型行业的技术进步，从而促进国内制造业行业内结构升级。如图 1-6 所示。

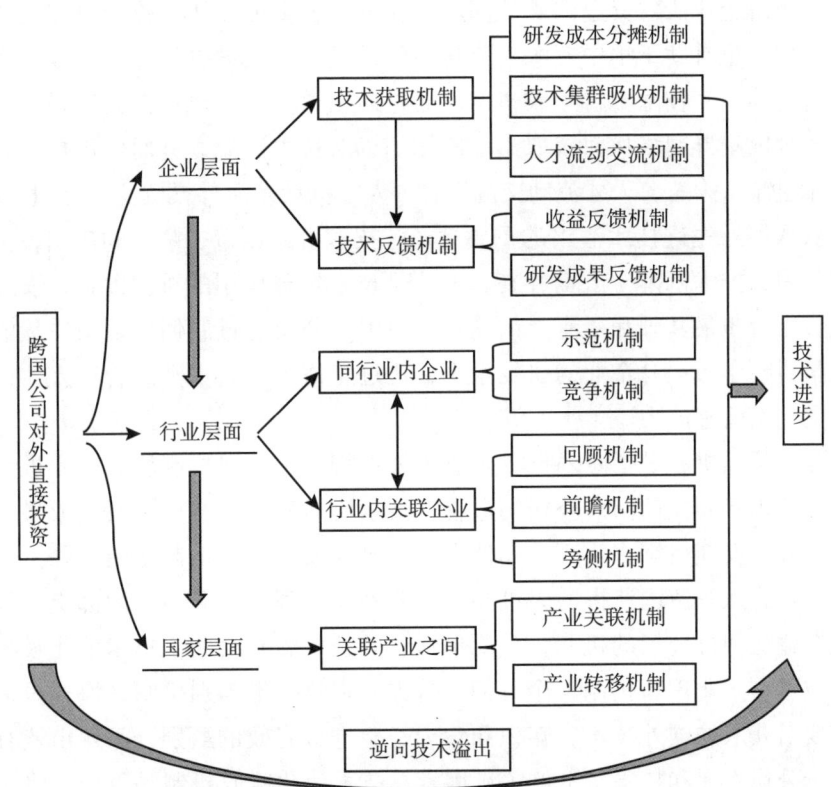

图 1-6　OFDI 逆向技术溢出促进制造业行业内结构升级的作用机制

(一)企业层面

对外直接投资企业层面的逆向技术溢出促进制造业企业技术进步的作用机制主要包括技术获取和技术反馈两个机制。技术获取机制是指通过 OFDI 对外投资企业子公司从东道国获取先进技术和管理经验等隐性和显性技术溢出的过程。具体来说，海外投资企业通过在东道国建立跨国子公司融入东道国相关产业先进技术聚集地，再由海外投资子公司借助三种机制获取东道国先进技术，分别表现为：第一，研发成本分摊机制。海外投资企业通过绿地投资、战略联盟、跨国并购等方式进行的海外扩张行为给东道国带来了大量的国外资金，一般东道国政府和企业都持欢迎态度，外资投入有助于缓解东道国研发资金的不足，这样投资子公司能大展拳脚学习、模仿国外先进技术企业的研发活动，有助于节约投资母国的研发费用。此外，加大海外投资活动能显著提高企业在东道国的市场份额，进而提高企业的营业收入以及净利润，有利于缓解企业研发资金缺乏的问题，在一定程度上分摊了投资母国企业的研发经费，也有助于集中资源攻克核心研发技术，促进投资母公司技术水平的提升。第二，技术集群吸收机制。通过向东道国高端产业聚集区投资，以嵌入当地的集群网络从而获取当地的知识以及技术资源，进而促进投资企业的技术进步。第三，人才流动交流机制。人才流动是海外投资企业通过 OFDI 渠道获取国外先进技术溢出的重要途径，技术由人创造、掌握和应用，由人讲授学习，技术依附于人而存在，人才是技术发挥作用的重要前提，人才流动是技术进步最基础和最有效的途径。跨国子公司通过雇佣当地高质量的科研人员讲授学习提升企业的研发水平，通过聘请当地高水平的管理人才提高企业的经营管理能力。

技术反馈机制是指海外投资企业子公司将技术获取机制所获的先进技术成果、管理经验反馈回母公司的过程。技术反馈机制主要通过研发成果反馈机制和收益反馈机制来实现。具体来说，研发成果反馈机制是指对外投资企业子公司将从东道国获得的先进知识、技术及管理经验等通过内部交流等渠道反馈输送回母公司的机制，主要包括有效技术甄别机制、技术消化吸收机制、技术本土化创新机制三个方面：首先，有效技术甄别机制是海外投资企业需要对获取的国外技术、知识和管理经验进行有效的甄别，筛选出能有效提升母公司发展和技术水平的关键因素；技术消化吸收机制是母公司将所获得的技术和知识进行学习和模仿，再结合自身实际情况消化和理解，熟练运用于研发技术创新；技术本土化创新机制是母公司根据投资母国市场的实际情况对技术和管理经验加以二次创新和改造，以便创造出适合本土发展的新产品，从而达到提升企业的技术水平和研发能力的最终目的。收益反馈机制是指对外投资企业子公司将在东道国获取的高额投资收益汇回母公司，增加的投资收益又能增加国内公司的研发资金，最终促进国内投资母公司的技术进步。

（二）行业层面

对外直接投资行业层面的逆向技术溢出促进母国整个行业技术进步的作用机制主要包括同行业内企业的示范、竞争和行业内关联企业的回顾、前瞻、旁侧两个机制。一方面，同行业企业的示范竞争机制是海外投资母公司技术水平的提升对国内同行业的其他企业产生示范和竞争效应。示范效应体现为同行业其他企业会发现对外直接投资可以带来技术水平的提升，技术进步会使 OFDI 企业产品更具竞争力，企业成本更低，生产更高效。这使得其他企业也纷纷开始启动或增强海外投资，进而提升整个制造业行业的技术溢出水平。同行业企业的竞争效应体现为海外投资母公司通过对外直接投资所获得的技术优势，在产品、生产、成本方面都将更具竞争力，一定程度上攫取了同行业其他企业的市场份额，倒逼同行业其他企业增强研发强度，加大技术创新力度，从而促使整个行业的技术进步。另一方面，行业内关联企业的回顾、前瞻、旁侧机制是海外投资母公司技术水平的提升对国内行业内关联企业产生的回顾效应、前瞻效应和旁侧效应。回顾效应体现为海外投资企业通过 OFDI 获得先进技术后，由于行业技术学习交流会对行业内前后向关联企业也产生技术溢出，从而影响向其供应原材料和机器设备的投入品部门设计理念和方法的跟进。前瞻效应体现为派生新的行业部门或诱发新的经济活动，旁侧效应体现为非关联产业通过从旁效仿投资企业海外扩张行为，也获得大力发展的现象，从而这一系列的技术溢出使投资母国所有行业的技术进步和结构升级。

（三）国家层面

对外直接投资国家层面逆向技术溢出促进整个国家技术进步的主要机制是产业间的关联机制和产业间的转移机制。产业间的关联机制是产业内关联的扩大化。随着经济技术的不断发展，现代化工业要求技术的不断革新。行业间的关联机制会将海外投资企业 OFDI 渠道所获得技术优势扩散到其他行业，将在行业间产业更大范围的示范效应、竞争效应、回顾效应、前瞻效应以及旁侧效应，从而促进整个国家产业的技术进步。产业间的转移机制则是行业内转移的扩大化。技术进步资源会不断从劳动密集型行业流向资本技术密集型行业，生产要素、资源、劳动力的流动会进一步加快产业转移，促使产业由初级向高级转移，由传统产业向新兴成长产业转移，反复循环，在技术创新驱动下促进母国整体技术进步和整体产业结构的优化升级。

二、OFDI 逆向技术溢出对制造业行业间升级的作用机制

一方面，OFDI 逆向技术溢出效应，通过在企业、行业和国家层面的技术获取、技术反馈、技术创新和扩散机制促进技术进步，技术进步会吸引企业开展对外直接投资活动以取得更多的技术溢出；另一方面 OFDI 所获得的技术进步又会通过各种途径对母国的制造业行业间升级产生一定的影响。具体来说，OFDI 的逆向技术溢出效应主要是通过技术驱动影响制造业技术结构、劳动力结构，从而促进母国制造业行业间结构优化升级。如图 1-7 所示，OFDI 逆向技术溢出促进制造业行业间升级的渠道表现为：技术结构渠道、劳动力供求渠道、产品供求渠道和技术创新渠道。

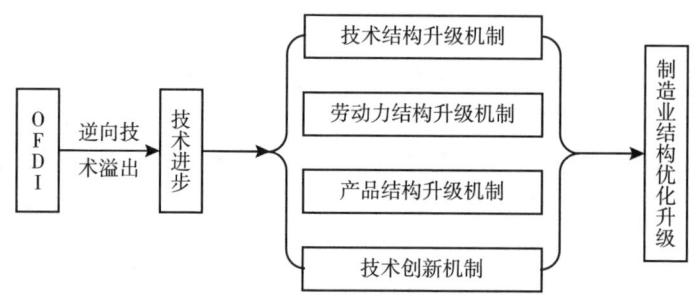

图 1-7 OFDI 逆向技术溢出促进制造业行业间结构升级的作用机制

（一）技术结构升级机制

不同的制造业行业其技术进步的速度不一样，一般而言，劳动密集型制造业行业的技术进步较慢，而资本和技术密集型行业的技术进步速度较快，因此，制造业行业间技术结构也存在差异。当制造业海外投资企业通过 OFDI

逆向技术溢出效应促进企业技术进步后，对企业所属的密集型行业来说，技术进步的速度不一样，技术创新发展的程度也有所不同。显然，技术密集型制造业行业的技术进步程度会高于资本密集型制造业行业，而资本密集型制造业行业又快于劳动密集型行业。由此，不同密集型制造业企业的技术结构会发生变化，企业技术结构的变化会波及所属行业技术结构的改变，最终影响制造业行业间的整体技术结构。由于资本和技术密集型制造业行业的技术创新快，使得制造业整体结构向高附加值、高技术、高加工度转变，实现制造业整体结构的优化升级。

（二）劳动力结构升级机制

劳动力结构升级机制主要通过劳动力的流动效应影响生产要素的供求结构，通过改变生产要素的供求结构影响劳动力供求结构，最终影响对外直接投资逆向技术溢出对母国制造业结构升级效应。具体来说，一方面，对海外投资企业而言，会尽快将从 OFDI 逆向技术溢出获取的先进技术、知识及管理经验通过学习、模仿等方式内部化消化吸收，为企业谋求进一步成长提供更大的可能性。在技术知识的内部化消化吸收过程中，投资企业人员技术知识水平和综合素质得到了很大提升，提高了企业的劳动生产率，这在一定程度上削减了企业对劳动力的需求。企业技术水平的提升对应聘者提出了更高的要求，会吸引更多的高端人才加入技术密集高的企业，而使低端技术劳动力转移到其他低技术要求的劳动密集型制造业企业，优化了企业劳动力结构；而其他即将毕业的准劳动力也会迫于社会压力，在求职前不断提升自身技术水平，主动学习锤炼技能，有利于制造业劳动力结构升级，最终对制造业结构升级形成正向影响。另一方面，对制造业行业间而言，随着高端技术密集型制造业企业技术水平的提升，其他技术型制造业企业也会不甘落后，最终会降低整个高技术密集型制造业行业对劳动力的需求，这些过剩的劳动力会逐渐转移到其他技术要求低的劳动或资本密集型制造业行业，劳动力在不同密集型制造业行业间的流动，有利于制造业劳动力资源的优化配置，优化了制造业劳动力结构，最终推动母国制造业结构不断优化升级。

（三）产品结构升级机制

产品结构升级机制主要通过产品的高附加值化影响产品的供求结构，通过改变产品的供求结构促进产值结构的升级，最终影响对外直接投资逆向技术溢出对母国制造业结构升级效应。具体来说，一方面，海外投资企业通过OFDI渠道获取的国外先进技术和管理经验，在将先进知识技术内部化过程中，产品生产技术的提高，促使产品的附加值增加，进而改变企业在产品市场的供求关系。另一方面，众多不同技术密集型制造业企业产品供求结构的变化，低技术、低附加值的产品供求下降，而技术含量高的高附加值产品供求增加，通过产业转移和产业关联路径，会进一步影响不同技术密集型制造业行业的产品供求结构。即制造业内部行业将逐步从技术水平低的初级产品供应转向生产更高端、更高附加值的产品上，生产要素、资源等也趋向从低技术的劳动密集型制造业行业转移至高端技术、高附加值的资本和技术密集型制造业行业。制造业内部行业产品供求结构的改变，加剧了各细分行业发展的不平衡，导致原有的制造业结构发生变化，最终推动母国制造业结构不断优化升级。

（四）技术创新机制

海外投资企业通过 OFDI 渠道获取的国外技术，会在企业、行业和国家层面的交叉作用下促进母国制造业技术进步，进而推动技术不断创新。技术创新机制通过延长传统制造业行业生命周期和催生新兴产业来促进制造业结构优化升级。具体来说，一方面，OFDI 助推的技术创新加快了传统制造业行业技术更新改造的步伐，在一定程度了延缓了传统制造业行业的生命周期；另一方面，OFDI 助推的技术创新改革创新了现有的生产方式，使得制造业行业内部分工更精细，产品更加多元化，更能满足新的市场需求，同时也催生了新企业和新行业的不断出现。这样传统制造业行业技术不断进步，新兴制造业行业不断催生，打破了原有的制造业结构，有利于推动制造业结构不断优化升级。

本 章 小 结

本章首先梳理了 OFDI 逆向技术溢出的基本理论，主要从对外投资理论总结归纳出 OFDI 获取的逆向技术溢出的效应理论，分别包括技术地方化理论、技术创新产业升级理论、产业关联理论和产业竞争理论。这些理论都从不同视角研究了对外直接投资与母国制造业结构升级的内在关系，结论一致地认为发展中国家对外直接投资可以通过吸收创新技术、转化具有本土特色的比较优势，由产业关联效应，加剧产业竞争最终显著促进国内制造业结构转型升级。其次，梳理了制造业结构升级理论，主要以产业结构升级理论为基础，得出经济发展与产业结构调整之间存在相互依存和相互促进的内在联系。在此基础上，分别从产业转移、产业关联、产业竞争和劳动力结构优化等路径搭建了 OFDI 逆向技术溢出促进制造业结构升级的路径理论，并系统分析了 OFDI 逆向技术溢出促进制造业行业内升级和行业间升级的作用机制。指出 OFDI 逆向技术溢出通过促进制造业行业内技术进步，推动投资母国制造业行业内的结构升级。不同制造业行业技术进步有利于制造业生产工艺及设备的更新换代，有利于产品的升级换代，有利于劳动者经营、管理以及专业知识的积累，最终推动制造业行业内结构从价值链低端向高端环节的攀升。而不同技术密集型制造业行业技术进步又可以通过技术结构升级机制、劳动力结构升级机制、产品结构升级机制以及技术创新机制促进制造业行业间结构的高级化和合理化，最终推动制造业结构不断优化升级。通过本章对经典理论和作用机理的分析，为后面构建制造业结构优化升级模型提供理论框架。

第二章

中国制造业发展新趋势及结构升级指标测算

本章主要分析了中国制造业发展新趋势及存在的突出问题，并提出结构升级的系统指标测算体系。第一节主要从中国制造业增加值比重、制造业绿色智能化、组织形态新型化方面对中国制造业发展的新趋势、新特征进行分析说明；第二节主要从中国制造业技术结构、行业结构、空间结构、生态结构和劳动力结构对中国制造业结构存在的突出问题进行分析；第三节主要从制造业内部行业技术进步、行业结构合理化和高级化三方面对制造业结构升级指标进行有效测算，为后续实证研究章节奠定基础。

第一节　中国制造业发展新趋势

工业是国民经济长期发展的动力，制造业是工业的主体，制造业发展为国民经济长期增长提供了创新驱动机制。随着工业化进程的不断推进，工业制造业逐步成为衡量一个国家生产力水平的重要因素。工业4.0对工业制造业提出了更高的新要求，2015年5月，中国发布了《中国制造2025》行动纲领，将中国制造业定位为"立国之本、兴国之器、强国之基"，提出到2025年，中国迈入制造强国行列。对中国制造业发展新趋势分析有利于后续章节更深入的研究。

一、中国制造业增加值世界领先

改革开放四十年来，中国制造业取得了突飞猛进的发展硕果。从中国制造走向中国创造,中国已经开始成为世界的制造中心。2016年中国制造业产值达1 041 824.16亿元,占工业总产值的90.4%,规模以上制造业工业企业355 518个,就业人数8 472.26万人,占工业总人数的89.4%。随着工业化进程和《中国制造2025》政策的实施不断推进,中国制造业发展呈现整体向好趋势,根据中国工程院2017中国制造强国发展指数报告显示,中国制造强国综合指数104.34,位居世界第四,具体数据如表2-1所示。

表2-1　　2012~2016年世界制造强国综合指数值及排名情况

排名	2012年		2013年		2014年		2015年		2016年	
	国别	指数	国别	指数	国别	指数	国别	指数	国别	指数
1	美国	160.35	美国	161.22	美国	163.83	美国	166.12	美国	172.28
2	日本	124.29	德国	117.09	德国	119.92	德国	118.73	德国	121.31
3	德国	114.33	日本	116.09	日本	114.03	日本	197.13	日本	112.52
4	中国	92.31	中国	97.84	中国	103.35	中国	105.78	中国	104.34
5	法国	70.32	韩国	72.74	法国	70.85	韩国	68.85	韩国	69.87
6	韩国	65.14	法国	70.93	韩国	70.44	法国	68.51	法国	67.78
7	英国	64.78	英国	65.3	英国	67.93	英国	56.85	英国	63.64
8	印度	42.75	印度	42.9	印度	43.65	印度	42.8	印度	42.77
9	巴西	56.45	巴西	31.55	巴西	37.56	巴西	29.25	巴西	34.26

资料来源:中国工程院网站. http://www.cae.cn/cn.2017中国制造强国发展指数报告.2018-4-8.

然而,根据联合国统计司(United Nations Statistics Division)发布经济数据显示,中国2016年制造业增加值30 799亿美元,排名全球第一。同年,美国制造业增加值21 830亿美元,全球排名第二。中国制造业增加值绝对值比美国高出8 969亿美元。根据《2016全球制造业竞争力指数》发布的数据显示,中国被列为全球最具竞争力的制造业国家。尽管如此,与世界发达国家相比,中国制造业仅体现总量和成本上的优势,仍处于价值链的低端,在技术水平、创新能力及产业结构方面仍存在诸多问题。

从国内数据来看,中国制造业增加值占GDP的比重正进一步下降,并且下降速度加快,如图2-1所示,2003~2017年间中国制造业增加值逐年下降,由2003年的32.47%降到2017年的28.02%。

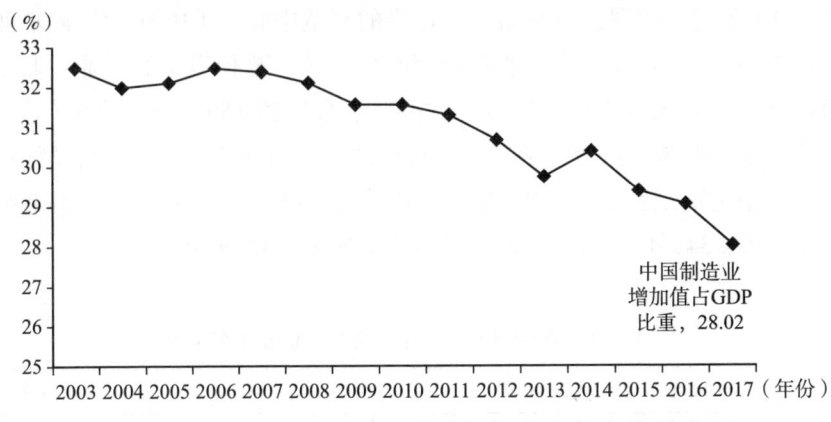

图 2-1 2003~2017 年中国制造业增加值占 GDP 比重

资料来源：根据中华人民共和国国家统计局网站．http://www.stats.gov.cn/．2017 年国民经济和社会发展统计公报数据计算所得，2018-2-28．

随着"再工业化"的不断推进，制造业作为实体经济的主体，制造业发展对经济增长的长期内生驱动作用不会改变，制造业将成为技术创新的主战场，是供给侧结构性改革的主要领域。实现高质量发展，必须要加快推动制造业发展方式和创新增长动力的转换，培育高质量和高效益的制造业新兴产业，促进制造业产业结构优化升级。

二、中国制造业行业分化明显

2016 年全国制造业规模以上工业企业总产值 1 041 824.16 亿元，是 2003 年的 127 352.1 亿元的 8.18 倍，年均增长 18.03%，平均就业人数 8 472.26 万人是 2003 年 4 883.81 万人的 1.73 倍，年均增长 4.45%。随着国民经济发展和信息技术进步更新改造，中国制造业各行业分化明显，产业布局不合理。

从制造业各行业方面分析，如表 2-2 所示，2016 年各行业产值占全国制造业总产值的比重排名前三的是计算机、通信和其他电子设备制造业，化学原料和化学制品制造业，汽车制造业。电气机械和器材制造业、农副食品加工业、非金属矿物制品业、黑色金属冶炼和压延加工业、有色金属冶炼和压延加工业、金属制品业和纺织业的比重也较高。2016 年各行业平均就业人数占全国制造业总人数的比重排名前三的是计算机、通信和其他电子设备制造业、电气机械和器材制造业和非金属矿物制品业。汽车制造业、通用设备制造业、化学原料和化学制品制造业、纺织业、纺织服装、服饰业，农副食品加工业的人员占比也较高，这些行业中，化学原料和化学制品制造业、非金属矿物制品业、黑色金属冶炼和压延加工业、有色金属冶炼和压延加工业、金属制品业、纺织业、纺织服装、服饰业，农副食品加工业均是耗资大、技术较低的高污染密集行业。随着《中国制造2025》等国家战略的深入推进，未来制造业发展必须强调生产与生态的平衡，这种以劳动密集、高能耗为特征的粗放型增长方式急需转型升级。

表2-2 2016年中国制造业各行业产值和劳动力占全国制造业总数的比重

制造业各行业	产值（亿元）	比重（%）	就业人数	比重（%）
农副食品加工业	68 857.76	6.61	416.94	4.92
食品制造业	23 544.40	2.26	211.61	2.50
酒、饮料和精制茶制造业	19 034.28	1.83	162.61	1.92
烟草制品业	8 855.80	0.85	21.44	0.25
纺织业	40 287.42	3.87	436.22	5.15
纺织服装、服饰业	23 664.77	2.27	430.49	5.08
皮革、毛皮、羽毛及其制品和制鞋业	15 189.99	1.46	274.64	3.24
木材加工和木、竹、藤、棕、草制品业	15 119.70	1.45	139.33	1.64
家具制造业	8 826.79	0.85	122.1	1.44
造纸和纸制品业	14 832.74	1.42	127.11	1.50
印刷和记录媒介复制业	8 178.51	0.79	98.71	1.17
文教、工美、体育和娱乐用品制造业	16 897.37	1.62	232.22	2.74
石油加工、炼焦和核燃料加工业	34 077.50	3.27	87.63	1.03
化学原料和化学制品制造业	86 789.56	8.33	480.59	5.67
医药制造业	28 417.72	2.73	235.92	2.78
化学纤维制造业	7 879.83	0.76	47.38	0.56
橡胶和塑料制品业	32 764.61	3.14	333.66	3.94
非金属矿物制品业	63 057.45	6.05	577.23	6.81
黑色金属冶炼和压延加工业	60 343.78	5.79	325.68	3.84
有色金属冶炼和压延加工业	48 879.02	4.69	195.44	2.31
金属制品业	39 334.97	3.78	364.6	4.30
通用设备制造业	48 337.12	4.64	449.34	5.30

续表

制造业各行业	产值（亿元）	比重（%）	就业人数	比重（%）
专用设备制造业	37 672.91	3.62	342.44	4.04
汽车制造业	80 440.37	7.72	483.45	5.71
铁路、船舶、航空航天和其他运输设备制造业	20 293.17	1.95	181.82	2.15
电气机械和器材制造业	74 163.80	7.12	621.94	7.34
计算机、通信和其他电子设备制造业	98 457.24	9.45	890.26	10.51
仪器仪表制造业	9 441.41	0.91	104.45	1.23
其他制造业	2 832.20	0.27	41.69	0.49
废弃资源综合利用业	4 133.12	0.40	18.28	0.22
金属制品、机械和设备修理业	1 218.83	0.12	17.04	0.20

资料来源：《2016年中国工业统计年鉴》整理所得。

从制造业三大密集型行业分析，根据配第一克拉克定理，随着国民经济的不断发展，制造业结构的重心会逐步由劳动密集型行业向资本、技术密集型行业转换。2003～2016年中国制造业劳动、资本、技术密集型行业产值占制造业总产值的平均比重分别为24.85%、29.32%和45.83%，技术密集型行业产值占比最重，其次是资本密集型行业，劳动密集型行业产值占比最低，技术密集型行业占主导地位。三大密集行业年平均增长率分别为17.58%、18.56%、18.04%，资本密集型行业增长速度最快。如表2-3所示，三大密集型行业的产值方面，劳动密集型行业的产值由2003年的33 925.18亿元增长到2016年的270 254.85亿元，增长达8倍，资本密集型行业的产值由2003年的33 694.08亿元增长到278 457.33亿元，增长8.26倍，技术密集型行业的产值由2003年的59 732.82亿元增长到2016年493 111.96亿元，增长8.25倍，资本密集型行业增长速度最快。

如图2-2所示，从三大类型密集行业的增长率方面，2004～2016年间，三大密集型制造行业增长率逐年下降，2004～2008年间资本密集型行业增长率最快，2009年受金融危机的影响，三大密集行业增长率骤降，经济步入结构调整的"减速换挡"期，行业逐步分化，技术密集型行业增长速度首次快于资本密集型行业。2010年后随着经济的逐步回复而有所上升，2013年后，行业加速分化技术密集型行业增长加快，稳步快于资本密集型行业，但经济形势复杂严峻，矛盾风险叠加，制造业行业增长乏力，2014年后增长速度仅为个位数增长，2015年资本密集型行业竟出现负增长。

表2-3　2003~2016年中国制造业三大密集行业的产值以及增长率

年份	劳动密集型行业		资本密集型行业		技术密集型行业	
	产值（亿元）	增长率（%）	产值（亿元）	增长率（%）	产值（亿元）	增长率（%）
2003	33 925.18	—	33 694.08	—	59 732.82	—
2004	43 575.16	28.44	50 488.78	49.84	81 219.52	35.97
2005	54 103.81	24.16	64 426.05	27.60	99 305.88	22.27
2006	66 191.89	22.34	82 853.16	28.60	125 526.62	26.40
2007	84 468.50	27.61	108 175.11	30.56	160 987.23	28.25
2008	105 233.64	24.58	138 404.22	27.94	197 720.50	22.82
2009	118 379.22	12.49	141 360.08	2.14	219 460.42	11.00
2010	146 919.68	24.11	181 162.15	28.16	281 476.67	28.26
2011	174 990.99	19.11	223 304.24	23.26	335 688.78	19.26
2012	196 480.92	12.28	242 175.53	8.45	353 572.08	5.33
2013	225 024.57	14.53	268 133.96	10.72	402 253.67	13.77
2014	244 167.92	8.51	282 966.90	5.53	441 238.48	9.69
2015	257 710.31	5.55	271 145.53	-4.18	460 506.40	4.37
2016	270 254.85	4.87	278 457.33	2.70	493 111.96	7.08

资料来源：根据《历年中国工业统计年鉴》整理所得。

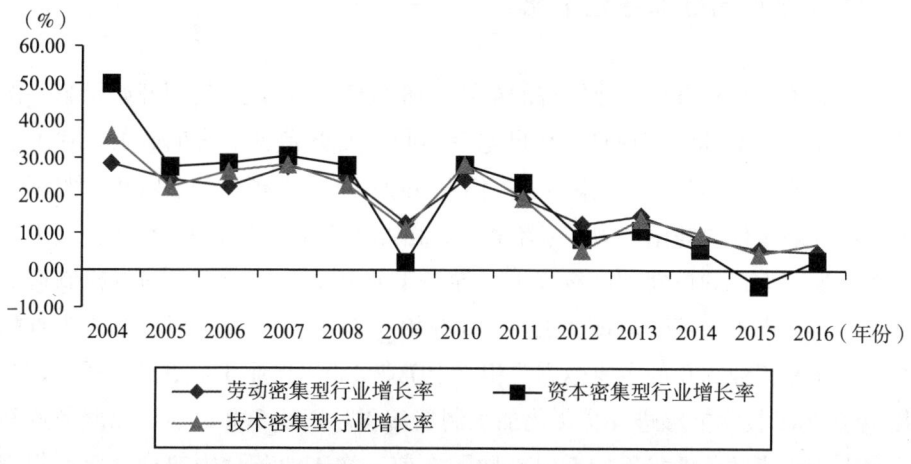

图2-2　2004~2016年三大类制造业行业增长率

资料来源：根据《中国工业统计年鉴》整理绘制。

如图2-3所示，从三大类密集型行业产值占制造业总产值的比重来看，2003年劳动密集型、资本和技术密集型各行业产值比重分别为26.64%、26.46%和46.9%。而到2016年三大行业比重分别为25.94%、26.73%和47.33%，劳动密集行业产值比重在下降，而技术密集型行业产值比重在上升，说明我国制造业结构在逐步转型升级。

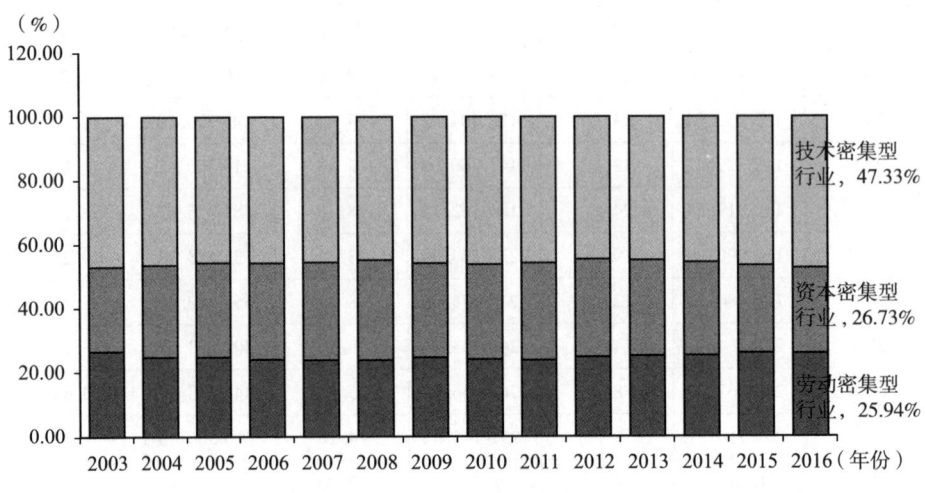

图2-3　2003~2016年三大类制造业行业占制造业总值比重

三、中国制造业绿色智能化

工业革命是对世界工业经济的革新，18世纪60年代，英国开始了第一次工业革命，从19世纪中期到19世纪下半叶，人类完成了从工业1.0到工业2.0的转型。在工业1.0结束后，人们发现第一次工业革命的蒸汽机已跟不上时代的发展步伐，与生产力需求不相符，由此出现了工业2.0，在第二次工业革命后期，大量的机器被陆续发明，导致工业制造业生产方式向规模制造的转变，第三次工业革命出现。工业3.0开始于20世纪中期，以计算机为首的技术发明是工业3.0的主要标志。相比于工业2.0，工业3.0更具灵活性，利用电子和IT技术能够进一步优化加工制造流程。工业3.0以后，以服务业和金融业为代表的行业异军突起，打败了在前三次工业革命中起到决定性作用的制造业。2008年，全球性的金融危机爆发，引发了以美国为首的西方国家对"去工业化"的思考，在这一背景下，德国先行提出了工业4.0构想。工业4.0是基于互联网、计算机技术、信息技术、软件及自动化技术的高端科技战略规划,旨在通过提升工业制造业水平来构建智能化、数字信息化、绿色化以及资源效率为一体的"智慧工厂"。

目前,全球制造业正朝着绿色化、智能化、信息化的方向发展,这也是中国制造业提质增效的唯一途径。"中国制造2025"将智能化作为未来发展的主线,国内不少省市也提出制造业"机器换人"的目标。企业也正进行着智能化改造,并探索相应的管理系统和运行机制。如通过智能化机器改造,替代人工参与较多的制造简单加工环节,提高产品生产效率,降低生产成本增强企业竞争力的目标。绿色化既是我国制造业升级的内在需求,也是企业增强产品竞争力的客观要求,更是全球制造业发展的重要方向。当前,我国制造业产品打入国际高端市场面临巨大的绿色贸易壁垒,世界各国强化了环境保护政策法规的执行力度,节能减排是企业发展的硬指标、大趋势。要想增强产品的国际市场竞争力,就必须在产品设计、制造、包装、运输、使用到报废处理的整个生命周期中,加大对节能环保的技术改造投入力度,提高资源使用效率,最大限度地降低对环境的负面影响。

四、中国制造业组织形态新型化

新一代信息网络技术与传统产业的深入融合,推动制造业组织形态新型化。新业态、新模式、新产业加速涌现,网络化、小型化、专业化正引领全球经济增长方式转型。随着互联网和现代通信技术在各行各业应用的不断深化,各种制造业组织新业态、新模式不断涌现。如过顶传球OTT(Over the Top)等基础网络融合涌现的新业态,推动了彩色电视向拥有独立操作系统和应用商店的智能电视演进。智能机器人、新能源汽车等新兴产业也步入跨越式发展的新时期。2016年,我国累计生产新能源汽车51.7万辆,同比增长51.7%。再如分享经济,通过利用互联网和大数据等信息技术,重新整合原有的生产要素和基础设施,在不增加或少增加投入的同时,挖掘、创造出新的价值空间。新兴产业的快速成长为产业发展提供了持续的新动能,对"稳增长、调结构、惠民生"发挥了重要作用。

服务型制造和互联网技术的融合,成为推进制造业迈向价值链高端的重要途径,也是适应消费需求升级、改善供给体系的重要方向。这一趋势进一步强化了制造业企业组织形态向网络化、小型化和专业化的新型形态发展。

如海尔集团借助互联网加快组织结构调整，将7万多名员工重新组织为2 000多个自主经营体，形成了基于互联网的"小团队+大平台"企业组织架构，让大量的小团队直接面对用户、面对市场，快速满足客户的个性化需求。专业化的生产组织形式与传统大规模生产分工模式大不相同。企业围绕某一产品或领域专门的专业化，在互联网的推动下，企业柔性生产、定制化制造能力大幅增强，是一种升级版的生产专业化。同时，除了生产环节的专业化，未来生产组织的专业化还包括专业化的管理和专业化经营。未来产业发展格局日新月异，企业将进一步加大在专业化的管理和经营方面的投入，以适应变化加速的市场与分工环境。

第二节　中国制造业结构存在的突出问题

随着制造业发展的新趋势和国内外经济环境的改变，迫切需要实现我国由制造业大国向制造业强国的转变，加快转型升级才能实现制造业又好又快发展。本节通过分析制造业技术结构、行业结构、空间结构、生态结构及劳动力结构存在的突出问题，寻求中国制造业在智能制造、绿色制造等生产方式和理念上突破创新，有利于后续章节制造业结构优化升级测算及评判。

一、技术结构发展不健全

2017年，我国全年境内外专利申请369.8万件，授予专利权183.6万件，PCT专利申请受理量[①]为5.1万件，专利申请数是2003年30.85万件的12倍，授予专利权数是2003年18.22万件的10倍。其中，2017年境内发明专利申请数123.4万件，境内授权发明专利仅32万件。截至2017年底，有效专利714.8万件，其中境内有效发明专利135.6万件，每万人口发明专利拥有量9.8件。[②] 如表2-4所示。国内专利授权数量增长较快，而代表一国技术创新能力的发明专利申请和授权量都占比较低，分别仅为33.4%和17.4%，由

---

① PCT专利申请受理量：是指国家知识产权局作为PCT专利申请受理局受理的PCT专利申请数量。PCT（patent cooperation treaty）即专利合作条约，是专利领域的一项国际合作条约。

② 数据来源：国家统计局网站，http://www.stats.gov.cn/tjsj/zxfb/201802/t20180228_1585631.html，2017年国民经济和社会发展统计公报。

此说明我国技术创新能力薄弱的状况多年来并未发生根本性变化。相比之下，2016 年国外发明专利的申请量和授权量比重分别为 83.7% 和 81.7%，国外的专利发明等技术创新能力远胜于我国，中国企业的自主创新能力亟待加强。

表 2-4　　　　　　　中国专利申请、授权和有效专利情况　　　　　单位：万件

指标	专利数		
	2003 年	2008 年	2017 年
专利申请数	30.85	82.8	369.8
其中：境内专利申请	25.12	71.7	351.3
其中：发明专利申请	10.53	29.0	138.2
其中：境内发明专利	5.68	19.5	123.4
专利授权数	18.22	41.2	183.6
其中：境内专利授权	14.96	35.2	170.5
其中：发明专利授权	3.72	9.4	42
其中：境内发明专利	1.14	4.7	32
年末有效专利数	—	119.5	714.8
其中：境内有效专利	—	92.5	620.4
其中：有效发明专利	—	33.7	208.5
其中：境内有效发明专利	—	12.8	135.6

资料来源：中华人民共和国 2017 和 2008 年《国民经济和社会发展统计公报》《中国统计年鉴 2004》，由于我国年末有效专利数从 2008 年才开始公开发布，因此，本表 2003 年的数据缺失。

中国等发展中国家制造业技术引进到自主创新发展不是一蹴而就的，要想真正摆脱对国外技术的依赖，必须增强对国外技术的吸收能力，在吸收、模仿的基础上实现自主创新。但由于中国市场经济发展的历史较短，企业家创新精神不足等原因，导致中国制造业对引进技术的消化吸收和学习能力都不够强，外资溢出效应未能充分发挥，制造业技术引进始终停留在对国外技术的依赖阶段，没能真正形成具有国际竞争力的自主创新能力。长期以来，中国制造业技术引进陷入"引进、落后、再引进、再落后"的恶性循环，制造业技术水平仍然落后于国外，制造业价值链低端锁定未能得到根本改善。发达国家制造业长期占据领先地位源于企业技术的不断创新，但处于技术垄断地位的发达国家出于国家利益考虑，绝对不会轻易将高端核心技术转让给

中国。同理，海外投资企业为了保持自身的垄断竞争优势和出于商业机密的考虑，会加强对技术、设计等关键资源与核心技术的保护，不会轻易将关键核心技术转让、泄露给其他企业。因此，引进国外较成熟的技术虽然可以在一定程度上提升本国的技术劣势，但后发劣势问题和关键核心技术的攻克不可能单靠技术引进就能得到根本性的改善。要想从根本上实现技术突破和经济赶超，需要对引进的技术进行有效的学习、模仿、吸收后，结合本国制造业发展实际情况进行不断的自主创新研发，促使国内制造业技术不断向高端环节攀升。

现阶段，中国制造业仍未摆脱对国外技术的依赖，制造业企业整体自主研发能力薄弱，几乎所有工业行业的关键核心技术都掌握在国外厂商手中，对外技术依存度高，企业发展受制于人。2018年4月16日，美国商务部发布对中兴通讯公司实施出口禁令，这一事件几乎钳制中国手机行业的命门和中兴通讯公司的兴衰。全球智能手机处理器，美国供应近六成，目前国内也有不少企业有生产相关射频芯片产品的，但目前国内终端品牌，特别是几个大品牌，依然对美国芯片进口的依赖程度很高，中国关键技术的对外技术依存度居高不下。虽然国内几大品牌逐渐崛起成为全球领先品牌，同时亦有国内巨大的市场需求优势，却由于芯片等核心技术缺失，被人扼住了喉咙。相似的情况也出现在医药、汽车、空调等制造业行业。中国的制药工业有90%以上的产品几乎依靠仿制国外产品，汽车生产所需的发动机等关键部件的核心技术和专利也缺失，中国现在已经是全球最大的空调生产国，但是压缩机和制冷剂等核心技术掌握在发达国家手中。

2016年，中国制造业企业对国外技术依赖度平均为3.69%，三大密集行业中，技术密集型行业对国外技术依赖度行业平均值为7.01%，资本密集型行业为2.25%，劳动密集型行业为1.82%，技术密集型行业对国外技术依赖度最高，劳动密集型行业最低，我国智能制造行业整体某些核心技术仍处于实验室阶段，制约了产业化进程。从制造业各行业对国外技术依赖度方面，如表2-5所示，我国制造业各行业对国外技术依赖度最高的是技术密集型行业中的汽车制造业，为28%，最低的是劳动密集型行业中的家具制造业，为0.15%。其中，技术密集型行业中的通用设备制造、计算机、通信和其他电子设备制造业、金属制品、机械和设备修理业的对外技术依赖度也较高。各制造业行业对外依赖度高于制造业平均值的行业有9个，技术密集型行业4个，资本密集型行业2个，劳动密集型行业3个。

表2-5　　2016年中国制造业各行业对国外技术依赖度*及排名

制造业各行业	技术依赖度	排名	制造业各行业	技术依赖度	排名
汽车制造业	28.00%	1	仪器仪表制造业	1.89%	16
石油加工、炼焦和核燃料加工业	8.07%	2	文教、工美、体育和娱乐用品制造业	1.77%	17
烟草制品业	7.96%	3	医药制造业	1.62%	18
通用设备制造业	5.98%	4	酒、饮料和精制茶制造业	1.51%	19
造纸和纸制品业	5.39%	5	专用设备制造业	1.34%	20
金属制品、机械和设备修理业	5.19%	6	橡胶和塑料制品业	1.27%	21
计算机、通信和其他电子设备制造业	4.88%	7	非金属矿物制品业	1.15%	22
化学纤维制造业	4.29%	8	木材加工和木、竹、藤、棕、草制品业	1.02%	23
食品制造业	3.89%	9	有色金属冶炼和压延加工业	0.80%	24
化学原料和化学制品制造业	3.18%	10	农副食品加工业	0.77%	25
纺织业	2.69%	11	金属制品业	0.74%	26
黑色金属冶炼和压延加工业	2.56%	12	印刷和记录媒介复制业	0.62%	27
铁路、船舶、航空航天和其他运输设备制造业	2.50%	13	皮革、毛皮、羽毛及其制品和制鞋业	0.57%	28
电气机械和器材制造业	2.42%	14	其他制造业	0.46%	29
纺织服装、服饰业	2.34%	15	家具制造业	0.15%	30

注：对外技术依赖度是指一国的技术创新对国外技术依赖程度，是一国对外技术引进、消化吸收经费与研究开发经费支出之比，即技术依存度=（对外技术引进经费+技术消化吸收经费）/R&D经费支出。

资料来源：根据《中国科技统计年鉴2017》整理所得。

从高技术产业的技术依赖度方面分析，如图2-4所示，2005年我国高技术产业对外依赖度为31%，其中计算机、通信和其他电子设备制造业依赖度最高达38%，经过11年的发展，2016年中国高技术产业对外依赖度有所降低为3.86%，其中计算机、通信和其他电子设备制造业依赖度仍然最高为5.26%。而我国智能制造方面诸多基础技术大多停留在仿制阶段，关键元件如高精密的减速器、3D打印机的核心部件主要依赖进口，企业自主研发能力严重不足，核心技术攻克受阻，成本居高不下产品缺乏竞争力，严重阻碍了智能制造业企业的发展潜力。智能制造方式建立在自动化、机器人、人工智能、云计算、物联网等一大批高新技术的综合运用上，找寻合适的技术源来改造企业生产模式成为智能制造能否成功的关键要素。现实中，大型技术供应商更多提供成套的智能制造技术解决方案，改造成本高；而中小型技术供应商则难以提供匹配度高的智能制造技术和管理模块，改造效果差。此外，部分中小型企业由于资源限制导致难以搜索到外部智能制造技术商，凭借企业自身技术存量难以实施有效的智能制造改造。在智能制造、绿色制造等生产方式和技术上突破创新，制造业结构调整迫在眉睫。

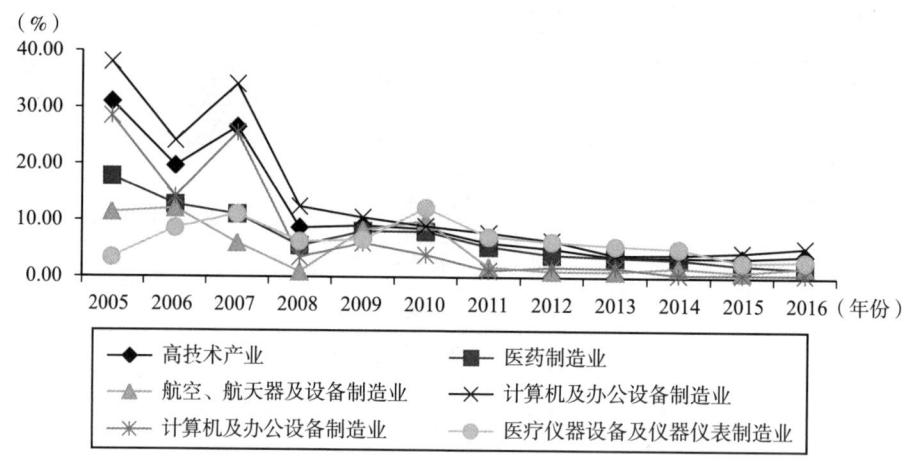

图 2-4 2005~2016 年中国高技术产业对外技术依赖度

二、空间结构布局不合理

从全国制造业空间布局看，制造业空间区域分异趋势明显。如表 2-6 所示，2003 年制造业产值和就业人数排名前十的省市有广东、江苏、山东、浙江、上海、辽宁、河北、河南、福建和北京。经过 14 年的发展，2016 年制造业产值和就业人数排名前十的省份有江苏、山东、广东、河南、浙江、湖北、河北、福建、安徽和四川。我国制造业的空间布局主要分布在东部地区，集聚于长三角、珠三角和环渤海经济带，中西部省份的产值占比较低。近年来，随着沿海发达城市要素成本上涨和资源环境条件变化，制造业企业开始向中西部转移，安徽、四川、陕西、贵州等也在加紧培育发展集成电路、平板显示、智能终端、大数据等高成长性的新兴产业。与此同时，沿海发达城市也积极推行"机器换人"计划，逐步加快传统制造业行业向智能制造、智能加工转变的步伐，使得以往制造业行业人口红利逐步被技术红利所替代。

表 2-6　中国制造业各区域产值和劳动力占全国制造业总数的比重

省区市	2003 年				2016 年			
	产值（亿元）	比重（%）	就业人数（万人）	比重（%）	产值（亿元）	比重（%）	就业人数（万人）	比重（%）
北京	3 399.9	3.00	73.3	1.94	13 040.7	1.25	91.5	1.08
天津	3 317.0	2.93	79.6	2.11	24 707.2	2.37	135.8	1.60
河北	4 464.9	3.94	179.5	4.77	41 546.3	3.99	316.8	3.74
山西	1 608.4	1.42	98.6	2.62	6 650.2	0.64	83.6	0.99
内蒙古	997.2	0.88	43.3	1.15	11 689.8	1.12	71.2	0.84
辽宁	4 985.1	4.40	165.5	4.39	18 558.3	1.78	182.4	2.15
吉林	2 337.4	2.06	66.8	1.77	21 345.3	2.05	116.5	1.37
黑龙江	1 557.1	1.37	68.3	1.81	8 576.5	0.82	66.8	0.79
上海	8 984.1	7.93	154.3	4.10	29 537.8	2.84	211.5	2.50
江苏	15 315.9	13.52	423.3	11.24	150 132.7	14.41	1 086.7	12.83
浙江	9 732.3	8.59	316.0	8.39	61 463.8	5.90	675.7	7.98
安徽	2 017.2	1.78	90.4	2.40	39 189.6	3.76	290.9	3.43
福建	3 472.2	3.06	101.0	2.68	40 234.6	3.86	406.3	4.80
江西	2 279.6	2.01	63.8	1.69	31 361.5	3.01	248.7	2.94
山东	11 937.5	10.54	397.5	10.55	139 903.2	13.43	819.6	9.67
河南	3 887.5	3.43	197.1	5.23	72 751.3	6.98	640.7	7.56
湖北	3 358.7	2.96	150.5	3.99	44 392.3	4.26	318.0	3.75
湖南	2 151.2	1.90	112.9	2.99	36 567.9	3.51	299.9	3.54
广东	16 701.8	14.74	436.8	11.60	120 975.1	11.61	1 402	16.55
广西	1 213.3	1.07	59.4	1.58	21 366.6	2.05	155.5	1.84
海南	267.6	0.24	6.2	0.16	1 475.9	0.14	8.5	0.10
重庆	1 429.2	1.26	66.6	1.77	21 972.9	2.11	175.6	2.07
四川	2 770.5	2.45	145.7	3.87	36 659.6	3.52	286.8	3.39
贵州	706.3	0.62	44.4	1.18	8 229.5	0.79	63.2	0.75

续表

省区市	2003 年				2016 年			
	产值（亿元）	比重（%）	就业人数（万人）	比重（%）	产值（亿元）	比重（%）	就业人数（万人）	比重（%）
云南	1 252.2	1.11	46.9	1.24	7 860.6	0.75	67.9	0.80
西藏	13	0.01	1.1	0.03	105.1	0.01	1	0.01
陕西	1 293.9	1.14	81.5	2.16	16 062.6	1.54	125.9	1.49
甘肃	825.2	0.73	53.2	1.41	4 950.1	0.48	40.1	0.47
青海	133.9	0.12	7.8	0.21	1 992.9	0.19	14.7	0.17
宁夏	246.7	0.22	13.1	0.35	2 734.3	0.26	22.3	0.26
新疆	642.9	0.57	22.8	0.60	5 791	0.56	46.3	0.55

注：以上数据不包括港澳台地区。
资料来源：根据《2003 中国工业经济统计年鉴》和《2016 中国工业统计年鉴》计算所得。

从区域制造业分析，2003~2016 年中国制造业东部、中部和西部产值占制造业总产值的平均比重分别为 68.84%、19.82% 和 11.34%，东部地区产值占比最高，西部地区产值占比最低，东部地区作为改革开放的先发区域优势明显。东、中、西部年平均增长率分别为 17.67%、22.69%、21.71%，中部地区增长速度最快。

如表 2-7 所示，三大区域产值分析，东部地区产值由 2003 年的 82 578.38 亿元增长到 2016 年的 641 575.17 亿元，增长达 7.77 倍，中部地区产值由 19 197.04 亿元增长到 260 834.57 亿元，增长 13.59 倍，西部地区产值由 11 524.3 亿元增长到 139 414.41 亿元，增长 12.1 倍，中部地区增长速度最快。

表 2-7　　　　2003~2016 年中国分区域制造业产值以及增长率

年份	东部地区		中部地区		西部地区	
	产值（亿元）	增长率（%）	产值（亿元）	增长率（%）	产值（亿元）	增长率（%）
2003	82 578.38	—	19 197.04	—	11 524.3	—
2004	121 057.4	46.60	24 191.46	26.02	15 653.25	35.83
2005	148 562.133	22.72	29 878.553	23.51	19 656.58	25.58
2006	186 313.96	25.41	38 854.06	30.04	25 409.7	29.27
2007	235 066.41	26.17	53 635.56	38.04	33 962.22	33.66

续表

年份	东部地区 产值（亿元）	增长率（%）	中部地区 产值（亿元）	增长率（%）	西部地区 产值（亿元）	增长率（%）
2008	287 341.67	22.24	71 917.58	34.09	43 815.66	29.01
2009	305 959.29	6.48	97 186.34	35.14	50 447.14	15.13
2010	381 561.93	24.71	108 831.04	11.98	65 013.9	28.88
2011	442 145.42	15.88	145 218.44	33.43	83 803.21	28.90
2012	523 388.6	18.37	174 405.37	20.10	84 434.56	0.75
2013	581 153.56	11.04	203 322.04	16.58	110 936.63	31.39
2014	619 092.58	6.53	226 919.36	11.61	122 361.35	10.30
2015	621 746.01	0.43	240 008.29	5.77	127 607.96	4.29
2016	641 575.17	3.19	260 834.57	8.68	139 414.41	9.25

注：以上数据不包括港澳台地区。
资料来源：根据《历年中国工业统计年鉴》整理所得。

从区域制造业增长率方面分析，如图2-5所示，2004~2016年间，三大区域制造业增长率也呈逐年下降，与行业形势一致，中部地区的年均增长最快，其次是西部，最后是东部地区。受金融危机影响，2009年东部地区增长率骤降，而中部内陆区域影响滞后，在2010年才出现低谷，2011年后，中西部地区的增长速度基本快于东部地区。

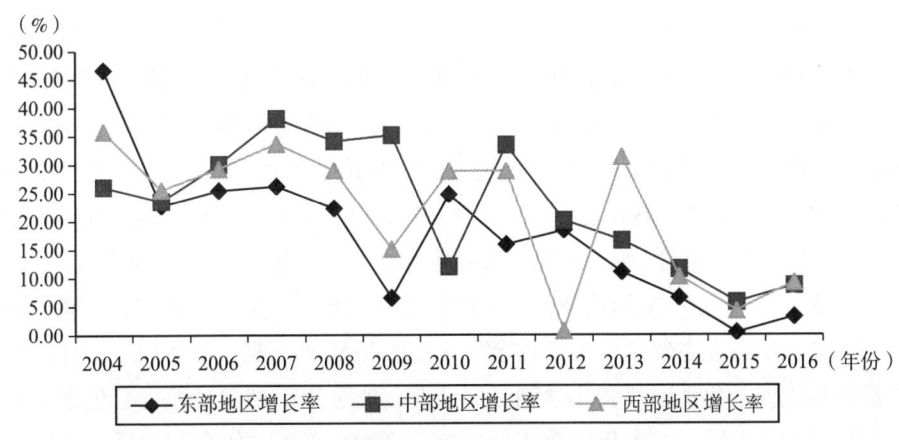

图2-5 2004~2016年区域制造业增长率

资料来源：根据《中国工业统计年鉴》整理绘制。

从三大区域制造业产值占全国制造业总产值比重来看,2003年东部地区产值占全国制造业比重72.88%,中部占16.94%,西部占10.17%。经过14年的发展,到2016年三大区域比重分别为61.58%、25.04%和13.38%,东部区域仍占主导地位,但制造业比重在逐年下降,中西部地区比重在逐步提升。总之,我国三大区域制造业空间结构分布不均衡,东部地区占比重于中西部地区,空间布局有待进一步优化升级。

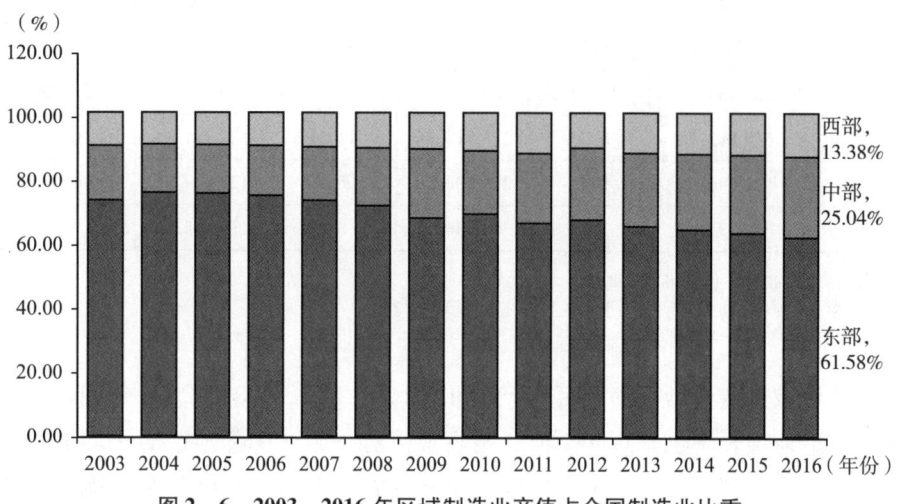

图2-6　2003~2016年区域制造业产值占全国制造业比重

资料来源:根据《中国工业统计年鉴》整理绘制。

三、能耗结构需转型升级

发达国家将环境污染和资源消耗型简单生产加工环节转移到发展中国家,专注于价值高端的技术和营销环节,优化了自身的资源耗费结构,实现了经济增长方式的集约化。中国等发展中国家承接了价值链低端的生产加工环节,制造业的发展以生态环境破坏、高强度和高密集化资源消耗为代价,这种长期快速粗放型发展使中国已经面临着非常严重的资源和环境危机,能耗结构急需转型升级。

如表2-8所示,从制造业行业能源消耗强度方面分析,我国制造业能源消耗强度较大的行业主要集中于黑色金属冶炼和压延加工业、石油加工、炼焦和核燃料加工业、化学原料和化学制品制造业、非金属矿物制品业、有色金属冶炼和压延加工业等资本密集的重工业领域,文教、工美、体育和娱乐用品制造业、烟草制品业等劳动密集的轻工业能源消耗强度普遍较低,电气机械和器材制造业、计算机、通信和其他电子设备制造业、仪器仪表制造业、汽车制造业、铁路、船舶、航空航天和其他运输设备制造业等技术密集型制造业行业能源消耗较低。通过对中国制造业行业能耗结构分析可知,只有加快技术转型提高中国制造的核心技术水平,才能一步步摆脱传统制造业价值链低端锁定和长期以来恶性循环的困境。传统水泥、玻璃等制造业行业不能再依靠以往高投入、高消耗、高污染的模式走下去了,要通过自身的节能优化方案、销售优化方案、生产和管理的优化方案,不断地提高自身建设的水平才能在同行业竞争中占得先机。

表2-8　　　　　2016年中国制造业各行业能耗强度*及排名

制造业各行业	能耗强度	排名	制造业各行业	能耗强度	排名
黑色金属冶炼和压延加工业	1.029120	1	农副食品加工业	0.060313	17
石油加工、炼焦和核燃料加工业	0.665777	2	印刷和记录媒介复制业	0.058690	18
其他制造业	0.603065	3	废弃资源综合利用业	0.054922	19
化学原料和化学制品制造	0.560932	4	专用设备制造业	0.046134	20
非金属矿物制品业	0.520954	5	铁路、船舶、航空航天和其他运输设备制造业	0.042674	21
有色金属冶炼和压延加工业	0.435442	6	金属制品、机械和设备修理业	0.042664	22
造纸和纸制品业	0.276753	7	家具制造业	0.041125	23
化学纤维制造业	0.262950	8	汽车制造业	0.040713	24
纺织业	0.181074	9	皮革、毛皮、羽毛及其制品和制鞋业	0.039895	25
橡胶和塑料制品业	0.138381	10	纺织服装、服饰业	0.039891	26
金属制品业	0.126376	11	电气机械和器材制造业	0.035354	27
食品制造业	0.083587	12	计算机、通信和其他电子设备制造业	0.034289	28
医药制造业	0.081463	13	仪器仪表制造业	0.032728	29
酒、饮料和精制茶制造业	0.078227	14	文教、工美、体育和娱乐用品制造业	0.024205	30
木材加工和木、竹、藤、棕、草制品业	0.076853	15	烟草制品业	0.023262	31
通用设备制造业	0.075780	16			

注:能源强度是单位产值所需消耗的能源,用于对比能源综合利用效率,体现了能源利用的经济效益。能源强度=能源消费总量/产值。

资料来源:根据《中国能源统计年鉴2017》整理所得。

四、劳动力结构层次不合理

长期以来，中国制造业依靠廉价劳动力等低成本优势在全球制造业竞争中占据一席之位，但随着中国劳动力成本的上升，这种优势正面临严峻的考验，"中国制造"的"世界工厂"地位正在不断丧失。如图 2-7 所示，2003~2016 年中国制造业城镇单位就业人员实际平均工资从 12 671 元上涨到 59 470 元，中国制造业劳动力成本上涨幅度较大，增加了近 5 倍。

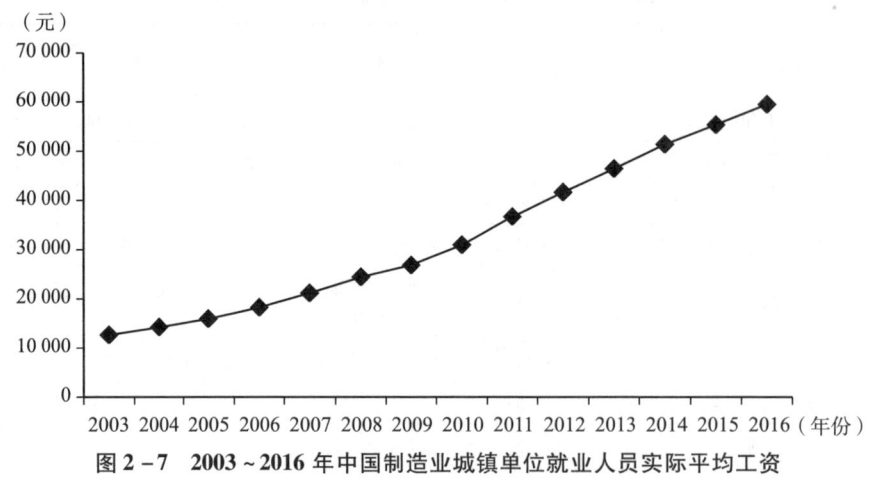

图 2-7 2003~2016 年中国制造业城镇单位就业人员实际平均工资

最近几年，国内各地由原来的"民工潮"陆续出现"民工荒"现象，劳动力结构性短缺突显。究其原因这不仅有劳动力廉价等制度性因素引起的劳动力就业理性化，更有中国人口老年化导致的适龄劳动人口供应不足的人口结构问题。人口因素导致的劳动力短缺，标志着劳动力无限供给特征的完结，消除二元经济结构的刘易斯转折点①正在到来。随着工资水平的总体上升，从事简单加工的劳动力也逐渐上涨，劳动力成本上升和劳动力供给不足给中国制造业企业带来双重压力，也让其逐步丧失"中国制造"的比较优势。在国际上，"金砖五国"、印度、越南等其他发展中国家也试图通过加入全球价值链的生产活动中来带动本国经济的发展，俄罗斯丰富的资源条件、巴西廉价的劳动力资源和丰富的自然资源、印度独特的英语优势等都对中国形成了较

---

① 刘易斯转折点：即劳动力过剩向短缺的转折点，是指在工业化进程中，随着农村富余劳动力向非农产业的逐步转移，农村富余劳动力逐渐减少，最终达到瓶颈状态。

大的竞争压力。由此,要实现"中国制造"向"中国创造"转变,除了依赖技术创新之外,还必须优化劳动力结构,提高有效劳动力水平。

技术的创新离不开高端人才,人才资源是我国制造业升级中必不可少的战略资源,大力培养和广泛吸纳高级科技人才是提高企业自主创新能力的关键因素。虽然我国科技人力资源总量规模大、科技人力投入增长快,但是与发达国家相比,科技人力投入强度不高,科技人才队伍质量不高,严重缺乏创新型人才。2016年,中国从事R&D活动人员387.8万人,是2003年109.5万人的3.54倍,增加了278.3万人,增长254.2%,年均增长率达到18.2%。中国研发人员总量增长速度位居世界前列。进入21世纪以来,中国研发人员总量的年均增长率高于世界多数国家,显示了中国在科技人力投入方面具有长期增长潜力。但中国研发人员只在总量上占优势,从每万名就业人员中从事R&D研发人员方面,2016年中国每万名就业人员中从事R&D研发人员50人,2015年48.83人,增长2.4%,2003年15人,2016年比2003年增长了133.3%。然而从全球看,2015年中国每万名劳动力中研发人员数量在有统计数据的19个国家中,仅高于莫桑比克、伊拉克和莱索托,2015年,丹麦、瑞典、韩国、德国、日本、英国、俄罗斯分别是中国的4.34倍、3.62倍、3.51倍、2.94倍、2.75倍、2.74倍和2.38倍。

第三节　中国制造业结构优化升级的测度

制造业结构是指制造业各部门之间、各制造业部门内部不同产业的结构比例关系,制造业结构升级是基于产业结构优化升级理论内涵的扩展,产业结构理论认为,从动态的角度看,一个经济体的产业结构变迁具有两个维度,即产业结构合理化和产业结构高级化。从长期看,行业内技术进步是产业结构优化升级的根本动力,而制造业结构的高度化和合理化是制造业结构升级的最终体现。因此,本节拟从基于行业内技术进步、行业间制造业结构合理化和高度化两个维度对制造业结构优化升级进行测度。

一、基于行业内制造业结构升级的测度

(一) DEA法技术进步测度

前沿生产函数法是测算技术进步和规模效率成熟而有效的方法,此方法

通过估算产出缺口来判断技术进步和规模效率。目前，前沿生产函数法有两类：一是非参数数据包络分析（data envelopment analysis，DEA）；二是随机前沿分析（stochastic frontier analysis，SFA）。本节采用基于数据包络分析的DEA 的曼奎斯特指数（malmquist index）法对全要素生产率（total factor productivity，TFP）进行测算。采用此方法的理由是：此法无需事先设定制造业生产函数的具体形式，而是对数据进行非参数规划求得投入要素的相关系数，适合于多要素投入和多产出情况，取消了规模收益不变的假定。而且，采用DEA 的Malmquist 指数法计算的全要素生产率（TFP），可以分解出技术进步指数（technical progress，TC）和技术效率指数（technical efficiency change，EC），计算公式如下：

$$M^t = \frac{D^t(x^t, y^t)}{D^t(x^{t+1}, y^{t+1})} \quad (2.1)$$

其中，M^t 表示制造业从 t 到 $t+1$ 时刻的 TFP 变化率；D^t 为投入的距离函数，表示与最小投入点压缩的比例；当 $D^t(x^t, y^t) = 1$ 时，(x^t, y^t) 在最佳的生产前沿上；当 $D^t(x^t, y^t) > 1$ 时，表示当时生产技术无效率。

在实际计算过程中，对制造业 TFP 的变化率进行几何平均，来表示 TFP 的跨期变化率。

$$M^t(x^{t+1}, y^{t+1}; x^t, y^t) = \left[\frac{D^t(x^t, y^t)}{D^t(x^{t+1}, y^{t+1})} \times \frac{D^{t+1}(x^t, y^t)}{D^{t+1}(x^{t+1}, y^{t+1})}\right]^{\frac{1}{2}} \quad (2.2)$$

对公式（2.2）进一步化简分解，可以得到计算技术进步和效率变化的公式：

$$M^t(x^{t+1}, y^{t+1}; x^t, y^t) = \frac{D^t(x^t, y^t)}{D^{t+1}(x^{t+1}, y^{t+1})} \times \left[\frac{D^{t+1}(x^{t+1}, y^{t+1})}{D^t(x^{t+1}, y^{t+1})} \times \frac{D^{t+1}(x^t, y^t)}{D^t(x^t, y^t)}\right]^{\frac{1}{2}}$$
$$(2.3)$$

即：$M^t(x^{t+1}, y^{t+1}; x^t, y^t) = EC^t(x^{t+1}, y^{t+1}; x^t, y^t) \times TC^t(x^{t+1}, y^{t+1}; x^t, y^t)$，$EC^t$ 为制造业在规模报酬不变，且要素自由流动下的相对效率变化指数，它测度了制造业跨期对最优效率的追赶；TC^t 为制造业的技术进步指数，测度了制造业跨期技术进步的程度，$TC^t > 1$ 表示技术进步，$TC^t < 1$ 表示技术衰退，$TC^t = 1$ 表示技术进步不变，$TFP > 1$ 表示生产率进步，$EC^t > 1$ 表示技术效率改善。TFP 被分解为技术进步 TC^t 变化和技术效率 EC^t 的变化。

（二）中国各省制造业全要素生产率及分解分析

本节以中国省际行政区域为边界，利用各省制造业产值、固定资产净值

和就业人数的统计数据,汇总计算各省制造业的全要素生产率,具体数据来源如下:

1. 制造业总产值

各省制造业总产值由历年《中国工业经济统计年鉴》中各省制造业二级细分行业的工业产值加总所得,全国数据为各省数据的加总。由于2012年后《中国工业经济统计年鉴》改版为《中国工业统计年鉴》,而且《国民经济行业分类2011》开始使用,制造业各细分行业从原来的21个增加到31个,因此,2012年后制造业产值使用《中国工业统计年鉴》中制造业销售产值代替。各省制造业历年的工业总产值,利用GDP平减指数折算为2003年为基期的实际总产值。

2. 制造业就业人数

制造业就业人数也是由各省制造业细分行业平均就业人数的加总计算得到。由于《中国工业统计年鉴2013》没有统计就业人数,故2012年数据来自《中国人口和就业统计年鉴2013》,由各地区分行业国有单位就业人数、各地区分行业城镇集体单位就业人数和各地区分行业其他地区就业人数汇总得到。

3. 固定资产净值

制造业固定资产净值也是由各省制造业细分行业固定资产净值的加总计算得到。由于《中国工业统计年鉴2012》没有再统计制造业各行业的固定资产净值,因此,2011年后数据由制造业各行业的固定资产原价减累计折旧代替。

在此基础上,本节利用DEAP2.1软件计算各省制造业的全要素生产率,DEA法计算的全要素生产率代表本年与上年的比值,数值大于1表示制造业本年的全要素生产率相比去年有所上升,表2-9节选部分计算结果。

表2-9　　　　　　　2010~2015年中国各省制造业TFP统计

省区市	2010年	2011年	2012年	2013年	2014年	2015年
北京	1.242	1.038	0.842	1.086	1.057	1.041
天津	0.943	1.020	0.877	0.929	1.061	1.076
河北	0.927	0.741	1.156	0.967	0.939	1.096
山西	0.996	0.411	2.555	0.990	1.064	1.084
内蒙古	0.867	0.919	0.897	0.894	0.867	1.093
辽宁	0.917	1.081	0.893	0.965	1.090	1.161

续表

省区市	2010年	2011年	2012年	2013年	2014年	2015年
吉林	0.972	0.951	0.913	0.891	0.982	1.061
黑龙	0.949	1.039	0.801	1.040	0.942	0.992
上海	1.088	1.088	1.038	1.026	1.039	1.049
江苏	0.900	1.078	0.829	0.939	0.951	0.999
浙江	0.963	1.190	0.806	0.984	1.025	1.040
安徽	0.996	1.060	0.915	0.972	1.075	1.062
福建	0.981	1.004	0.882	0.998	0.997	1.090
江西	0.942	0.728	1.198	0.951	0.950	0.969
山东	1.011	1.069	0.868	0.978	0.967	1.024
河南	0.924	1.018	0.891	0.917	0.983	1.054
湖北	0.992	0.956	0.942	0.892	1.011	1.030
湖南	0.831	0.904	0.949	0.960	0.983	0.985
广东	0.860	1.125	0.914	0.974	0.976	1.007
广西	0.813	0.851	0.990	0.991	0.974	1.046
海南	1.022	0.557	1.952	0.755	0.997	1.035
重庆	0.802	0.919	1.036	0.810	0.929	0.919
四川	0.844	0.926	0.998	0.838	1.070	1.116
贵州	0.953	0.933	0.955	0.915	0.896	0.990
云南	0.975	1.010	0.924	0.941	1.018	1.071
西藏	0.804	0.416	2.649	0.982	0.968	0.968
陕西	0.910	0.919	0.905	0.943	0.890	1.066
甘肃	0.867	1.131	0.899	0.999	0.983	1.061
青海	0.918	0.829	0.958	0.895	0.929	1.035
宁夏	0.907	0.999	0.899	0.966	1.006	0.945
新疆	0.937	0.982	0.873	0.818	0.935	1.011

从制造业生产率方面分析，如表2-9所示，中国2010~2015年间全国所有省区市制造业结构的全要素生产率大于1的省区市主要集中在北京市、天津市、雄安新区、珠三角地区、长三角地区和环渤海经济带。

从区域制造业结构分析，如表2-10所示，中国2003~2015年间全国所有省份制造业结构的全要素生产率、技术进步和技术效率平均增长速度均表现为负增长,分别为 -3.5%、-0.9% 和 -2.6%。

表 2-10　　　各地区 DEA 的 Malmquist 指数计算结果

区域	省区市	TFP	TC	EC
东部	北京	1.019	0.995	1.024
	天津	0.983	0.996	0.987
	河北	0.948	0.991	0.957
	辽宁	0.99	0.998	0.992
	上海	1.025	0.997	1.028
	江苏	0.929	0.992	0.936
	浙江	0.98	0.978	1.002
	福建	0.975	0.981	0.994
	山东	0.967	0.967	1.000
	广东	0.972	0.994	0.977
	海南	0.946	0.998	0.948
中部	山西	0.989	0.998	0.991
	吉林	0.969	0.998	0.971
	黑龙江	0.998	0.998	1.000
	安徽	1.008	1.008	1.000
	江西	0.926	0.977	0.948
	河南	0.966	0.977	0.988
	湖北	0.944	0.99	0.953
	湖南	0.941	0.997	0.943
西部	内蒙古	0.917	0.994	0.923
	广西	0.942	0.994	0.947
	重庆	0.931	0.999	0.932
	四川	0.95	0.996	0.954
	贵州	0.975	1.002	0.973
	云南	1.003	0.993	1.009
	西藏	0.975	0.985	0.991

续表

区域	省区市	TFP	TC	EC
西部	陕西	0.957	1.001	0.956
	甘肃	0.988	0.982	1.007
	青海	0.911	0.977	0.933
	宁夏	0.941	0.981	0.958
	新疆	0.939	0.977	0.961
均值	东部	0.976	0.990	0.986
	中部	0.968	0.993	0.974
	西部	0.952	0.990	0.962

注：按照国家统计局2003年经济地带划分标准，东部地区包括北京市、天津市、河北省、辽宁省、上海市、江苏省、浙江省、福建省、山东省、广东省、海南省11省（市）；中部地区包括山西省、吉林省、黑龙江省、安徽省、江西省、河南省、湖北省、湖南省8省；西部地区包括内蒙古、广西、重庆市、四川省、贵州省、云南省、西藏、陕西省、甘肃省、青海省、宁夏、新疆12个省（区、市）。

全国31个省区市中全要素生产率平均增长速度大于1的有东部地区的北京、上海，中部地区的安徽，西部地区的云南，其中平均增长速度最快的是上海2.5%，北京1.9%，安徽0.8%，而平均增长速度最低的是主要分布在西部地区的青海-8.9%，内蒙古-8.3%，江西-7.4%。全国31个省区市中技术进步平均增长速度大于1的有贵州、陕西和安徽，其中平均增长速度最高的是中部地区的安徽，技术进步平均增长速度最低是山东、江西、河南、青海和新疆，其中东部地区的技术进步指数均表现为负增长。全国31个省区市中技术效率平均增长速度大于1的有东部地区的北京、上海、浙江、山东，中部地区的黑龙江、安徽，西部地区的云南、甘肃，其中技术效率平均增长速度最高的省市是上海2.8%、北京2.4%、云南0.9%，技术效率排名最低的三个省区市均分布在西部地区，分别为内蒙古、重庆和青海。从负增长的速度来方面分析，东部、中部和西部地区的TFP也均表现为-2.4%、-3.2%和-4.8%的下降，东部地区较中部、西部下降速度稍慢。技术进步和技术效率变化方面也均表现为倒退，东部、中部和西部地区为1%、0.7%和1%的下降，1.4%、2.6%和3.8%，从下降速度看也是东部地区稍慢。

如图2-8所示，中国2003~2015年间全国制造业整体所有省份的全要素生产率、技术进步和技术效率的年平均增长速度,以2003年为基期设为1,2003~2015年间,制造业全要素生产率仅2006年、2012年和2015年三年为增长,其他年份均为下降。其中2003~2006年表现为缓慢上升、2006~2008年快速下降,之后一直到2012才有起色,2013年后表现为上升,上升速度加快。从技术进步看,2004~2008年间均为下降,2009~2015年均为正增长,增长速度也加快。

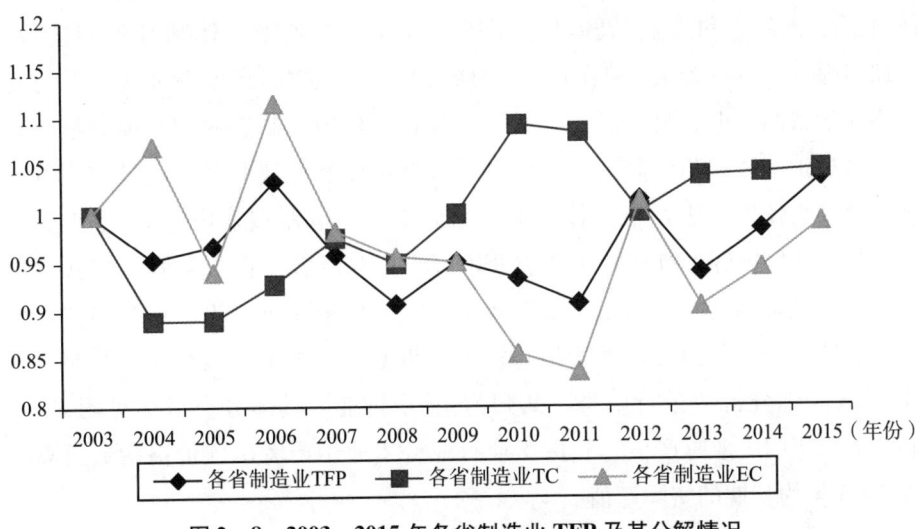

图 2-8　2003~2015 年各省制造业 TFP 及其分解情况

(三) 中国制造业各行业全要素生产率及分解分析

本节选取2003~2016年中国制造业各细分行业产值、固定资产投资和就业人数的统计数据,计算制造业各行业的全要素生产率,具体数据来源如下:

1. 制造业各行业产值

制造业各行业产值为历年《中国工业经济统计年鉴》中制造业各细分行业的工业总产值。由于2012年后《中国工业经济统计年鉴》改版为《中国工业统计年鉴》,各细分行业不统计工业总产值,而是用工业销售产值代替,因此,2012年后制造业产值使用《中国工业统计年鉴》中制造业销售产值代替。此外,2012年《国民经济行业分类2011》开始使用,制造业各细分行业从原来的21个增加到31个,2012年后,变化最大的是橡胶和塑料制品业开始合并统计,交通运输设备制造业拆分为汽车制造业和铁路、船舶、航空航天和其他运输设备制造业,废弃资源和废旧材料回收加工业改为废弃资源综合利用业,工业品和其他制造业改为其他制造业,而文教体育用品制造业改为文教、工美、体育和娱乐用品制造业,仪器仪表及文化、办公用机械制造业改为仪器仪表制造业和金属制品、机械和设备修理业,并新增加了家具制造业。因此,为了保证统计口径的一致性和数据处理的便利性,本节对制造业二级行业进行归类,将 2003~2011 年的橡胶和塑料制品业数据合并,文教体育用品制造业和工业品和其他制造业合并为文教工美体和其他制造业。2012 年后的汽车和铁路、船舶、航空航天和其他运输设备制造业仍合并为交通运输设备制品业,将文教、工美、体育和娱乐用品制造业和其他制造业合并为文教工美体和其他制造业,仪器仪表制造业和金属制品、机械和设备修理业合并为仪器仪表及机械修理业。由此本节选取制造业内部 28 个细分行业。然后比照国际标准产业分类(ISRev4.0)和经济合作与发展组织(简称 OECD),傅元海等(2016)、戴魁早(2014)和李贤珠(2010)按照技术密集度制造业结构分为劳动密集型、资本密集型和技术密集型行业,并对制造业的 28 个细分行业进行归类,共归为 14 个行业,具体分类情况见附录一。制造业历年的工业总产值,利用工业行业分工业生产者出厂价格指数折算为以 2003 年为基期的实际产值。

2. 制造业各行业就业人数

制造业各行业就业人数是制造业细分行业平均就业人数。由于《中国工业统计年鉴 2013》没有统计就业人数,故 2012 年数据来自《中国人口和就业统计年鉴 2013》,由分行业国有单位就业人数、分行业城镇集体单位就业人数和分行业其他就业人数汇总得到。

3. 固定资产投资

制造业固定资产投资。《中国统计年鉴》将制造业细分行业固定资产投资,并利用固定资产价格指数,折算为以 2003 年为基期的实际固定资产投资额,采用永续盘存法计算制造业各行业固定资产投资存量。

在此基础上,本节利用 DEAP 2.1 软件计算制造业各细分行业的全要素生产率,DEA 法计算的全要素生产率代表本年与上年的比值,数值大于 1 表示制造业本年的全要素生产率相比去年有所上升,表 2-11 节选了部分计算结果。

表 2-11　　　　　　　　　2011~2016 年制造业各行业 TFP

制造业各行业	2011 年	2012 年	2013 年	2014 年	2015 年	2016 年
食品、饮料及烟草制造业	1.010	0.916	0.626	0.939	0.928	0.927
纺织、服装、鞋、皮革制品业	0.918	0.903	0.926	0.901	0.883	0.885
木材及家具制造	0.923	0.875	0.919	0.887	0.851	0.901
造纸、印刷和记录媒介	0.946	1.160	0.958	0.926	0.888	0.906
文教工美及其他制造和回收业	0.988	0.474	0.957	0.893	0.960	1.011
石油加工、炼焦和核燃料加工业	1.158	1.002	0.964	0.945	0.825	0.988
橡胶和塑料制品业	0.933	0.867	0.372	1.067	1.027	1.008
非金属矿物制品业	0.973	0.874	0.964	0.922	0.872	0.915
黑色及有色金属冶炼加工	1.125	0.937	0.967	0.925	0.850	0.950
金属制品业	0.897	0.983	0.918	0.890	0.850	0.884
化学工业及医药	1.067	0.898	0.945	0.923	0.886	0.931
机械设备制造业	0.905	0.761	0.899	0.875	0.838	0.889
电气机械及光学器材制造业	0.910	0.854	0.928	0.912	0.895	0.914
交通运输设备制造业	0.914	0.838	0.455	1.032	1.074	1.100

资料来源：根据《中国工业统计年鉴》计算整理所得。

从制造业各细分行业的全要素生产率方面分析，如表 2-11 所示，中国 2011~2015 年间制造业各细分行业全要素生产率大于 1 的行业主要集中在资本密集型行业中的石油加工、炼焦和核燃料加工业、橡胶和塑料制品业，以及技术密集型行业中的交通运输设备制造业。

如图 2-9 所示，中国 2003~2016 年间全国制造业各行业全要素生产率、技术进步和技术效率的年平均增长速度。以 2003 年为基期设为 1，2003~2016 年间，制造业各行业全要素生产率、技术进步和技术效率的年平均增长均表现为波动下降的趋势，其中，年平均增长速度最低的出现在 2013 年，2009 年也是另一个谷底。2004 年是增长高点。2015 年技术进步和技术效率的年平均出现反转，技术进步年平均增长速度为 -20.4%，而技术效率为 13%。

从制造业行业结构分析，如表 2-12 所示，2003~2016 年间劳动密集型行业比资本和技术密集型行业具有更高的技术效率，而技术进步则主要出现在资本密集型行业。14 个细分行业中全要素生产率平均增长速度大于 1 的主要分布在技术密集型行业中的化学制品及医药工业，资本密集型行业中的石油

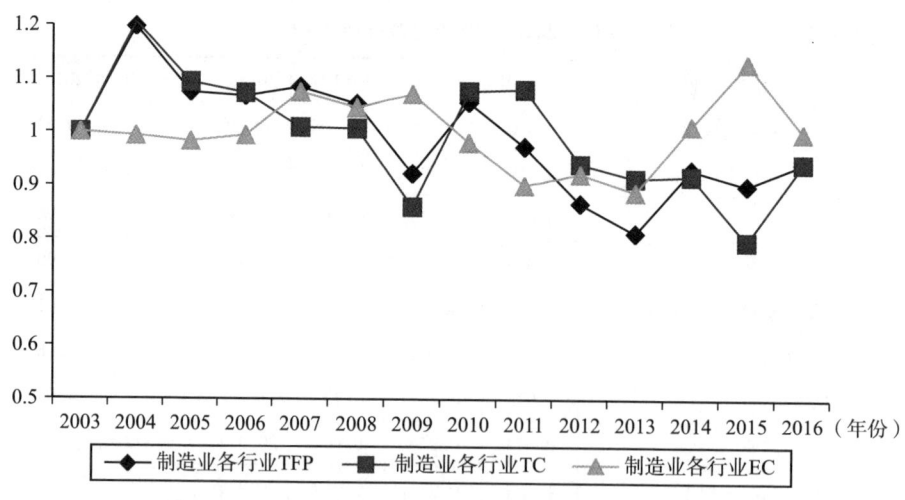

图 2-9 2003~2016 年制造业各行业 TFP 及其分解情况

加工、炼焦和核燃料加工业和黑色及有色金属冶炼加工，以及劳动密集型行业中的造纸、印刷及文体用品业。其中，平均增长速度最高的是黑色及有色金属冶炼加工，其次是石油加工、炼焦和核燃料加工业，第三位是交通运输设备制造业。14 个细分行业中技术进步平均增长速度大于 1 的主要分布在技术密集型行业中的交通运输设备制造业，资本密集型行业中的石油加工、炼焦和核燃料加工业和黑色及有色金属冶炼加工，其中，技术进步平均增长速度最快的是石油加工、炼焦和核燃料加工业，其次是技术密集型行业中的交通运输设备制造业，而平均增长速度最低的主要集中在劳动密集型行业中，如纺织、服装、鞋、皮革制品业为 -3.5%，木材及家具制造为 -2.6%，技术密集型行业中的电气机械及光学器材制造业技术进步平均增长也很低，为 -3.2%。14 个细分行业中技术效率平均增长速度大于 1 的主要分布在技术密集型行业中的化学制品及医药工业，资本密集型行业中的石油加工、炼焦和核燃料加工业、非金属矿物制品业和黑色及有色金属冶炼加工，以及劳动密集型行业中的纺织、服装、鞋、皮革制品业，造纸、印刷及文体用品业，其中，技术效率平均增长速度最快的是资本密集型行业中的黑色及有色金属冶炼加工，其次是劳动密集型行业中的造纸、印刷及文体用品业和技术密集型行业中的化学制品及医药工业，而技术效率平均增长速度最低的主要出现在技术密集型行业中的交通运输设备制造业为 -6.3%，机械设备制造业为 4.2%，以及资本密集型行业中的橡胶和塑料制品业为 -4.5%。

表 2-12　　　　　　　2003~2016 年制造业分行业 TFP

分类	细分行业	TFP	TC	EC
劳动密集型行业	食品、饮料及烟草制造业	0.972	0.980	0.992
	纺织、服装、鞋、皮革制品业	0.974	0.965	1.010
	木材及家具制造	0.968	0.974	0.994
	造纸、印刷和记录媒介	1.015	0.976	1.040
	文教工美及其他制造和回收业	0.985	0.989	0.996
资本密集型行业	石油加工、炼焦和核燃料加工业	1.047	1.047	1.000
	橡胶和塑料制品业	0.947	0.992	0.955
	非金属矿物制品业	0.996	0.980	1.016
	黑色及有色金属冶炼加工	1.075	1.005	1.070
	金属制品业	0.950	0.978	0.972
技术密集型行业	化学制品及医药工业	1.016	0.986	1.031
	机械设备制造业	0.937	0.978	0.958
	电气机械及光学器材制造业	0.964	0.968	0.995
	交通运输设备制造业	0.956	1.010	0.947
均值	劳动密集型行业	0.983	0.977	1.064
	资本密集型行业	1.003	1.0004	1.0003
	技术密集型行业	0.968	0.986	0.983
	整体	0.99	0.988	0.998

二、基于行业间制造业结构升级的测度

(一) 结构偏离度测算制造业结构合理化

制造业结构升级是产业结构升级的细分化，是其内涵的延伸和扩展。本书认为制造业行业间升级包括制造业结构高度化和合理化升级。制造业结构合理化反映资源在制造业各行业间的配置效率、各细分行业间的协调程度以及投入结构和产出结构的耦合质量。制造行业间的要素利用效率或要素密集度趋于一致，制造业结构趋于合理，经济趋于均衡状态；反之，制造业结构趋于不合理，经济偏离均衡状态。测度制造业结构合理化的方法有结构偏离

度和泰尔指数法，两者各有优势和不足：一是采用制造业结构偏离度测度，该方法强调制造业间的协调程度、结构聚合质量或资源配置效率。二是采用泰尔指数测度制造业结构合理化；泰尔指数法弥补了绝对值计算上的不足。本节首先借鉴傅元海等（2016）、戴魁早（2014）和干春晖（2011）测算制造业结构偏离度。

$$UL = \sum_{j=1}^{n} \left| \frac{Q_j/L_j}{Q/L} - 1 \right| = \sum_{j=1}^{n} \left| \frac{Q_j/Q}{L_j/L} - 1 \right| \qquad (2.4)$$

其中，UL 代表制造业结构偏离度，Q 代表制造业内部各细分的资本、技术、劳动等密集型行业产值，L 代表制造业内部各细分的资本、技术、劳动等密集型行业就业人数，j 代表第 j 个行业，n 表示制造业内部细分行业数。Q/L 代表劳动生产率，当经济处于均衡水平时，$Q_j/L_j = Q/L$，即 UL = 0。而 Q_j/Q 代表产出结构，L_j/L 代表就业结构，因此，UL 也体现了产出结构和就业结构耦合性。根据产业结构理论，制造业结构偏离度 UL 值与制造业结构合理化水平负相关，一般来说，UL 取值大于 0，且 UL 值越大说明制造业内部结构偏离度越大，制造业结构越不合理。基于古典经济学的假设条件，若市场处于完全竞争状态，当需求等于供给时，经济处于均衡状态，此时，资本、劳动等生产要素可以充分自由流动，制造业内部生产要素等资源的配置效率最高，每个行业部门的劳动生产率是相等的，生产达到均衡状态。即制造业内部资本、劳动和技术密集型行业的产值比例等于就业比例，结构偏离度 UL 取值为 0。然而，现实社会资本和劳动是无法达到完全自由流动状态，这是因为劳动者劳动技能的形成具有长期性，而资本也具有专用性，尤其像中国这样的市场化程度低的发展中国家，生产要素的流动性更差，因此，经济的非均衡现象是一种常态，UL 值不可能为 0，在发展中国家经济结构偏离均衡更为突出（Chenery et al.，1989），UL 值也可能会相比于发达国家更大。

如图 2-10 和附录二所示，中国制造业结构偏离度从 2003 年的 0.278 上升到 2007 年的 0.708，随后 2008 年骤降到 0.491，之后逐步缓慢上升到 2011 年的 0.695，2011 年后逐步缓慢下降到 2015 年的 0.428，即中国制造业结构总体上趋于不合理。全国多数地区的制造业结构合理化水平特点同全国基本一致，如东部沿海除浙江、山东、海南的 8 个省份，中部除安徽、吉林的 6 个省份以及西部除云南、新疆的 10 个省份。少数地区制造业结构偏离度总体上呈下降趋势，如山东、海南、云南、新疆。一些地区制造业结构总体上呈上升趋势，如浙江、吉林、安徽。各地区制造业结构偏离度差异较明显，江苏、海南、山东、江西、山西、湖北、青海、重庆、宁夏等地区的制造业结构偏离度较低，制造业结构较为合理，除海南、山东外的沿海地区和吉林、安徽、湖南等地区制造业结构偏离度较高，制造业结构较为不合理。

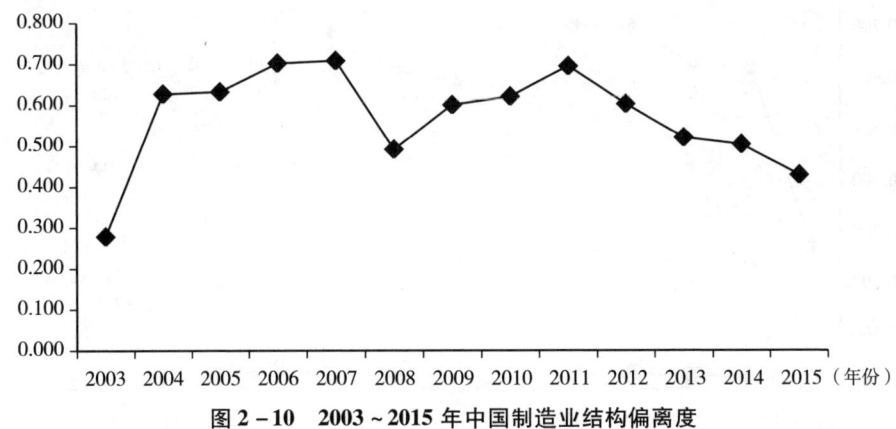

图2-10 2003~2015年中国制造业结构偏离度

（二）泰尔指数测算制造业结构合理化

结构偏离度指标采用的是绝对值计算方法，它未能区别各制造业细分行业对制造业结构影响的贡献程度。再者，为了避免单一方法测度制造业结构合理化的片面性，本节还引入了泰尔指数法测度制造业结构合理化水平。泰尔指数也称泰尔熵，是泰尔（Theil & Henri，1967）最早提出发现的，泰尔指数既能考虑制造业各细分行业的相对重要性，又弥补了绝对值计算的不足，还保留了结构偏离度的经济含义和理论基础，因此被认为是比结构偏离度更优的测度制造业结构合理性的指标。王少平和欧阳志刚（2007）等学者也将其用于地区收入差距问题的研究。本节借鉴傅元海等（2016）、戴魁早（2014）和干春晖（2011）的方法将泰尔指数定义为：

$$\text{TUL} = \sum_{j=1}^{n}(Q_j/Q)\ln\left(\frac{Q_j/L_j}{Q/L}\right) \quad (2.5)$$

TUL代表泰尔指数，同理，泰尔指数与制造业结构合理化也是负相关，指数越大说明结构越不合理。此外，若经济处于均衡状态，则TUL等于0。本节采用制造业内部细分的资本、劳动和技术密集型行业的产值和就业人数分别测算代表制造业结构的合理化水平的结构偏离度和泰尔指数。具体测算结果如图2-11和附录三所示，从全国来看，2003~2015年间，中国制造业结构偏离度和泰尔指数趋于波动下降的态势,说明中国制造业结构逐步趋于合理。

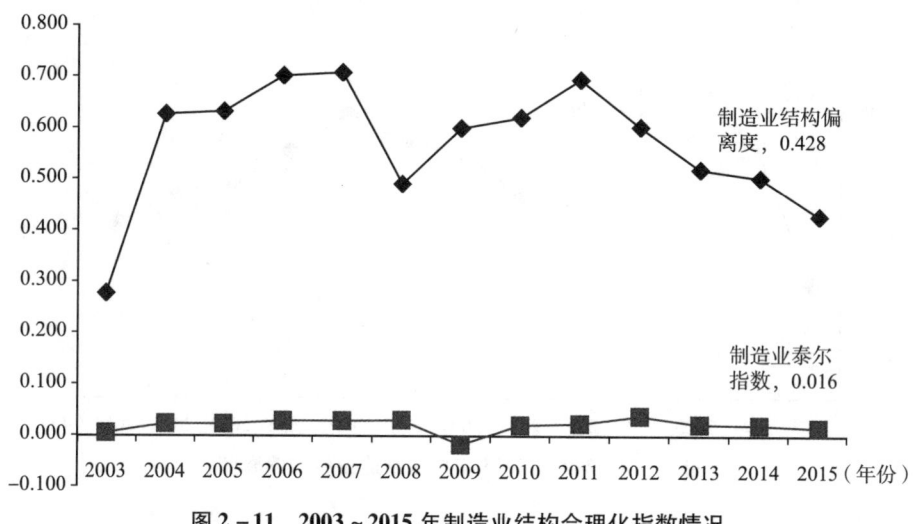

图2-11 2003~2015年制造业结构合理化指数情况

(三)制造业结构高级化测度

制造业结构高级化实际上是制造业结构升级的一种衡量,目前,相关文献从不同维度对产业结构升级进行了测度和评价,概括起来主要有霍夫曼系数法和比值法。一般文献根据霍夫曼定律采用非农业产值比重作为产业结构升级的度量,即采用第三产业产值与第二产业产值之比度量。20世纪70年代之后,信息技术革命对主要工业化国家的制造业结构产生了极大的冲击,霍夫曼系数法并不适用于发展中国家,特别是像中国这样的转型国家,而大多采用结构变化指数作为制造业结构高级化的度量。这一度量能够清楚地反映出经济结构的高技术化、高知识化和高附加值化的趋势,明确显示制造业结构是否朝着高技术化等方向发展,因此,比值法(傅元海等,2016;干春晖等,2011)能更好地度量制造业结构高级化升级。比值法衡量制造业结构高级化的理论依据来源于配第—克拉克定理,即国民收入增长推动制造业结构升级,而制造业结构升级又促使制造业不同行业产值占制造业总产值的比重发生变化,受此启发,许多学者用不同行业产值、就业和资产占总产值比重衡量产业结构升级。

制造业结构高级化的测度一般有两种方法:一是直接采用制造业内部劳

动密集型行业产值、资本密集型行业产值、技术密集型行业产值占制造业总值比重进行测算。二是采用制造业内部技术密集型行业与资本密集型行业产值、就业和资产结构测算制造业结构高级化。根据本节制造业结构升级界定，制造业结构升级是制造业内部劳动密集型行业价值链向资本和技术密集型价值链的攀升。具体结果如图2-12、图2-13所示。

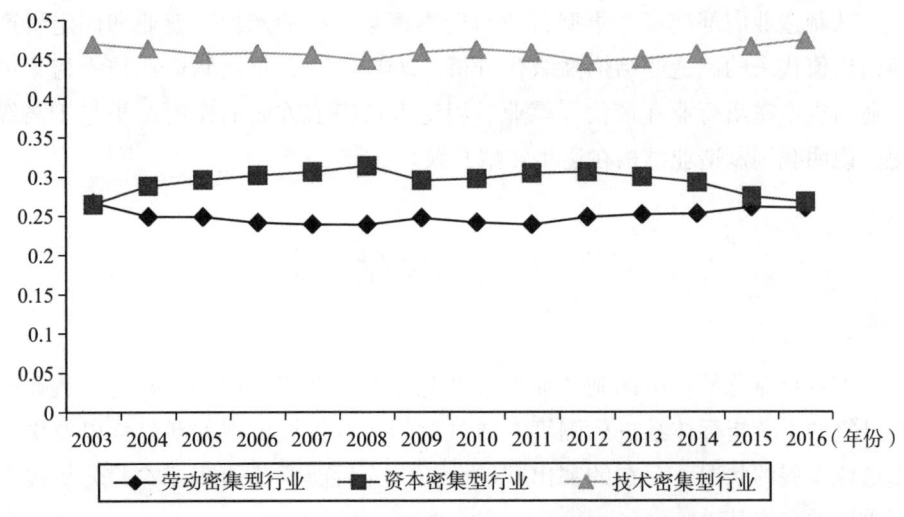

图2-12　2003~2015年制造业结构升级指数情况

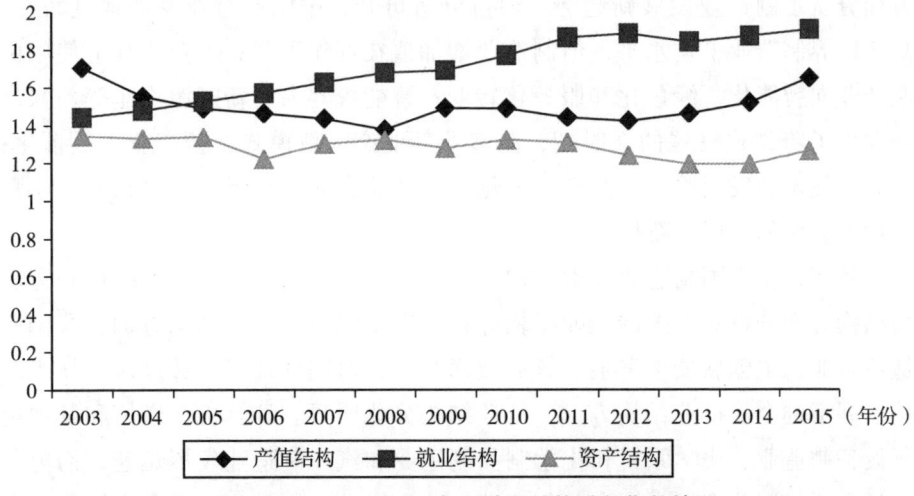

图2-13　2003~2015年制造业结构升级指数情况

从三大类密集型行业产值占制造业总产值比重分析,当一国资本、技术密集型行业成为优势行业,即所占比重提高,而劳动密集型行业比重逐步下降则表明实现了制造业结构升级。2003年劳动密集型、资本和技术密集型各行业产值比重分别为26.64%、26.46%和46.9%。而到2016年三大行业比重分别为25.94%、26.73%和47.33%,劳动密集行业产值比重在下降,而技术密集型行业产值比重在上升,说明我国制造业结构在逐步转型升级。

从制造业内部技术密集型行业与资本密集型行业产值、就业和固定资产净值比值代表的制造业结构高级化分析。2003~2015年间制造业技术密集型行业与资本密集行业在产值、就业、固定资产净值方面的比值逐步趋于高级化,说明我国制造业结构在逐步转型升级。

本 章 小 结

本章重点分析了中国制造业发展新趋势及存在突出问题,并对制造业结构升级的系统指标体系进行测算。通过对制造业发展出现的新趋势以及中国制造业发展的状况,存在的突出问题分析,为后面章节的实证检验分析提供了重要的现实基础。

首先,从中国制造业增加值比重、制造业绿色智能化、组织形态新型化方面分析了制造业发展新趋势。通过分析可知,中国制造业发展速度较快,高于世界制造业平均水平,但制造业增加值在逐年下降;工业4.0迫使中国制造业向智能化、绿色化和服务化转变;智能机器人、新能源汽车等新兴产业迎来了跨越式发展的新时期,制造业新业态、新模式、新产业大量催生;互联网技术和发展服务型制造,强化了制造业企业组织形态向网络化、小型化和专业化的发展的新趋势。

其次,从中国制造业技术结构、行业结构、空间结构、生态结构和劳动力结构方面分析对中国制造业结构存在的突出问题。技术结构方面,我国制造业企业自主创新能力薄弱、核心技术缺失,对国外技术依赖度高,技术结构发展不健全。行业结构方面,行业结构分化明显。计算机、通信和其他电子设备制造业、化学原料和化学制品制造业和汽车制造业发展迅速,而电气机械和器材制造业、农副食品加工业、非金属矿物制品业、黑色金属冶炼和压延加工业、有色金属冶炼和压延加工业、金属制品业和纺织业的比重也较高，我国制造业耗资大、技术较低的高污染密集行业比重较高，以劳动密集、高能耗为特征的粗放型增长方式急需转型升级。空间结构方面，制造业空间区域分异趋势明显。我国制造业的空间布局主要分布在东部地区，集聚于长三角、珠三角和环渤海经济带，中西部省份的产值占比较低，但随着沿海发达城市要素成本上涨和资源环境条件变化，近年来，制造业企业开始向中西部转移，安徽、四川、陕西、贵州等也在加紧培育发展平板显示、智能终端、集成电路、大数据等高成长性产业。生态结构方面，资源枯竭及环境污染，以往建立在高强度消耗和高密集化使用资源基础上的快速粗放型发展方式迫切需要转型升级。劳动力结构方面，劳动力成本上升，中国制造业依靠廉价劳动力的低成本竞争优势丧失，而高水平人力资本匮乏，我国科技人力投入强度不高，科技人才队伍质量不高，严重缺乏创新型人才。

最后，从技术进步、制造业结构高级化和合理化三个维度系统测算了制造业结构升级的指标体系。基于技术进步采用的是 DEA 的 Malmquist 指数法测算各省制造业全要素生产率、技术进步指数和技术效率指数，也测算了制造业内部各行业的技术进步指数和技术效率指数；制造业结构合理化是从制造业结构偏离度和泰尔指数法测算；制造业结构高级化则分别测算了制造业各细分的劳动、资本和技术密集型行业的产值、就业和资产结构，为后面章节实证分析提供了技术可行性。

第三章

OFDI 逆向技术溢出新特征及指标测度

本章第一节主要从中国 OFDI 的投资规模、投资主体、投资行业、投资区位和投资方式五个方面来对中国 OFDI 的现状特点进行分析说明,第二节主要从国际技术溢出模型、投资目标国选取对中国 OFDI 逆向技术溢出总量进行测度。第三节主要从中国各省、各行业两个维度测度中国 OFDI 逆向技术溢出效应,并从逆向技术溢出角度分析中国对外直接投资在区域和行业发展上存在的问题,为下文的实证分析和政策建议提供现实依据。

第一节 中国 OFDI 发展新特征

金融危机后,世界经济增长乏力,在全球直接投资放缓的新形势下,中国对外直接投资在投资规模、投资主体、投资产业、投资区位、投资方式上都呈现新特征。本节将从这五方面来对我国 OFDI 的发展新特征和新趋势进行分析,并在此基础上分析总结我国 OFDI 发展所存在的问题。

一、投资规模不断扩大

从投资规模来看,随着"走出去"发展战略的实施,中国对外直接投资与实际利用外资净额均呈现逐年增长的态势,中国对外直接投资金额相对低于实际利用外资数额,FDI 的增长相对较平缓,而中国 OFDI 增长迅猛,具体数据如图 3-1 所示。

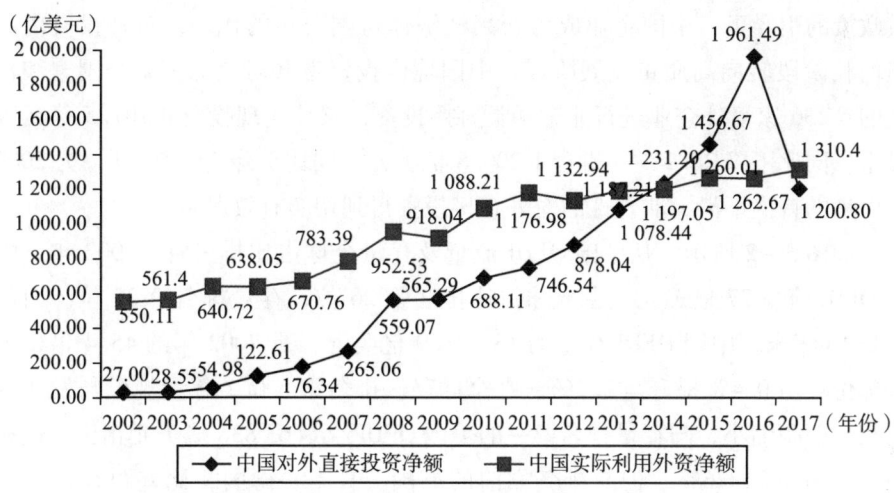

图 3-1　2002~2017 年中国对外直接投资与实际利用外资净额

如图 3-1 所示，在 2002~2016 年间，中国 OFDI 净额即流量从 27 亿美元增长到 1 961.5 亿美元，连续保持 15 年的增长，年均复合增速高达 35.8%，尤其在 2011~2013 年间，由于发达经济体主权债务危机不断蔓延，世界经济发展的不确定性因素增加，全球经济复苏步履蹒跚，不利的经济环境给国际投资发展带来了消极影响。在这种背景下，中国企业"走出去"的步伐却进一步加快，这三年对外投资额分别达 746.5 亿、878.04 亿和 1 078.44 亿美元，2013 年中国 OFDI 首次突破千亿美元大关后，成为世界第三大对外投资国。随着中国经济进入新常态，推动国内经济增长的要素条件发生了深刻变化，对外贸易和利用外资的增速放缓，而对外直接投资却持续快速增长，2014 年达到 1 231.2 亿美元，同比增长 14.2%。2015 年中国大力推进"一带一路"倡议的实施，积极提升企业"走出去"的内生动力，当年对外投资额达到 1 456.67 亿美元，同比增长 18.3%，当期中国实际利用外资额 1 262.67 亿美元，中国对外直接投资赶超实际利用外资数额，2015 年超越日本成为全球第二大对外投资国。2016 年中国对外直接投资流量净额达到历史巅峰，为 1 961.49 亿美元，是 2002 年的 72.65 倍。2016 年全球对外直接投资流量 1.45 万亿美元，存量 26.16 万亿美元[①]，以此为基期计算，中国对外直接投资流量占全球总量的 13.5%，流量排在美国之后蝉联第二位。2017 年，在政府创新对外投资方

---

① 联合国贸易和发展会议网站，http://unctad.org/en/Pages/Home.aspx. 2017 世界投资报告.

式政策的引导下,中国企业成为新兴经济体跨国公司的代表,对外投资由高速增长阶段转向高质量发展阶段,中国境内投资者共对全球174个国家和地区的6 236家境外企业进行非金融类直接投资,累计实现投资8 107.5亿元人民币,同比下降28.2%(折合1 200.8亿美元,同比下降29.4%)①,为2002年以来的首次下滑,非理性的对外直接投资得到切实有效遏制。

如图3-2所示,从中国OFDI流量及存量全球占比排名看,2002年,中国OFDI流量27亿美元,在全球占比排名第26位,存量排名第25位,而截至2016年末,中国OFDI存量为13 573.9亿美元,是2002年的45.4倍,占全球份额由0.4%提升至5.2%,在全球存量排名第6位,存量规模与发达国家相比差距缩小,与存量排名第一的美国OFDI存量63 838亿美元相比,仅相当于美国的21.26%。但与排名靠前的英国、日本、德国相比差距在逐步缩小。英国OFDI存量14 439亿美元、日本14 007亿美元、德国13 654亿美元,中国仅比英国少839亿美元、比日本少433亿美元,而与排名第五的德国相比仅差80亿美元。

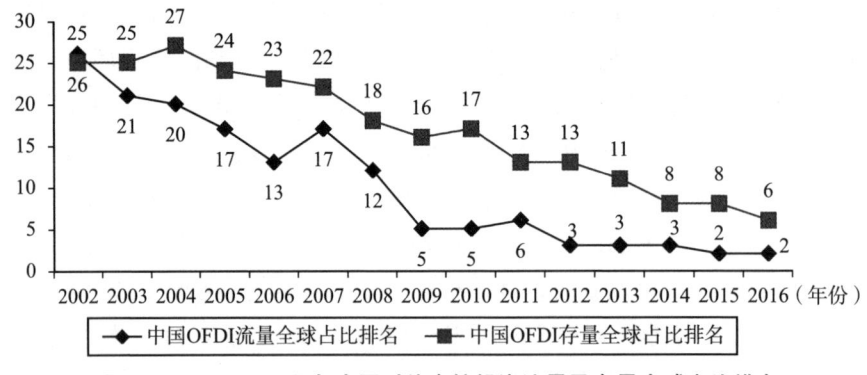

图3-2 2002~2017年中国对外直接投资流量及存量全球占比排名

二、投资主体多元化

中国OFDI投资主体多元化,主要从企业所有制性质和投资省份来分析,中国OFDI的主体正从单一的国有企业向多种所有制经济主体转变,由于中国

---

① 中华人民共和国商务部网站. http://www.mofcom.gov.cn. 2017年中国对外直接投资简报快讯,2018-1-16。

商务部对外直接投资公报从 2006 年才开始统计投资主体的所有制性质,因此本节以 2006 年为基期计算,如图 3-3 所示,2006~2016 年国有企业对外直接投资的存量比重逐年下降,非国有企业的占比不断扩大,但大型国企仍占据主导地位。

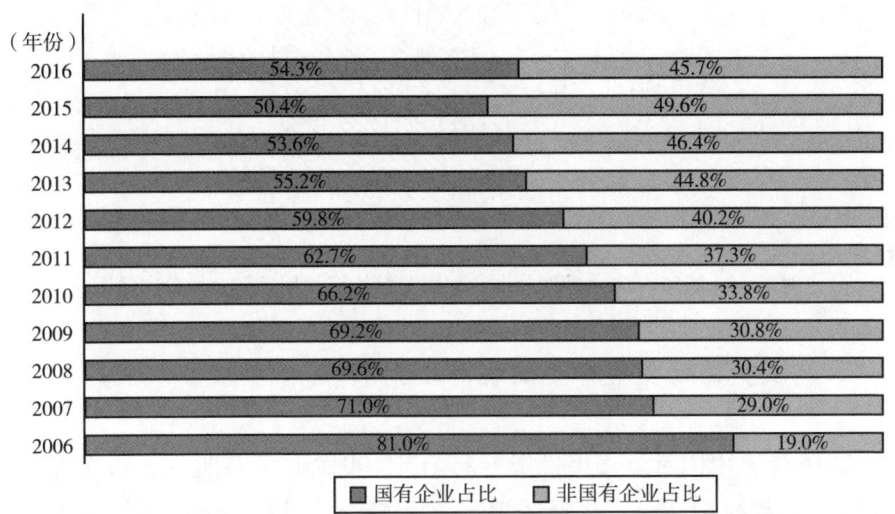

图 3-3　2006~2016 年中国国有企业和非国有企业存量占比情况

资料来源:2016 年中国对外直接投资统计公报。

如图 3-4 所示,从境内投资者工商行政管理注册类型上看,地方企业及民营企业对外直接投资高速发展。截至 2016 年底,中国对外非金融类投资流量近七成来自非公有控股投资主体,其中属非公有经济控股的境内投资者对外投资 1 232.4 亿美元,占 68%,而公有经济控股 579.9 亿美元,占 32%。在对外非金融类直接投资 11 800.5 亿美元的存量中,国有企业占比 54.3%,较 2015 年增加 2.9 个百分点。非国有企业占比 45.7%,其中有限责任公司占 17.8%,私营企业占 8.7%,股份有限公司占 8.6%,其余依次为:外商投资企业和港澳台投资企业都是 3.5%,股份合作企业 0.7%,集体投资企业 0.3% 等。

由此可知,在中国对外直接投资中国有企业仍占主导地位,多为政策性投资,但随着政府全面开放和"一带一路"倡议的推动,私营企业、股份有限公司、外商投资企业以及港澳台投资企业等主体的对外直接投资占比在逐步提升。

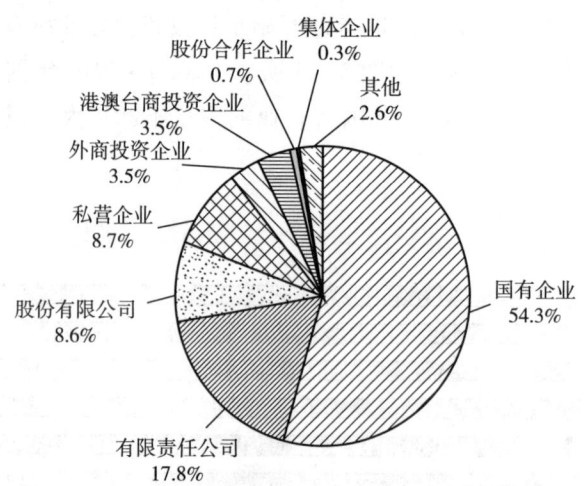

图 3-4 2016 年末中国对外非金融类直接投资注册类型企业分布情况

三、投资区位多集中于发展中经济体

2016 年，中国对外直接投资遍布全球 190 个国家或地区，占全球国家（地区）总数的 81.2%，投资区域分布不均衡，在发展中经济体投资存量为 11 426.18 亿美元，占 84.2%，发达经济体投资存量 1 913.97 亿美元，占 14.1%，而在转型经济体的投资存量为 233.75 亿美元，仅占存量总额的 1.7%。由此，中国大部分对外投资仍流向发展中经济体，占存量总额的八成。

投资流向方面，表 3-1 对比了 2003 年以及 2016 年我国 OFDI 流量前十的

表 3-1　　2003 年和 2016 年我国 OFDI 流量流向前十的国家（地区）

2003 年		2016 年	
国家（地区）	金额（亿美元）	国家（地区）	金额（亿美元）
中国香港	11.50	中国香港	1 142.3
开曼群岛	8.07	美国	169.8
英属维尔京群岛	2.10	开曼群岛	135.2
韩国	1.54	英属维尔京群岛	122.9
丹麦	0.74	澳大利亚	41.9
泰国	0.57	新加坡	31.7
美国	0.65	加拿大	28.7

续表

2003 年		2016 年	
国家（地区）	金额（亿美元）	国家（地区）	金额（亿美元）
中国澳门	0.32	德国	23.8
俄罗斯	0.31	以色列	18.4
印度尼西亚	0.27	马来西亚	18.3

资料来源：由《2004 和 2016 年度中国对外直接投资统计公报》整理所得。

国家或地区，2003 年，除了中国香港以及两个避税地外，我国的 OFDI 主要流向诸如韩国、泰国、俄罗斯、印度尼西亚等周边国家。经过 14 年的发展，到了 2016 年，我国 OFDI 流量流向前十的国家或地区中仍以中国香港和避税天堂为主，但对诸如德国、加拿大等发达国家以及新加坡等新兴工业化国家投资增加。

投资国别地区分布方面，中国的 OFDI 广泛分布在全球各地，并且呈现出明显集中的趋势，其中亚洲占比最大，其次就是避税天堂英属维尔京群岛和开曼群岛所在的拉丁美洲。

表 3-2 分别列示了 2016 年我国 OFDI 存量和流量的地区分布金额以及比例，无论是从流量上还是存量上看，都主要集中于亚洲，而这些地区大部分是经济和技术水平不高的地区，从这些国家对外直接投资获取的逆向技术溢出对本国技术提升作用不大。

表 3-2　　　　2016 年中国 OFDI 存量和流量的区域分布比重表

地区	流量（亿美元）	流量比重（%）	存量（亿美元）	存量比重（%）
亚洲	1 302.7	66.4	9 094.5	67
拉丁美洲	272.3	13.9	2 071.5	13.5
欧洲	203.5	10.4	872	6.4
北美洲	106.9	5.4	754.7	5.6
大洋洲	52.1	2.7	382.4	2.8
非洲	24	1.2	398.8	2.9
合计	1 961.5	100.0	13 573.9	100

资料来源：《2016 年度中国对外直接投资统计公报》。

四、投资方式多样化

随着对外投资方式的不断创新,投资方式趋于多样化,从以"绿地投资"即新建企业为主,发展到海外并购、合作联盟、参股融资、境外上市等多种方式。2016年是中国企业对外投资并购最为活跃的年份,共实施完成并购项目765起,涉及74个国家(地区),实际交易总额1 353.3亿美元,其中直接投资[①]865亿美元,占并购总额的63.9%,占当年中国对外直接投资总额的44.1%,并购金额创历史新高。表3-3分析了2006~2016年中国OFDI投资方式构成,如表所示2006年中国对外直接投资方式构成中新增股权投资51.7亿美元,占当年流量总额211.6亿美元的24.4%,收益再投资66.5亿美元,占31.4%,债务工具投资(仅涉及对外非金融类企业)为93.4亿美元,占44.2%,占比最重的是债务工具类投资,其次是收益再投资,最后的股权投资。经过十年的发展,投资方式发生了重大改变,2016年新增股权投资1 141.3亿美元,占当年流量总额的58.2%,收益再投资306.6亿美元,占15.6%,债务工具投资(仅涉及对外非金融类企业)为513.6亿美元,占26.2%,比重最大的是股权类投资。

表3-3　　　　　2006~2016年中国对外直接投资方式构成　　　　单位:亿美元

年份	流量	新增股权		当期收益再投资		债务工具投资	
		金额	比重(%)	金额	比重(%)	金额	比重(%)
2006	211.6	51.7	24.4	66.5	31.4	93.4	44.2
2007	265.1	86.9	32.8	97.9	36.9	80.3	30.3
2008	559.1	283.6	50.7	98.9	17.7	176.6	31.6
2009	565.3	172.5	30.5	161.3	28.5	231.5	41
2010	688.1	206.4	30	240.1	34.9	241.6	35.1
2011	746.5	313.8	42	244.6	32.8	188.1	25.2
2012	878.0	311.4	35.5	224.7	25.6	341.9	38.9
2013	1 078.4	307.3	28.5	383.2	35.5	387.9	36

---

① 直接投资:指境内投资者或其境外企业收购项目的款项来源于境内投资者的自有资金、境内银行贷款(不包括境内投资者担保的境外贷款)。

续表

年份	流量	新增股权		当期收益再投资		债务工具投资	
		金额	比重（%）	金额	比重（%）	金额	比重（%）
2014	1 231.2	557.3	45.3	444	36.1	229.9	18.6
2015	1 456.7	967.1	66.4	379.1	26	110.5	7.6
2016	1 961.5	1 141.3	58.2	306.6	15.6	513.6	26.2

资料来源：《2016年中国对外直接投资统计公报》。

由图3-5可知，2006~2008年新增股权类投资高速发展，受金融危机影响和风险控制，2009~2012年新增股权类投资回落，随着国际经济复苏，2013~2015年间又步入高速增长期。2015年下半年起国内监管政策引导规范的相继推出，以及海外审查和全球宏观经济不确定性的影响，2016年跨国并购较2015年有所回落，商务部最新的数据显示，2017年跨国并购较2016年又有所回落，但是基于企业战略发展的海外并购仍然保持稳定，并受到市场欢迎和政府鼓励。

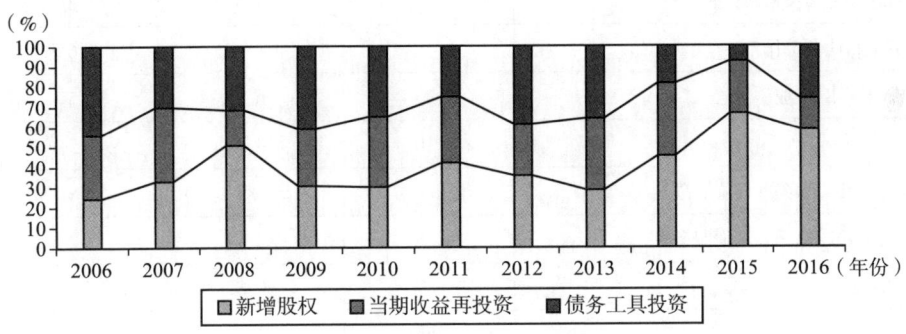

图3-5 2006~2016年中国对外直接投资方式构成

在投资并购的行业构成方面，中国企业对外投资并购回归理性。投资行业数量多为制造业、信息软件高技术产业以及交通运输业，其中制造业数量200起、金额301.1亿美元，占当年总投资22.3%，在数量、金额和占比上均排在首位。排在其后的是信息传输、软件和信息技术服务业，项目涉及109起、金额264.1亿美元，如表3-4所示。青岛海尔股份有限公司55.8亿美元收购美国通用电气公司家电业务项目，这是截至2016年底中国企业在制造业领域最大的对外投资并购项目。

表 3-4　　　　2016 年中国对外直接投资方式行业构成

行业类别	数量（起）	金额（亿美元）	金额占比（%）
制造业	200	301.1	22.3
信息传输/软件和信息技术服务业	109	264.1	19.5
交通运输/仓储和邮政业	21	137.9	10.2
电力/热力/燃气及水生产供应业	17	112.1	8.3
金融业	13	97.9	7.2
租赁和商务服务业	77	95.3	7
房地产业	59	92.7	6.8
采矿业	29	75	5.5
住宿和餐饮业	15	54.7	4
文化/体育和娱乐业	22	44.1	3.3
批发和零售业	82	28.2	2.1
科学研究和技术服务业	53	24.5	1.8
卫生和社会工作	4	8.1	0.6
农/林/牧/渔业	33	6.7	0.5
教育	10	4.7	0.3
水利/环境和公共设施管理业	8	3.3	0.2
居民服务/修理和其他服务业	6	2.1	0.2
建筑业	7	0.8	0.1
总计	765	1 353.3	100

资料来源：《2016 年中国对外直接投资统计公报》。

第二节　OFDI 逆向技术溢出存在的问题

综观国内外经济发展全局，中国对外直接投资仍处在重要的战略机遇期，中国政府及有关方面正在加快推进"一带一路"建设，加强完善"走出去"战略的顶层设计。本节将分析中国 OFDI 逆向技术溢出存在问题，主要从 OFDI

投资主体地区分布、行业分布和区位配置三方面阐述。

一、OFDI 逆向技术溢出地区发展不平衡

从 OFDI 投资主体地区分布来看,截至 2016 年末,从流量方面看,地方企业对外非金融类直接投资成为主力军,流量达 1 505.1 亿美元,同比增长 60.8%,占全国非金融类流量的 83%。其中:东部地区 1 256 亿美元,占地方投资流量的 83.4%,同比增长 63.9%;西部地区 115.5 亿美元,占 7.7%,同比增长 55%;中部地区 101.1 亿美元,占 6.7%,同比增长 59.7%;东北三省 32.5 亿美元,占 2.2%,同比增长 1.4%[①]。上海、广东、天津、北京、山东、浙江、江苏、河南、福建、河北位列地方对外直接投资流量前 10 位,合计 1 292.4 亿美元,占地方对外直接投资流量的 85.9%。上海、广东 2016 年流量分别突破 200 亿美元,创地方对外投资新高,天津 2016 年流量 179.40 亿美元,2015 年 25.27 亿美元,2016 年同比增长 609.9%,流量排名也从 2015 的第八上升至 2016 年的第三。

从存量方面看,表 3-5 统计了 2011~2016 年中国 31 个省区市的对外直接投资存量,并按 2016 年的投资存量数据排序,数据显示,2011~2016 年间,各省 OFDI 显著增加,截至 2016 年末,中国 OFDI 总存量 5 264.19 亿美元,广东省 OFDI 存量达到 1 250.43 亿美元排在全国首位,其次是上海 840.54 亿美元、北京 548.31 亿美元。存量排名最少的是西藏自治区 0.8 亿美元,青海省 2.7 亿美元,贵州省 4.8 亿美元。2016 年末地方对外直接投资存量前十位的省市分别为:广东省、上海市、北京市、山东省、江苏省、天津市、辽宁省、福建省和湖南省。如表 3-5 所示。

存量区域分布差异较大,东部地区具有先发优势,存量数据较大,中西部区域存量较小。如图 3-6 所示,东部地区 4 232.96 亿美元,占地方 OFDI 总额的 80.5%;中部地区 356 亿美元,占 6.8%;西部地区 451.77 亿美元,占 8.5%;东北三省 223.47 亿美元,占 4.2%。

---

① 按照国家统计局 2018 年最新经济地带划分标准,东部地区包括北京市、天津市、河北省、上海市、江苏省、浙江省、福建省、山东省、广东省、海南省 10 省(市);中部地区包括山西省、安徽省、江西省、河南省、湖北省、湖南省 6 省;西部地区包括内蒙古、广西、重庆市、四川省、贵州省、云南省、西藏、陕西省、甘肃省、青海省、宁夏、新疆 12 个省(区、市);东北 3 省包括辽宁省、吉林省、黑龙江省。

表 3－5　　2011~2016 年中国各省区市对外直接投资存量统计表　　单位：亿美元

省区市	2011 年	2012 年	2013 年	2014 年	2015 年	2016 年
广东	179.81	251.76	342.44	494.79	686.55	1 250.43
上海	63.75	139.51	178.44	254.85	583.62	840.54
北京	60.34	75.78	127.65	284.89	387.99	543.81
山东	86.26	119.70	160.47	197.01	273.05	411.93
江苏	57.02	78.32	111.63	156.10	226.14	349.47
浙江	71.89	85.49	109.88	153.74	223.65	326.82
天津	13.87	21.15	35.93	92.34	109.42	262.25
辽宁	43.57	69.53	77.31	92.56	113.19	132.19
福建	24.48	32.37	39.68	48.73	82.03	111.34
湖南	32.96	41.33	45.47	55.15	81.04	101.74
河南	9.75	14.42	19.54	24.94	39.95	86.93
河北	19.55	23.87	34.9	45.31	57.25	86.27
云南	18.29	29.58	38.66	51.42	60.26	68.15
重庆	11.06	17.1	19.4	26.57	39.08	63.66
陕西	11.38	17.94	20.03	24.65	28.55	63.66
四川	19.25	22.46	26.56	35.24	46.59	58.47
安徽	16.54	23.71	37.96	42.69	62.67	58.19
黑龙江	17.28	25.3	33.5	40.22	42.14	57.41
海南	16.53	33.28	34.34	37.56	48.94	50.09
内蒙古	5.65	12.23	16.79	23.91	31.32	49.63
湖北	8.84	13.76	17.33	22.83	28.61	41.83
甘肃	13.4	26.86	31.6	32.04	32.12	40.77
新疆	10.34	14.54	17.5	23.4	29.66	40.05
江西	3.98	7.89	11.92	20.14	25.95	35.7
广西	6.87	8.67	10.62	14.78	18.46	34.33
吉林	11.15	14.54	21.39	24.31	31.34	33.87
山西	8.3	10.6	15.39	17.06	21.11	31.62
宁夏	0.6	1.19	1.96	4.97	16	24.74
贵州	0.5	0.87	3.27	3.42	4.29	4.8

续表

省区市	2011年	2012年	2013年	2014年	2015年	2016年
青海	0.13	0.31	0.91	1.01	2.23	2.7
西藏	0.04	0.1	0.12	0.16	3.14	0.8
合计	843.34	1 234.17	1 642.57	2 346.80	3 436.34	5 264.19

注：统计数据不含港澳台地区。
资料来源：《2016年中国对外直接投资统计公报》，按2016年省份数额排序。

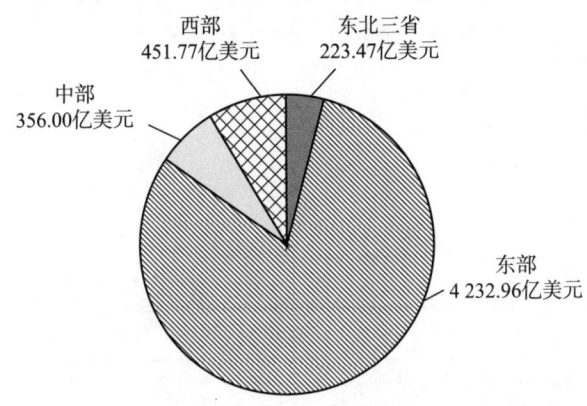

图3-6 2016年末中国区位对外直接投资存量情况

由图3-6和表3-5可知，全国OFDI存量排名前三的省市分别是广东、上海、北京，全部位于东部地区，且仅单个省区市的投资额就超过了整个中部地区的总投资额、整个东北三省的总投资额以及整个西部地区的总投资额。这些省市凭借自身的区位优势和发达的经济基础，拥有强有力的"走出去"优势，通过OFDI获取先进技术、知识和管理经验，快速吸收并反馈回国内，提升技术水平，转化为生产力，进一步促进地区经济的发展，形成良性循环。相应的，中部地区和西部地区吸收OFDI逆向技术溢出的能力也远落后于东部地区，从而导致技术差距扩大，OFDI逆向技术溢出地区分布不平衡。

二、OFDI逆向技术溢出行业分布不合理

随着中国对外直接投资规模不断扩大，投资产业分布日趋广泛，目前已覆盖国民经济所有行业类别。不论是从投资流量还是存量看，第三产业仍占

主体地位。截至2016年末，中国对外直接投资存量主要集中在第三产业（即服务业）金额为10 360.4亿美元，占总存量的76.3%，与2015年比增加了1.1个百分点。第二产业3 083亿美元，占比22.7%，而第一产业的存量仅有130.5亿美元，占比1%。在三次产业内部，各行业对外投资流量由于受短期环境因素影响表现出较大波动性。2016年，中国对外投资流量上百亿美元的涉及六个领域，如图3-7和表3-6所示，租赁和商务服务业以657.8亿美元，继续保持第一位，制造业290.5亿美元，首次上升至第二，其余依次是：批发和零售业208.9亿美元，信息传输、软件和信息技术服务业186.7亿美元，房地产业152.5亿美元，金融业149.2亿美元。

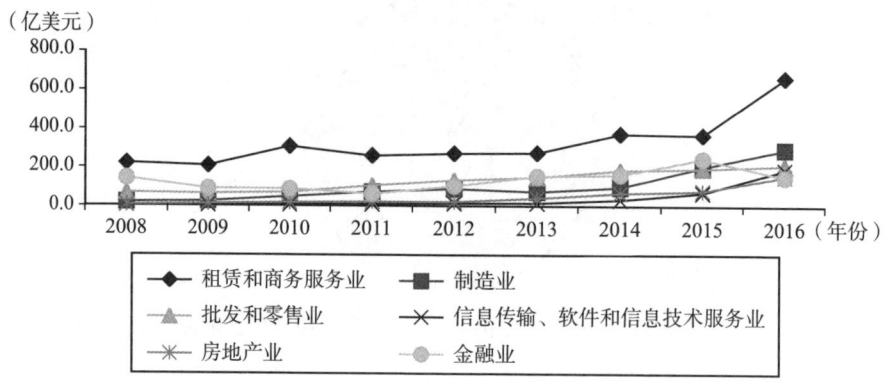

图3-7　2008~2016年中国对外直接投资行业分布趋势

表3-6　　　　2011~2016年中国对外直接投资行业分布情况　　　　单位：亿美元

行业分类	2011年	2012年	2013年	2014年	2015年	2016年
租赁和商务服务业	256.0	267.4	270.6	368.3	362.6	657.8
制造业	70.4	86.7	72.0	95.8	199.9	290.5
批发和零售业	103.2	130.5	146.5	182.9	192.5	208.9
信息传输、软件和信息技术服务业	7.8	12.4	14.0	31.7	68.2	186.7
房地产业	19.7	20.2	39.5	66.0	77.9	152.5
金融业	60.7	100.7	151.1	159.2	242.5	149.2
建筑业	16.5	32.5	43.6	34.0	37.4	43.9
科学研究和技术服务业	7.1	14.8	17.9	16.7	33.5	42.4
电力、热力、燃气及水生产和供应业	18.8	19.4	6.8	17.6	21.4	35.4

续表

行业分类	2011年	2012年	2013年	2014年	2015年	2016年
农、林、牧、渔业	8.0	14.6	18.1	20.4	25.7	32.9
采矿业	144.5	135.4	248.1	165.5	112.5	19.3
交通运输、仓储和邮政业	25.6	29.9	33.1	41.7	27.3	16.8

资料来源：《2016年中国对外直接投资统计公报》，按2016年行业数额排序。

从投资行业百亿美元分布来看，我国对外直接投资行业多集中于租赁和商务服务业即第三产业，而制造业等第二产业占比相对较小，造成制造业OFDI逆向技术溢出可能较小。随着对外直接投资回归理性，中国制造业企业对外直接投资增长速度加快，2016年同比增长45.3%，占当年流量总额的14.8%，制造业地位首次上升第二位，其中主要流向汽车制造业47.76亿美元、计算机/通信及其他电子设备制造业39.28亿美元、专用设备制造业27.3亿美元、化学原料和化学制品制造业22.37亿美元、医药制造业15.86亿美元、橡胶和塑料制品业12.54亿美元、纺织业12.4亿美元、皮革/毛皮/羽毛及其制品和制鞋业10.19亿美元、铁路/船舶/航空航天和其他运输设备制造业8.62亿美元、食品制造业8.1亿美元等。其中流向装备制造业的投资142.5亿美元，同比增长41.4%，占制造业投资的49.1%，说明中国制造加快海外布局，以获取更多的逆向技术溢出，优化产业结构。

三、OFDI逆向技术溢出区位配置不均衡

从中国对外直接投资区位配置分析，我国对外直接投资多集中于发展中国家或地区，尤其集中于中国香港和周边发展中经济体，而对技术发达国家投资相对较少，而发达国家才是高端技术聚集地，要想获取更多的逆向技术溢出，应加大对发达经济体的投资。2016年流向发达经济体的投资流量为368.4亿美元，较上年实现了94%的高速增长。其中对欧盟、美国的直接投资分别为99.94亿美元和169.81亿美元，同比增长82.4%和111.5%，从存量方面看，在发达经济体存量1 913.97亿美元，占14.1%，其中欧盟698.4亿美元，占在发达经济体投资存量的36.5%；美国605.8亿美元，占31.7%；澳大利亚333.51亿美元，占17.4%；加拿大127.26亿美元，占6.6%；以色列42.3亿美元，占2.2%；挪威26.42亿美元，占1.4%；日本31.84亿美

元，占 1.7%。随着对外直接投资回归理性，发达国家成为众多中国企业对外投资的首选投资目的地，如表 3-7 所示。

表 3-7　2016 年末中国在发达国家（地区）直接投资流、存量情况

单位：亿美元

国家、经济体名称	流量	存量	比重（%）
欧盟	99.94	698.4	36.5
挪威	-8.5	26.42	1.4
瑞士	0.68	26.42	0.3
美国	169.81	5.76	31.7
加拿大	28.72	605.8	6.6
澳大利亚	41.87	127.26	17.4
新西兰	9.06	333.51	1.1
日本	31.84	21.02	1.7
以色列	18.41	42.3	2.2
百慕大	21.66	21.66	1.1
合计	455.19	1 913.97	100

资料来源：由《2016 年度中国对外直接投资统计公报》整理所得。

第三节　OFDI 逆向技术溢出总量指标测度

在世界经济增长乏力，全球直接投资步入缓慢复苏的新阶段。中国经济步入新常态，"稳增长、调结构、促升级"成为中国经济发展的首要目标。中国对外直接投资对母国逆向技术溢出效应成为各界关注重点。本节将分析中国 OFDI 逆向技术溢出效应，并从中国对世界各国/地区的 OFDI 存量出发，构建逆向技术溢出总量指标，再利用各省区市 OFDI 存量对 OFDI 逆向技术溢出总量指标进行分解，最终获得中国 31 个省区市 OFDI 逆向技术溢出测度指标。

一、OFDI 逆向技术溢出测度指标

考伊和霍普曼（D. T. Coe & E. Helpman，1995）通过实证检验 OFDI 技

术溢出的存在性,是国际上最早给出溢出模型的,至此 OFDI 逆向技术的存在性得到了学术界的公认,考伊和霍普曼(1995)、波特利和利奇顿伯格(Potterie & Lichtenberg, 2001)在国际研发溢出的框架下,最早实证检验了一国 OFDI 的逆向技术溢出效应,研究发现 OFDI 可以间接利用东道国的研发资本,进而提升投资国的技术水平,奠定了 L-P 研究范式的基础。后续学者在波特利和利奇顿伯格(2001)实证模型的基础上不断拓展实证模型,来检验 OFDI 的逆向技术溢出效应(Driffield et al.,2009;Sivaketal,2011 等)。本节借鉴 L-P 模型的范式,结合中国 OFDI 相关数据的统计情况,构建反映中国 OFDI 逆向技术溢出的总量指标 SD_t^{ofdi},由于 OFDI 逆向技术溢出具有持续性,OFDI 存量越大,产生的逆向技术溢出效应越强。因此,本节采用历年 OFDI 存量来计算各年的 OFDI 逆向技术溢出总量。

$$SD_t^{ofdi} = \sum_{j=1}^{n} \frac{OFDI_{jt}}{GDP_{jt}} SRD_{jt} \tag{3.1}$$

SRD_{jt} 为 t 时期东道国 j 的研发资本存量,$OFDI_{jt}$ 为我国 t 时期对东道国 j 的对外直接投资存量,GDP_{jt} 为 t 时期东道国 j 的 GDP。计算中国各地区的 OFDI 逆向技术溢出,则利用各地区的 OFDI 存量占存量总额的比重对 SD_{it}^{ofdi} 进行分解。

二、目标国选取及 OFDI 逆向技术溢出指标测算

(一)目标国选取

通过上节中国对外直接投资国别/地区区位分析,本节选取了中国对日本、英国、德国、法国、美国、意大利、瑞典、荷兰、俄罗斯、加拿大、巴西、中国香港、中国澳门、印度、新加坡、韩国 16 个国家或地区的对外直接投资存量,其中发达国家 8 个,分别为日本、英国、德国、法国、美国、意大利、瑞典、荷兰;资源丰裕类国家 3 个,分别为俄罗斯、加拿大、巴西;新兴经济体及其他发展中国家或地区 5 个,分别为中国香港、中国澳门、印度、新加坡、韩国。

由于我国官方从 2003 年才开始统计各省区市的 OFDI 数据,因此,本书数据以 2003 年为基期。如表 3-8 摘录节选了 2003~2016 年中国对这些国家/

地区的 OFDI 存量、当期 OFDI 总额及占比情况，如表所示中国对这些国家/地区的投资额在 14 年间均占投资总额的 70% 以上，基本能总括反映中国对外直接投资逆向技术溢出全貌，因此，本书下面实证部分逆向技术溢出研究均以这投资 16 个投资国或地区为样本。

表 3-8　　2003~2016 年中国对主要国家或地区 OFDI 存量分布情况

OFDI 存量	2003 年	2008 年	2013 年	2014 年	2015 年	2016 年
日本	0.89	5.10	18.98	25.47	30.38	31.84
英国	0.75	8.38	117.98	128.05	166.32	176.12
德国	0.84	8.46	39.79	57.86	58.82	78.42
法国	0.13	1.67	44.48	84.45	57.24	51.16
美国	5.02	23.90	219.00	380.11	408.02	605.80
意大利	0.19	1.34	6.08	7.20	9.32	15.55
瑞典	0.06	1.58	37.38	30.13	33.82	35.54
荷兰	0.06	2.34	31.93	41.94	200.67	205.88
俄罗斯	0.62	18.38	75.82	86.95	140.20	129.80
加拿大	0.46	12.68	61.96	77.89	85.16	127.26
巴西	0.52	2.17	17.34	28.33	22.57	29.63
中国香港	246.32	1 158.45	3 770.93	5 099.20	6 568.55	7 807.45
中国澳门	4.47	15.61	34.09	39.31	57.39	67.83
印度	0.01	2.22	24.47	34.07	37.70	31.08
新加坡	1.65	33.35	147.51	206.40	319.85	334.46
韩国	2.35	8.50	19.63	27.72	36.98	42.37
合计	264.35	1 304.12	4 667.36	6 355.06	8 233.00	9 770.17
OFDI 总额	332.22	1 839.71	6 604.78	8 826.42	10 978.65	13 573.90
比重	79.57	70.89	70.67	72.00	74.99	71.98

资料来源：根据世界银行数据库整理所得。

（二）OFDI 逆向技术溢出总量指标测算

根据世界银行数据库的统计数据，本节首先获取各国历年研发投入占

GDP 的比重，通过与各国/地区 GDP 乘积得到各国研发资本投入；其次以 2003 年为基期的不变价格，利用各国的 CPI 指数，把历年研发资本采用永续盘存法折算成研发资本存量，具体计算公式如下：

$$SRD_{jt} = (1-\delta)SRD_{j(t-1)} + RD_{jt}^d \qquad (3.2)$$

RD_{jt}^d 表示以 2003 年为基期的东道国 j 在 t 时期的研发资本投入，δ 表示研发资本的折旧率，取值 5%。基期 2003 年的研发资本存量计算公式如下：

$$SRD_{j2003} = RD_{j2003}/(g+\delta) \qquad (3.3)$$

g 为 2003~2015 年各国每年研发支出的年均增长率，本节计算了 2003~2015 年中国 OFDI 投资地区的研发资本存量，计算结果如表 3-9 所示，表 3-9 仅摘录了部分结果。

表 3-9　　　2003~2015 年中国 OFDI 国家或地区的研发资本存量　　单位：亿美元

国家/地区	2003 年	2008 年	2011 年	2012 年	2013 年	2014 年	2015 年
日本	27 879.0	28 511.9	29 141.2	29 706.8	30 236.8	30 368.0	30 382.2
英国	5 559.2	6 215.9	6 307.2	6 356.4	6 386.1	6 392.9	6 438.5
德国	9 638.7	10 938.2	11 556.0	11 922.3	12 228.0	12 515.3	12 821.4
法国	6 597.1	7 324.8	7 668.1	7 847.9	7 981.9	8 115.3	8 245.1
美国	45 125.9	50 098.4	52 193.8	53 102.5	53 944.6	54 880.1	55 867.3
意大利	2 815.4	3 176.0	3 334.5	3 410.8	3 458.5	3 514.8	3 579.9
瑞典	2 183.2	2 344.8	2 372.1	2 399.9	2 421.7	2 443.8	2 449.9
荷兰	1 617.5	1 827.3	1 904.0	1 958.3	1 998.4	2 040.1	2 084.1
俄罗斯	1 742.7	1 718.4	1 714.5	1 722.9	1 734.2	1 736.3	1 725.3
加拿大	2 871.5	3 320.9	3 479.0	3 572.0	3 655.0	3 732.9	3 782.6
巴西	479.9	822.3	1 057.7	1 200.4	1 309.5	1 411.6	1 491.8
中国香港	141.2	173.5	186.1	192.0	197.9	203.7	208.8
中国澳门	0.3	0.7	0.9	0.9	1.0	1.1	1.3
印度	582.0	755.1	849.1	897.1	934.8	962.9	1 009.9
新加坡	227.7	332.9	379.3	410.6	436.5	461.2	489.4
韩国	1 930.4	2 918.3	3 323.5	3 601.8	3 899.7	4 184.3	4 502.8

资料来源：根据世界银行数据库整理所得。

截至 2018 年 4 月，世界银行仅公布了 2015 年世界各国/地区研发支出占 GDP 的比重数据，而巴西和新加坡 2015 年数据缺失，故取 2014 年和 2013 年的平均值代替。

表 3-10 中的合计是根据公式（3.1）计算的中国 2003~2015 年间所获取的逆向技术溢出总量。

表 3-10　2003~2015 年中国 OFDI 国家或地区逆向技术溢出总量测算

单位：亿美元

国家/地区	2003 年	2008 年	2011 年	2012 年	2013 年	2014 年	2015 年
日本	0.58	3.00	6.87	8.23	11.72	16.82	22.24
英国	0.21	1.87	6.21	21.82	28.16	28.02	37.80
德国	0.32	2.47	7.63	10.74	13.35	19.25	22.76
法国	0.05	0.42	10.21	11.76	12.84	24.61	19.59
美国	1.97	8.13	30.77	57.00	71.68	121.91	129.52
意大利	0.03	0.18	0.67	0.96	1.00	1.20	1.85
瑞典	0.04	0.72	6.53	10.72	15.76	12.94	16.72
荷兰	0.02	0.46	1.46	2.67	7.52	9.94	56.28
俄罗斯	0.25	1.90	3.40	4.21	6.33	8.06	79.01
加拿大	0.15	2.73	7.44	10.07	12.58	16.49	20.88
巴西	0.04	0.11	0.49	0.79	1.02	1.80	1.94
中国香港	21.56	91.68	202.06	230.88	278.58	366.00	454.32
中国澳门	0.02	0.06	0.07	0.07	0.08	0.09	0.20
印度	0.00	0.14	0.32	0.60	1.27	1.66	1.87
新加坡	0.39	5.77	15.81	18.64	22.51	32.81	55.92
韩国	0.67	2.48	4.74	9.83	6.29	8.85	12.84
合计	26.30	122.09	304.69	398.99	490.68	670.46	933.74

如图 3-8 所示，2003~2015 年间中国 OFDI 所获取的逆向技术溢出总量逐年增长，尤其是 2013~2015 年，随着全球经济复苏和我国走出去步伐加快，对外直接投资所获取的逆向技术溢出实现了大飞跃。

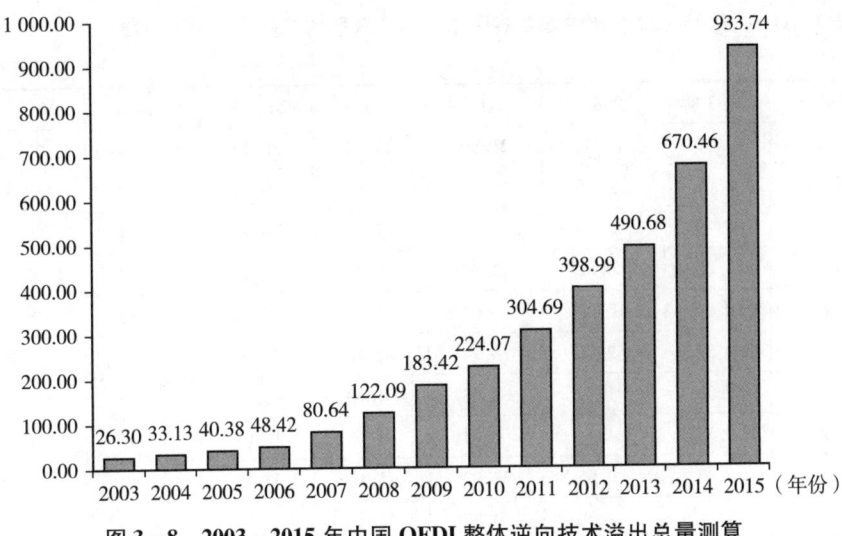

图 3-8 2003~2015 年中国 OFDI 整体逆向技术溢出总量测算

第四节 中国 OFDI 逆向技术溢出效应分析

本章第一节从投资主体的区位分析了中国 OFDI 存在区域上的不平衡，本节在第二节计算出中国 OFDI 逆向技术溢出总量的基础上，利用各省 OFDI 存量对 OFDI 逆向技术溢出总量指标进行分解，最终得到各省 OFDI 所获得的逆向技术溢出量。

一、中国各省 OFDI 逆向技术溢出效应分析

根据上节公式（3.1）可以得到各省的 OFDI 逆向技术溢出量，如下式（3.4）所示：

$$SD_{it}^{ofdi} = SD_t^{ofdi} \cdot \frac{OFDI_{it}}{\sum_i OFDI_{it}} \quad (3.4)$$

$OFDI_{it}$ 表示 t 时期 i 地区对外直接投资存量，SD_t^{ofdi} 表示 t 时期中国通过对外直接投资获取的逆向技术溢出总量。根据公式（3.4），利用中国各省对外直接投资存量数据，对中国所获得的 OFDI 逆向技术溢总量进行分解，计算中国各省区市的 OFDI 逆向技术溢出量，如表 3-11 所示，这里仅摘录部分数据结果。

表3-11　　2003~2015年中国各省区市OFDI获取的逆向技术溢出测算

单位：亿美元

省区市	2003年	2008年	2011年	2012年	2013年	2014年	2015年
北京	1.85	11.31	21.80	24.50	38.13	81.39	105.43
天津	0.07	1.45	5.01	6.84	10.73	26.38	29.73
河北	0.79	2.36	7.06	7.72	10.43	12.94	15.56
山西	0.03	0.82	3.00	3.43	4.60	4.87	5.73
内蒙古	0.06	0.92	2.04	3.95	5.01	6.83	8.51
辽宁	0.32	2.73	15.74	22.48	23.09	26.44	30.76
吉林	0.30	1.71	4.03	4.70	6.39	6.95	8.52
黑龙江	0.57	4.48	6.24	8.18	10.01	11.49	11.45
上海	6.47	9.85	23.03	45.10	53.30	72.81	158.58
江苏	1.15	7.78	20.60	25.32	33.35	44.60	61.45
浙江	0.73	6.97	25.97	27.64	32.83	43.92	60.77
安徽	0.09	0.92	5.98	7.67	11.34	12.20	17.03
福建	0.60	5.10	8.84	10.46	11.85	13.92	22.29
江西	0.01	0.41	1.44	2.55	3.56	5.75	7.05
山东	1.85	9.37	31.17	38.70	47.94	56.28	74.20
河南	0.23	1.49	3.52	4.66	5.84	7.13	10.86
湖北	0.06	0.25	3.19	4.45	5.18	6.52	7.77
湖南	0.02	3.04	11.91	13.36	13.58	15.76	22.02
广东	9.97	39.14	64.96	81.39	102.29	141.36	186.55
广西	0.07	0.62	2.48	2.8	3.17	4.22	5.02
海南	0.05	0.2	5.97	10.76	10.26	10.73	13.3
重庆	0.56	1.25	3.99	5.53	5.79	7.59	10.62
四川	0.13	1.79	6.95	7.26	7.93	10.07	12.66
贵州	0.01	0.08	0.18	0.28	0.98	0.98	1.17
云南	0.07	2.57	6.61	9.56	11.55	14.69	16.37
西藏	0.01	0.01	0.01	0.03	0.04	0.05	0.85
陕西	0.04	0.87	4.11	5.8	5.98	7.04	7.76
甘肃	0.09	2.67	4.84	8.68	9.44	9.15	8.73
青海	0	0.02	0.05	0.1	0.27	0.29	0.61
宁夏	0.01	0.17	0.22	0.39	0.59	1.42	4.35
新疆	0.08	1.73	3.74	4.7	5.23	6.69	8.06

第三章 OFDI 逆向技术溢出新特征及指标测度

由 3-11 可知，中国 OFDI 逆向技术溢出存在地域上的不平衡，中国 OFDI 存量大的省市所获取的逆向技术溢出也较大，位居前三位的省市分别为广东、上海和北京，而以这三个省市为中心的周边地区同样具有较高的逆向技术溢出效应，由此，中国 OFDI 逆向技术溢出效应主要产生于珠三角、长三角及环渤海经济带，中西部地区 OFDI 发展时间短、规模小，所获取的逆向技术溢出亦较小，而经济发达、对外开放度高的沿海和内陆具有更明显的逆向技术溢出效应。

二、中国各行业 OFDI 逆向技术溢出效应分析

根据上节公式（3.1）可以得到行业层面的 OFDI 逆向技术溢出量，如下公式（3.5）所示：

$$SD_{ht}^{ofdi} = SD_t^{ofdi} \cdot \frac{OFDI_{ht}}{\sum_h OFDI_{ht}} \quad (3.5)$$

$OFDI_{ht}$ 表示 t 时期 h 行业的对外直接投资存量，SD_t^{ofdi} 表示 t 时期中国通过对外直接投资获取的逆向技术溢出总量。根据公式（3.5），利用中国各行业对外直接投资存量数据，计算中国各省市的 OFDI 逆向技术溢出量，如表 3-12 所示，这里仅摘录部分数据结果。

表 3-12　2010～2015 年中国各行业 OFDI 获取的逆向技术溢出测算

单位：亿美元

各行业	2010 年	2011 年	2012 年	2013 年	2014 年	2015 年
租赁和商务服务业	68.69	102.06	131.78	145.41	244.93	348.34
金融业	39.03	48.34	72.35	86.98	104.54	135.79
采矿业	31.55	48.05	56.09	78.88	93.98	121.10
批发和零售业	29.67	35.21	51.16	65.11	78.21	103.71
制造业	12.57	19.34	25.61	31.19	39.77	66.79
交通运输、仓储和邮政业	16.38	18.12	21.92	23.94	26.34	33.94
房地产业	5.13	6.45	7.19	11.46	18.72	28.49
建筑业	4.36	5.77	9.64	14.45	17.15	23.07
信息传输、软件和信息技术服务业	5.94	6.85	3.62	5.49	9.36	17.80
电、热力、燃气及水生产和供应业	2.41	5.12	6.74	8.32	11.43	13.32
科学研究和技术服务业	2.80	3.15	5.09	6.44	8.26	12.27

续表

各行业	2010年	2011年	2012年	2013年	2014年	2015年
居民服务、修理和其他服务业	2.28	1.16	2.69	5.71	6.87	12.14
农、林、牧、渔业	1.85	2.45	3.72	5.33	7.36	9.76
文化、体育和娱乐业	0.24	0.39	0.60	0.82	1.21	2.76
水利、环境和公共设施管理业	0.80	1.72	0.05	0.25	1.01	2.16
住宿和餐饮业	0.32	0.43	0.57	0.70	0.99	1.90
卫生和社会工作	0.03	0.01	0.04	0.05	0.18	0.15

资料来源：根据《中国历年对外直接投资统计公报》数据计算整理所得，并按2015年行业值降序排列。

由表3-12可知，中国OFDI逆向技术溢出效应在行业分布上也存在不均衡，中国OFDI存量大的行业所获取的逆向技术溢出也较大，按2015年各行业所获取的逆向技术溢出降序排列可得，2010~2015年位居前十的行业分别为：租赁和商务服务业、金融业、采矿业、批发零售业、制造业、交通运输仓储邮政业、房地产业、建筑业和信息传输、软件和信息技术服务业以及电力、热力、燃气及水生产和供应业。由此，在新常态经济形势下，要稳增长、调结构、使我国产业结构得以优化就必须进一步加大制造业、信息传输、软件等高技术行业的对外直接投资规模，促进经济结构转型升级。

如图3-9所示，2003~2015年中国制造业OFDI获取的逆向技术溢出效应

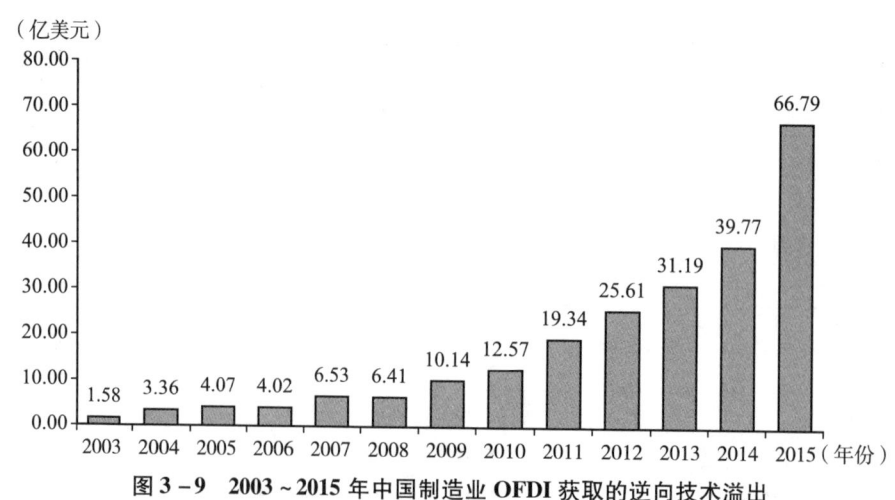

图3-9 2003~2015年中国制造业OFDI获取的逆向技术溢出

资料来源：根据《中国历年对外直接投资统计公报》数据，并利用公式（3.5）计算整理所得。

呈逐年增长的态势,随着发达国家"再工业化"和制造业回流进程加快,2013~2015年是增长的黄金时期,2014~2015年实现了跨越式增长,2015年创历史新高。

本章小结

本章重点从中国OFDI的投资规模、投资主体、投资区位和投资方式几个方面分析了中国OFDI发展新特征,并对OFDI逆向技术溢出存在问题进行阐述,在此基础上对OFDI逆向技术溢出效应测算分析,为下面的实证分析和政策建议提供现实依据。

首先,从中国OFDI投资规模来看,随着"走出去"发展战略的实施,中国对外直接投资与实际利用外资净额均呈现逐年增长的态势,投资规模不断扩大,但增速有所放缓;从投资主体来看,投资主体趋于多元化,国有企业仍占主导地位,多为政策性投资,但随着政府全面开放和"一带一路"倡议的推动,私营企业、股份有限公司、外商投资企业以及港澳台投资企业等主体的对外直接投资占比在逐步提升。从投资区位来看,投资区域分布不均衡,大部分对外投资仍流向发展中经济体,占存量总额的八成。从投资方式来看,投资方式趋于多样化,并从以"绿地投资"即新建企业为主,发展到海外并购、合作联盟、参股融资、境外上市等多种方式。

其次,分析了OFDI逆向技术溢出存在问题,分别从投资主体地区分布、行业分布和区位配置三方面阐述。从投资主体的区位来看,东部地区的广东、北京、山东,仅单个省市的投资额就超过了整个中部地区的总投资额、整个东北三省的总投资额以及整个西部地区的总投资额,东部发达地区具有先发优势,中部地区和西部地区投资远低于东部地区,地区发展不平衡。从投资行业来看,投资产业分布日趋广泛,目前已覆盖国民经济所有行业类别。不论是从投资流量还是存量看,第三产业仍占主体地位,制造业等第二产业投资相对较少,导致我国制造业所获取的逆向技术溢出较小。应加快中国制造海外布局,以获取更多的逆向技术溢出,优化产业结构。从投资区位配置来看,中国对外直接投资多集中于发展中经济体,特别是中国香港、中国澳门和周边亚洲国家,而对技术发达国家投资相对较少,造成我国所获取的OFDI逆向技术溢出较少。

再其次，从国际技术溢出模型、投资目标国选取对中国 OFDI 逆向技术溢出总量进行测度。在国际技术溢出模型基础上，根据前面对中国对外直接投资呈现的新特征，选取既包括发达国家、资源丰裕类国家、又包括新兴经济体和其他发展中国家在内的 16 个投资目标国家或地区对 OFDI 逆向技术溢出总量进行测度。

最后，OFDI 逆向技术溢出大小与投资规模呈正比，OFDI 投资规模越大，所获得的逆向技术溢出也越大，但 OFDI 逆向技术溢出受投资区位方向、方式、行业影响，造成真实的逆向技术溢出效果可能与理论有一定偏差。本章分别测算了省份和行业层面的 OFDI 逆向技术溢出效应，结果显示，OFDI 逆向技术溢出效应在区域和行业上均存在异质性。中国 OFDI 逆向技术溢出存在地域和行业上的不平衡，中国 OFDI 存量大的省市和行业所获取的逆向技术溢出也较大，东部地区的逆向技术溢出大于中部和西部，租赁和商务服务业、金融业等服务业的对外直接投资规模较大，所获得的逆向技术溢出较大，而制造业投资规模相对较小，所获得的逆向技术溢出也相对较少。因此，应逐步提高我国制造业的对外直接投资规模。由此，在新常态经济形势下，要稳增长、调结构、使我国产业结构得以优化就必须进一步加大制造业、信息传输、软件等高技术行业的对外直接投资规模。

第四章

OFDI 逆向技术溢出促进制造业行业内结构升级实证

本书导论部分对制造业结构升级界定为制造业行业内升级和行业间升级，本书第二章分析了 OFDI 逆向技术溢出促进制造业结构升级机理包括行业内技术进步和行业间结构优化升级，行业内升级以制造业行业技术进步为代理变量。本章第一节主要实证分析 OFDI 逆向技术溢出对制造业整体技术升级的影响，第二节主要分析 OFDI 逆向技术溢出对制造业分劳动密集型行业、资本密集型行业和技术密集型行业技术升级的影响。

第一节 OFDI 逆向技术溢出促进制造业总体技术进步实证

技术进步可以促进制造业生产工艺及设备的更新换代，可以促进产品的升级换代，还可以带来劳动者经营、管理以及专业知识的积累，有助于制造业从价值链低端向高端环节的攀升。此外技术进步还可以通过提高劳动者的素质来提高产业升级的软实力。制造业技术进步是结构优化升级的基础。

一、模型构建

根据知识驱动型内生增长理论，一国的技术进步与该国的知识资本（即 R&D 资本）有关，在开放经济条件下，一国的技术进步还与国外的研发资本存量有关，国外研发资本通过贸易、投资渠道扩散到技术吸收国。有关在 OFDI

逆向技术溢出与母国技术进步研究方面，国内外学者主要是基于考伊和霍普曼（1995）的模型（C-H模型），它也是国际上最早给出R&D溢出模型的，采用全要素生产率作为衡量技术进步的指标，然而该模型并没有引入对外直接投资的技术溢出渠道，仅仅考虑了国际贸易渠道，认为R&D投入和进口贸易所产生的国际R&D溢出显著地促进了这些国家全要素生产率的增长，也被称为经典的国际溢出模型，C-H模型如公式（4.1）所示：

$$TC_{it} = \alpha_0 + \alpha_1 \ln SRD_{it}^d + \alpha_2 \ln SD_{it}^{im} + \varepsilon_t \tag{4.1}$$

其中，TC_{it}表示i表示省份t时期的技术进步指标，α_0是模型的常数项，SRD_{it}^d表示t时期省份i的国内研发资本存量，SD_{it}^{im}表示t时期省份i通过进口贸易途径获得的国外研发资本存量。

布兰斯特蒂尔（Branstetter, 2000）在C-H模型的基础上，以投资到美国的日本企业为研究对象，主要关注投资行为和创新水平，从实践角度印证了FDI渠道具有逆向技术溢出。具体模型如下：

$$TC_{it} = C + \alpha_1 SRD_{it}^d + \alpha_2 SD_{it}^{im} + \alpha_3 SD_{it}^{fdi} + \varepsilon_t \tag{4.2}$$

其中，SD_{it}^{fdi}表示t时期省份i通过FDI渠道溢出的国外研发资本存量。

利奇顿伯格和波特尔斯伯格（Lichtenberg & Van Pottelsberghe, 2001）在C-H模型的基础上，首次将OFDI作为国际技术溢出路径纳入模型中，认为OFDI和进口贸易渠道都能够促进技术进步。由于本章各渠道的国外技术溢出数据为绝对值，为了保证量纲的一致性，对各解释变量取对数，L-P模型如（4.3）所示：

$$TC_{it} = C + \alpha_1 \ln SRD_{it}^d + \alpha_2 \ln SD_{it}^{im} + \alpha_3 \ln SD_{it}^{fdi} + \alpha_4 \ln SD_{it}^{ofdi} + \varepsilon_t \tag{4.3}$$

其中，SD_{it}^{im}、SD_{it}^{fdi}和SD_{it}^{ofdi}分别表示t时期省份i通过进口贸易、FDI和OFDI渠道溢出的国外研发资本存量。L-P模型比C-H模型更能全面、系统地解释国际技术溢出效应、实现机制以及对投资母国技术进步的影响。

二、数据来源及处理

本章数据主要来自历年《中国统计年鉴》《中国科技统计年鉴》《中国劳动统计年鉴》《国际统计年鉴》《中国对外直接投资统计公报》《中国金融统计年鉴》，以及国家统计局、世界银行数据库等，其中个别缺失数据使用线性插值法填补。本节主要解释变量为OFDI逆向技术溢出效应，本书第三章对中国各省OFDI逆向技术溢出效应的测度数据，在此不再赘述。在此基础上，采用测度 OFDI 逆向技术溢出的方法对各省 FDI 渠道和进口贸易渠道的技术溢出进行测度,具体方法如下。

(一) 技术进步的测度 TC_{it}

技术进步的测度有两种方法:一是采用全要素生产率的测算办法,二是直接采用专利指标来进行测算。研究中更多采用第一种标准,如考伊和霍普曼(1995)、利奇顿伯格和波特尔斯伯格 (2001)、赵伟 (2010)、白洁 (2009)、李梅 (2012) 和刘宏 (2015) 均采用此法,本书也采用 DEA 的 Malmquist 指数法计算 TFP 全要素生产率,由于 DEA 法计算的全要素生产率可以进一步分解为技术效率指数 (TE) 和技术进步指数 (TC),而分解出的技术进步指数不仅剔除了规模变动及劳动生产率提高对经济的影响,而且能反映不同时期生产前沿在产出方面的移动,真正代表经济体的技术进步,因此,本书并未像大多数文献直接采用全要素生产率代替技术进步指标,而是采用全要素生产率分解出的技术进步指数。本书第二章用制造业生产总值、固定资产净值和就业人数数据测算了各省制造业全要素生产率,在此基础上,本节将计算的全要素生产率分解出技术进步指数,表 4-1 摘录了部分分解的技术进步指数。

表 4-1　　2010~2015 年中国各省区市制造业技术进步指数

省区市	2010 年	2011 年	2012 年	2013 年	2014 年	2015 年
北京	1.171	1.038	0.842	1.086	1.057	1.041
天津	1.094	1.101	0.861	1.053	1.061	1.069
河北	1.065	1.145	0.819	1.042	1.050	1.060
山西	1.233	1.074	0.852	1.058	1.042	1.026
内蒙古	1.233	1.003	0.850	1.083	1.044	1.013
辽宁	1.233	1.003	0.906	1.040	1.041	1.043
吉林	1.233	1.003	0.917	1.029	1.039	1.048
黑龙江	1.233	1.003	0.917	1.029	1.039	1.048
上海	1.233	1.003	0.910	1.026	1.039	1.049
江苏	1.233	1.003	0.829	1.094	1.044	1.014
浙江	0.963	1.190	0.806	0.984	1.025	1.040

续表

省区市	2010 年	2011 年	2012 年	2013 年	2014 年	2015 年
安徽	0.996	1.060	0.915	0.972	1.075	1.062
福建	1.002	1.138	0.818	1.024	1.033	1.043
江西	0.942	1.189	0.784	1.019	1.032	1.041
山东	0.956	1.069	0.868	0.978	0.967	1.024
河南	0.963	1.128	0.855	0.974	0.974	1.025
湖北	1.004	1.120	0.857	1.055	1.062	1.071
湖南	1.099	1.121	0.849	1.057	1.066	1.066
广东	0.945	1.157	0.848	1.054	1.065	1.071
广西	1.233	1.003	0.864	1.055	1.042	1.034
海南	1.233	1.003	0.917	1.029	1.039	1.048
重庆	1.233	1.043	0.825	1.104	1.056	1.041
四川	1.221	1.042	0.815	1.093	1.070	1.019
贵州	1.193	1.088	0.864	1.052	1.057	1.066
云南	1.062	1.111	0.858	1.052	1.058	1.065
西藏	0.975	1.105	0.855	1.047	1.054	1.060
陕西	1.220	1.058	0.857	1.057	1.059	1.063
甘肃	0.993	1.151	0.814	1.026	1.039	1.049
青海	0.945	1.191	0.783	1.012	1.025	1.040
宁夏	0.965	1.146	0.827	1.034	1.044	1.052
新疆	0.951	1.193	0.791	1.012	1.025	1.040

（二）各省国内研发资本存量 SRD_{it}^{d}

SRD_{it}^{d} 代表 i 省份 t 时期的国内研发资本存量，同样采用永续盘存法，计算公式为：$SRD_{it}^{d} = (1-\delta)SRD_{it-1}^{d} + RD_t$，其中，$SRD_{it-1}^{d}$ 为各省份上一期研发资本存量，RD_t 为 t 时期各省份 R&D 实际经费支出。δ 表示研发资本的折旧率，取值5%，RD_t 是采用 2003 年为基期的消费价格指数折算的各省份实际 R&D 经费支出。2003 年的 R&D 资本存量由 $SRD_{i2003}^{d} = RD_{i2003}/(g+\delta)$ 计算所得，g 表示 2003~2015 年每年 R&D 支出的对数形式增长率的平均数。

表4-2　　　2010~2015年中国各省区市国内研发资本存量　　　单位：亿元

省区市	2010年	2011年	2012年	2013年	2014年	2015年
北京	2 238.20	2 463.50	2 710.04	3 018.84	3 331.34	3 665.92
天津	117.06	131.22	146.59	169.96	189.34	211.40
河北	137.19	147.80	162.09	173.15	186.47	206.10
山西	56.96	63.64	69.23	76.45	81.51	88.46
内蒙古	23.72	27.44	30.89	35.81	38.70	43.43
辽宁	248.07	271.18	297.97	324.72	347.63	373.22
吉林	108.61	118.86	131.71	144.37	156.26	169.14
黑龙江	69.70	75.30	85.04	103.50	118.61	131.02
上海	589.73	663.96	767.72	871.35	995.70	1 134.68
江苏	482.84	518.07	561.81	608.86	665.98	725.61
浙江	90.17	99.70	111.23	123.49	136.93	151.68
安徽	139.28	149.71	162.77	181.52	206.58	230.52
福建	30.49	34.26	39.52	45.49	52.56	60.97
江西	47.28	51.32	55.61	61.88	67.05	72.40
山东	104.68	124.32	146.38	168.41	193.08	217.72
河南	143.80	157.22	174.75	188.14	201.47	215.03
湖北	258.25	281.46	305.30	332.15	361.65	389.51
湖南	60.62	70.53	82.41	90.70	98.31	107.38
广东	103.04	121.81	145.32	171.10	201.33	236.89
广西	22.64	29.23	38.27	45.91	52.87	59.54
海南	11.02	12.99	15.59	17.19	18.80	20.22
重庆	31.56	41.96	53.72	60.47	63.70	73.32
四川	625.43	693.64	775.36	860.45	953.91	1 057.14
贵州	18.72	20.02	22.25	25.72	29.31	33.47
云南	85.93	93.21	102.12	111.06	118.08	128.27
西藏	2.68	2.92	3.38	4.19	5.04	5.78
陕西	604.56	662.38	725.97	803.90	875.48	948.39
甘肃	77.95	84.56	93.60	102.85	112.81	124.87
青海	7.57	8.31	9.12	9.90	10.93	12.05
宁夏	2.87	3.18	3.68	4.27	5.05	5.92
新疆	24.28	27.54	31.42	35.91	39.45	43.64

(三) 各省 FDI 获得的国外技术溢出 SD_{it}^{fdi}

SD_{it}^{fdi} 代表通过 FDI 获得的国外技术溢出,采用与 OFDI 逆向技术溢出相同的计算方法,即 $SD_{it}^{fdi} = SD_{t}^{fdi} \cdot \frac{FDI_{it}}{\sum_{i=1} FDI_{it}}$,其中 FDI_{it} i 省份 t 时期的 FDI 总额,SD_{t}^{fdi} 为 t 时期中国通过 FDI 获得的国外技术溢出总量,$SD_{t}^{fdi} = \sum_{j=1}^{n} \frac{FDI_{jt}}{GDP_{jt}} \cdot SRD_{jt}$,$FDI_{jt}$ 为 t 时期东道国 j 对中国的 FDI 总额,GDP_{jt} 和 SRD_{jt} 如前所述,由此可以技术各省通过 FDI 获得的国外技术溢出 SD_{it}^{fdi} (见表 4-3)。

表 4-3　　2010~2015 年中国各省区市 FDI 渠道获得国外技术溢出　　单位:亿元

省区市	2010 年	2011 年	2012 年	2013 年	2014 年	2015 年
北京	34.76	36.86	38.31	46.25	42.76	69.60
天津	31.96	31.49	30.49	33.27	30.66	33.12
河北	11.75	12.53	12.56	14.23	13.21	13.44
山西	6.68	8.75	8.21	8.93	8.32	7.51
内蒙古	6.77	6.99	6.62	5.98	5.62	6.41
辽宁	43.04	45.53	47.59	47.85	42.25	37.74
吉林	6.50	6.39	6.13	8.31	7.08	6.43
黑龙江	5.72	5.73	5.69	5.95	5.11	4.07
上海	98.98	103.51	106.11	119.59	112.86	120.80
江苏	148.18	157.13	160.27	174.05	152.77	142.89
浙江	53.43	55.37	55.85	62.79	55.93	53.30
安徽	8.84	9.02	10.26	10.87	10.21	19.45
福建	36.40	37.55	37.36	40.87	36.85	35.93
江西	12.80	13.47	13.82	15.36	14.25	13.26
山东	36.31	39.33	40.54	46.10	42.38	40.06
河南	11.05	11.63	11.87	12.48	12.53	12.55
湖北	12.51	14.23	14.95	17.08	16.53	16.29
湖南	9.45	9.60	9.85	10.58	9.85	9.52

续表

省区市	2010年	2011年	2012年	2013年	2014年	2015年
广东	122.86	124.11	122.73	133.88	119.58	117.70
广西	8.17	8.20	7.97	8.33	7.96	7.76
海南	7.55	6.06	6.95	7.05	5.94	5.70
重庆	10.18	12.40	13.77	15.36	14.36	14.39
四川	15.86	15.74	16.41	18.94	17.62	16.15
贵州	1.20	1.56	1.97	3.11	3.30	3.31
云南	5.22	5.65	5.80	6.29	5.38	5.97
西藏	0.15	0.19	0.28	0.34	0.28	0.37
陕西	5.25	5.46	7.97	9.56	9.51	9.43
甘肃	1.84	1.76	1.79	1.70	1.45	1.41
青海	0.67	0.85	0.72	0.78	0.66	1.35
宁夏	1.17	1.21	0.79	0.91	1.11	1.64
新疆	1.52	1.54	1.72	1.70	1.62	1.55

（四）各省通过进口渠道获得的国外技术溢出 SD_{it}^{im}

SD_{it}^{im} 代表通过 FDI 获得的国外技术溢出，采用与 FDI 技术溢出相同的计算方法，即 $SD_{it}^{im} = SD_{t}^{im} \cdot \frac{IM_{it}}{\sum_{i=1} IM_{it}}$，其中 IM_{it} i 省份 t 时期的进口总额，SD_{t}^{im} 为 t 时期中国通过进口渠道获得的国外技术溢出总量，$SD_{t}^{im} = \sum_{j=1}^{n} \frac{IM_{jt}}{GDP_{jt}} \cdot SRD_{jt}$，$IM_{jt}$ 为 t 时期中国向东道国 j 的进口总额，GDP_{jt} 和 SRD_{jt} 如前所述，由此可以计算各省通过进口获得的国外技术溢出 SD_{it}^{im}（见表 4-4）。

表 4-4　　2010~2015 年中国各省区市进口渠道获得国外技术溢出　　单位：亿元

省区市	2010年	2011年	2012年	2013年	2014年	2015年
北京	702.60	730.54	865.83	1 061.16	1 255.61	1 423.16
天津	167.01	164.34	189.49	231.95	276.65	316.30
河北	45.80	49.27	57.18	69.98	83.27	94.97

续表

省区市	2010年	2011年	2012年	2013年	2014年	2015年
山西	17.33	18.57	21.61	25.81	29.84	33.80
内蒙古	20.49	20.17	22.79	27.06	31.56	36.02
辽宁	132.02	129.17	145.70	172.68	203.13	231.61
吉林	40.41	41.10	48.22	58.45	69.77	78.83
黑龙江	27.10	32.01	41.70	53.66	65.48	73.74
上海	688.82	670.68	751.92	880.59	1 022.18	1 180.20
江苏	672.75	657.13	733.97	854.78	977.71	1 108.60
浙江	240.49	240.53	272.26	319.46	364.79	409.76
安徽	33.22	33.88	38.42	47.61	57.33	66.97
福建	139.60	138.05	159.92	193.60	228.81	263.88
江西	17.59	18.92	22.07	26.67	32.54	38.27
山东	234.87	244.06	289.45	359.84	432.47	493.32
河南	20.51	23.10	32.64	45.17	59.12	77.45
湖北	31.51	32.40	37.02	44.30	53.31	63.34
湖南	17.79	18.82	22.48	27.98	33.96	40.21
广东	1 393.82	1 319.45	1 459.12	1 706.34	1 945.24	2 187.14
广西	18.54	20.31	26.14	33.60	42.46	56.26
海南	14.51	16.69	21.32	27.28	33.55	39.83
重庆	12.68	14.80	21.15	32.50	49.85	61.52
四川	32.13	35.10	43.48	55.45	69.32	80.56
贵州	4.38	4.48	5.09	5.86	6.62	8.01
云南	15.07	15.42	20.01	25.12	31.04	35.95
西藏	0.32	0.34	0.36	0.39	0.48	0.67
陕西	12.7	13.98	16.32	21.53	28.84	38.2
甘肃	12.49	13.32	15.29	18.29	20.15	21.63
青海	0.97	0.92	1.09	1.38	1.7	1.89
宁夏	2.15	2.08	2.27	2.63	3.25	3.74
新疆	45.8	56.74	57.11	60.43	62.96	65

注：统计数据不含港澳台地区。

三、实证检验与结果分析

(一)制造业整体技术进步的实证检验

本节选取2003~2015年间全国31个省的面板数据,使用Stata14进行处理,分别检验中国OFDI逆向技术溢出效应对制造业技术进步的影响。各变量的描述性统计如表4-5所示。

表4-5　　　　　　　　各变量的描述性统计分析

变量名称	样本数	平均值	标准差	最小值	最大值
TC	403	0.995	0.0830	0.783	1.233
lnSRD	403	4.186	1.593	0.0600	8.207
lnSDofdi	403	2.385	2.245	-3.552	7.058
lnSDfdi	403	2.241	1.519	-1.966	5.173
lnSDim	403	4.705	1.936	-0.143	8.936

对于非时间序列的短面板数据,对序列的单位根平稳性意义不大,因此,本节在模型(4.3)的基础上,基于前面章节的分析,分别采用短面板数据的混合回归和固定效应方法对中国制造业总体技术进步进行回归分析,并都按省份进行聚类,具体结果如表4-6和表4-7所示。

表4-6　　　　　　　　混合回归结果

制造业技术进步	模型(1)	模型(2)	模型(3)	模型(4)
lnSDofdi	0.0171*** (14.22)	0.0161*** (12.83)	0.0126*** (5.23)	0.0087*** (2.69)
lnSDfdi		0.0184** (2.66)	0.0161** (2.50)	0.0168** (2.46)
lnSDim			0.0142* (1.75)	0.0280** (2.38)
lnSRD				0.0004 (0.05)

续表

制造业技术进步	模型（1）	模型（2）	模型（3）	模型（4）
_cons	1.0265 *** (381.22)	1.0526 *** (101.14)	1.0387 *** (82.40)	0.8170 *** (21.13)
id	Yes	Yes	Yes	Yes
N	403	403	403	403
r2_a	0.027	0.028	0.027	0.028

注：本表实证结果中的 ***、**、* 分别表示在1%、5%和10%的水平下显著，下文不再赘述。

表 4-7　　　　　　　　　　固定效应回归结果

制造业技术进步	模型（1）	模型（2）	模型（3）	模型（4）
lnSDofdi	0.0171 *** (14.79)	0.0161 *** (13.34)	0.0126 *** (5.44)	0.0087 *** (2.80)
lnSDfdi		0.0184 *** (2.76)	0.0161 ** (2.60)	0.0168 ** (2.56)
lnSDim			0.0142 * (1.82)	0.0280 ** (2.38)
lnSRD				0.0004 (0.05)
_cons	0.9541 *** (346.74)	0.9153 *** (63.11)	0.8617 *** (27.45)	0.8170 *** (21.13)
id	Yes	Yes	Yes	Yes
N	403	403	403	403
r2_a	0.089	0.090	0.089	0.090

如表 4-6 和表 4-7 所示，混合回归和固定效应方法下回归结果基本一致。从制造业整体看，模型（1）~模型（4）的回归都表明 OFDI 逆向技术溢出对制造业技术进步具有显著的促进作用，而这种影响的效果有多大，以及与 FDI、进口渠道和国内研发资本对制造业技术进步的影响，则分别通过模型（2）~模型（4）说明。模型（1）的检验结果是在不考虑其他因素影响的前提下，OFDI 逆向技术溢出对制造业整体技术进步具有正向的影响，影响系数为 0.0171，并在 1% 的显著性水平下通过了检验。在考虑 FDI 和 OFDI 协同作

用的情况下，OFDI 和 FDI 渠道均对我国制造业整体技术进步具有显著的正向影响，系数分别为 0.0161 和 0.0184。在考虑 OFDI、FDI 和进口渠道共同作为国外 R&D 研发资本溢出到国内的传导路径对本国制造业技术技术进步的影响下，OFDI、FDI 和进口渠道均显著影响我国制造业技术进步，影响系数分别为 0.0126、0.0161 和 0.0142。在考虑国内 R&D 研发资本后，模型（4）中国内 R&D 研发资本不显著，表明当前我国国内 R&D 研发资本对制造业整体技术进步影响未显现，出现这种结果的原因可能是制造业行业内研发资本使用效率较低，完善的市场机制尚未建立，行业步入结构调整期。从国外技术溢出渠道看，进口渠道的技术溢出大于 OFDI 和 FDI 渠道的技术溢出。此外，各模型的截距项系数较大且在 1% 的显著性水平下通过检验，说明模型遗漏了影响制造业整体技术进步的相关解释变量，由于这些变量不是本文研究的重点，因此，不做相关介绍。

（二）分区域制造业技术进步的实证检验

本节将中国按照行政区域划分为中东西部（不含港澳台地区），划分标准如前所述，使用三大区域数据分别检验制造业技术进步的区域效应。回归结果如表 4-8 所示。

表 4-8　　OFDI 逆向技术溢出对区域制造业技术进步回归结果

制造业技术进步	东部区域	中部区域	西部区域
lnSDofdi	0.0137 * (2.01)	0.0029 (0.52)	0.0106 ** (2.70)
lnSDfdi	0.0206 * (2.44)	0.0258 (1.00)	0.0172 * (2.03)
lnSDim	0.0137 * (2.12)	-0.0203 (-0.89)	0.0088 (1.47)
lnSRD	0.0071 (0.23)	0.0676 *** (5.47)	0.0125 (0.80)
_cons	0.8541 *** (346.74)	0.9153 *** (63.11)	0.8617 *** (27.45)
N	143	104	156
r2_a	0.077	0.060	0.080

由表 4-8 可知，从三大区域看，OFDI 逆向技术溢出对东部和西部地区制造业技术进步具有正向影响，而中部地区影响还未显现。就影响系数大小来分析，东部地区在 10% 的显著性水平下通过了检验，且 OFDI 逆向技术溢出每增加 1%，制造业技术进步增加 0.0137；西部地区在 5% 显著性水平下通过了检验，且 OFDI 逆向技术溢出每增加 1%，制造业技术进步增加 0.0106，OFDI 逆向技术溢出对东部地区的正向影响大于西部地区的影响。笔者认为可能的原因是东部地区沿海发达地区是国家改革开放主要受益地区，与中国香港、澳门地区毗邻，交通便利，是我国与发达国家或地区联系的东部窗口，经济发达，OFDI 投资规模较大，且技术信息传播快，对国外技术吸收能力强，具有先发优势。西部地区是丝绸之路和我国"一带一路"沿线国家联系的西部窗口，经济、文化受"一带一路"国家影响较大，吸收壁垒较小，融合能力强，对 OFDI 逆向技术溢出吸收能力较强。而中部地区处于内陆，与世界其他国家直接联系较少，对 OFDI 逆向技术溢出的吸收能力有待增强。

四、稳健性检验

为了确保回归结果的稳健性，需进行稳健性检验，本节采用工具变量法和随机效应法分别进行稳健性检验。工具变量法选取 OFDI 逆向技术溢出的滞后一期作为工具变量，对上述模型进行稳健性检验，检验结果如表 4-9 所示。

表 4-9　　　　　工具变量法的稳健性检验

制造业技术进步	模型（1）	模型（2）	模型（3）	模型（4）
lnSDofdi	0.0229*** (8.82)	0.0222*** (8.13)	0.0214*** (3.32)	0.0167** (2.18)
lnSDfdi		0.0108* (1.94)	0.0104 (0.90)	0.0108 (0.92)
lnSDim			0.0027* (1.85)	0.0125* (1.91)
lnSRD				0.0322 (1.36)
_cons	0.9238*** (36.83)	0.9084*** (31.39)	0.8988*** (12.61)	0.8550*** (10.95)

第四章　OFDI 逆向技术溢出促进制造业行业内结构升级实证

续表

制造业技术进步	模型（1）	模型（2）	模型（3）	模型（4）
id	Yes	Yes	Yes	Yes
N	372	372	372	372
r2_a	0.065	0.064	0.061	0.063

由表 4-9 可知，从工具变量法回归结果分析，从制造业整体看，模型（1）~模型（4）的回归都表明 OFDI 逆向技术溢出对制造业整体技术进步仍具有显著的促进作用，且这种影响的效果在增强。在考虑 OFDI、FDI 和进口渠道时，国外技术溢出对制造业技术进步亦具有正的影响，说明回归结果是可靠稳健的。

此外，本节还采用随机效应法对回归结果进行稳健性检验，结果如表 4-10 所示。

表 4-10　　　　　　　　随机效应的稳健性检验

制造业技术进步	模型（1）	模型（2）	模型（3）	模型（4）
lnSDofdi	0.0171*** (14.22)	0.0161*** (12.83)	0.0126*** (5.23)	0.0087*** (2.69)
lnSDfdi		0.0184*** (2.66)	0.0161** (2.50)	0.0168** (2.46)
lnSDim			0.0142* (1.75)	0.0280** (2.29)
lnSRD				0.0004 (0.05)
_cons	0.9459*** (242.16)	0.9185*** (81.31)	0.8678*** (28.99)	0.8323*** (23.20)
id	Yes	Yes	Yes	Yes
N	403	403	403	403

由表 4-10 可知，从随机效应法得到的回归结果分析，从制造业整体看，模型（1）~模型（4）中 OFDI 逆向技术溢出对制造业整体技术进步仍具有显

著的促进作用,且与前面得出的结果基本一致,说明不管在何种方法下,OFDI 逆向技术溢出对制造业技术进步都具有显著的正向作用,本节的实证结果是真实可靠的。

第二节 OFDI 逆向技术溢出促进制造业行业技术进步实证

本章第一节实证检验了 OFDI 逆向技术溢出对制造业行业内整体技术进步的影响程度,本节将分析 OFDI 逆向技术溢出对制造业内部劳动密集型行业、资本密集型行业和技术密集型行业的影响程度。

一、数据来源及处理

本章第一节实证检验了 OFDI 逆向技术溢出对制造业整体技术进步的影响程度,本节根据附录 A1 将制造业按技术密集度划分为劳动密集型行业、资本密集型行业和技术密集型行业,并采用 DEA 的 Malmquist 指数法计算法,使用三大行业的生产总值、固定资产净值和就业人数数据测算行业全要素生产率并分解出技术进步指数(TC),方法如前所述,在此不再赘述,表 4-11、表 4-12 和表 4-13 分别摘录了部分分解的技术进步指数。

表 4-11 2010~2015 年中国各省区市制造业劳动密集型行业技术进步指数

省区市	2010 年	2011 年	2012 年	2013 年	2014 年	2015 年
北京	1.172	1.145	1.061	1.035	0.941	1.035
天津	1.165	1.131	1.013	1.039	0.939	1.040
河北	1.165	1.128	1.021	1.038	0.940	1.038
山西	1.241	1.229	1.230	1.015	0.942	1.021
内蒙古	1.177	1.141	1.067	1.033	0.941	1.038
辽宁	1.250	1.224	1.203	1.024	0.945	1.022
吉林	1.260	1.228	1.215	1.022	0.945	1.022
黑龙江	1.242	1.218	1.210	1.021	0.942	1.021

续表

省区市	2010年	2011年	2012年	2013年	2014年	2015年
上海	1.129	1.217	1.231	0.966	1.056	1.079
江苏	1.178	1.147	1.078	1.031	0.942	1.032
浙江	1.165	1.205	1.090	1.055	0.985	1.024
安徽	1.165	1.228	1.209	0.918	1.086	1.030
福建	1.165	1.214	1.165	0.931	1.070	1.025
江西	1.165	1.150	1.013	1.069	0.956	1.031
山东	1.165	1.238	1.216	0.920	1.071	1.027
河南	1.165	1.204	1.116	1.002	1.029	1.032
湖北	1.165	1.140	1.004	1.039	0.939	1.038
湖南	1.164	1.184	1.011	1.041	0.939	1.039
广东	1.165	1.153	1.024	1.037	0.941	1.035
广西	1.211	1.185	1.139	1.028	0.943	1.027
海南	1.249	1.234	1.229	1.021	0.943	1.033
重庆	1.159	1.125	1.034	1.037	0.940	1.037
四川	1.157	1.132	1.045	1.036	0.94	1.037
贵州	1.165	1.184	1.014	1.047	0.937	1.037
云南	1.165	1.164	0.999	1.042	0.938	1.04
西藏	1.165	1.195	1.063	1.08	0.934	1.026
陕西	1.159	1.131	1.042	1.036	0.941	1.035
甘肃	1.161	1.177	0.996	1.042	0.938	1.034
青海	1.168	1.168	1.016	1.053	0.935	1.025
宁夏	1.165	1.187	1.041	1.073	0.934	1.028
新疆	1.165	1.184	1.023	1.058	0.934	1.025

资料来源：根据 DEA 的 Malmquist 指数法计算整理所得。

表4-12　2010~2015年中国各省区市制造业资本密集型行业技术进步指数

省区市	2010年	2011年	2012年	2013年	2014年	2015年
北京	1.244	1.244	1.018	0.919	1.059	1.040
天津	1.247	1.199	0.908	0.915	1.041	1.065
河北	1.256	1.204	0.908	0.909	1.044	1.065

续表

省区市	2010年	2011年	2012年	2013年	2014年	2015年
山西	1.205	1.271	1.060	0.920	1.066	1.034
内蒙古	1.212	1.209	0.908	0.915	1.042	1.067
辽宁	1.207	1.254	1.035	0.919	1.063	1.031
吉林	1.226	1.366	1.208	0.987	1.080	1.011
黑龙江	1.211	1.355	1.246	0.923	1.079	1.012
上海	1.197	1.346	1.201	0.967	1.085	1.013
江苏	1.204	1.271	1.048	0.920	1.062	1.035
浙江	1.280	1.216	0.908	0.906	1.044	1.065
安徽	1.281	1.189	0.928	0.707	1.226	0.883
福建	1.203	1.277	1.025	0.918	1.046	1.067
江西	1.263	1.210	0.908	0.910	1.042	1.065
山东	1.260	1.198	0.904	0.807	1.092	0.979
河南	1.269	1.206	0.906	0.843	1.080	0.993
湖北	1.281	1.217	0.908	0.914	1.042	1.057
湖南	1.211	1.194	0.936	0.916	1.048	1.050
广东	1.211	1.217	0.999	0.918	1.056	1.040
广西	1.202	1.272	1.055	0.920	1.066	1.030
海南	1.326	1.422	0.937	0.958	1.043	0.933
重庆	1.204	1.254	1.008	0.917	1.047	1.057
四川	1.204	1.271	1.034	0.919	1.053	1.050
贵州	1.204	1.258	1.001	0.917	1.043	1.060
云南	1.210	1.220	0.966	0.916	1.042	1.067
西藏	1.227	1.205	0.977	0.917	1.045	1.060
陕西	1.210	1.204	0.924	0.915	1.041	1.070
甘肃	1.282	1.216	0.908	0.903	1.045	1.061
青海	1.282	1.217	0.908	0.907	1.045	1.058
宁夏	1.247	1.205	0.908	0.913	1.042	1.068
新疆	1.279	1.215	0.907	0.901	1.047	1.057

资料来源：根据 DEA 的 Malmquist 指数法计算整理所得。

表4-13　2010~2015年中国各省区市制造业技术密集型行业技术进步指数

省区市	2010年	2011年	2012年	2013年	2014年	2015年
北京	1.244	1.244	1.018	0.919	1.059	1.040
天津	1.247	1.199	0.908	0.915	1.041	1.065
河北	1.256	1.204	0.908	0.909	1.044	1.065
山西	1.205	1.271	1.060	0.920	1.066	1.034
内蒙	1.212	1.209	0.908	0.915	1.042	1.067
辽宁	1.207	1.254	1.035	0.919	1.063	1.031
吉林	1.226	1.366	1.208	0.987	1.080	1.011
黑龙江	1.211	1.355	1.246	0.923	1.079	1.012
上海	1.197	1.346	1.201	0.967	1.085	1.013
江苏	1.204	1.271	1.048	0.920	1.062	1.035
浙江	1.280	1.216	0.908	0.906	1.044	1.065
安徽	1.281	1.189	0.928	0.707	1.226	0.883
福建	1.203	1.277	1.025	0.918	1.046	1.067
江西	1.263	1.210	0.908	0.910	1.042	1.065
山东	1.260	1.198	0.904	0.807	1.092	0.979
河南	1.269	1.206	0.906	0.843	1.080	0.993
湖北	1.281	1.217	0.908	0.914	1.042	1.057
湖南	1.211	1.194	0.936	0.916	1.048	1.050
广东	1.211	1.217	0.999	0.918	1.056	1.040
广西	1.202	1.272	1.055	0.920	1.066	1.030
海南	1.326	1.422	0.937	0.958	1.043	0.933
重庆	1.204	1.254	1.008	0.917	1.047	1.057
四川	1.204	1.271	1.034	0.919	1.053	1.050
贵州	1.204	1.258	1.001	0.917	1.043	1.060
云南	1.210	1.220	0.966	0.916	1.042	1.067
西藏	1.227	1.205	0.977	0.917	1.045	1.060
陕西	1.210	1.204	0.924	0.915	1.041	1.070
甘肃	1.282	1.216	0.908	0.903	1.045	1.061
青海	1.282	1.217	0.908	0.907	1.045	1.058
宁夏	1.247	1.205	0.908	0.913	1.042	1.068
新疆	1.279	1.215	0.907	0.901	1.047	1.057

资料来源：根据DEA的Malmquist指数法计算整理所得。

二、制造业分行业实证检验

本节选取 2003~2015 年间全国 31 个省的劳动密集型、资本密集型和技术密集型行业面板数据，仍然使用各密集型行业的技术进步指数作为行业升级基础，使用 Stata14 进行处理，分别检验中国 OFDI 逆向技术溢出效应对制造业三大行业技术进步的影响。各变量的描述性统计如表 4-14 所示。

表 4-14　　　　　　各变量的描述性统计分析

变量名称	样本数	平均值	标准差	最小值	最大值
TC1	403	1.116	0.267	0.495	2.477
TC2	403	1.099	0.171	0.388	2.673
TC3	403	1.078	0.0870	0.891	1.430
lnSRD	403	4.186	1.593	0.0600	8.207
lnSDofdi	403	2.385	2.245	-3.552	7.058
lnSDfdi	403	2.241	1.519	-1.966	5.173
lnSDim	403	4.705	1.936	-0.143	8.936

本节仍在模型（4.3）的基础上，分别对中国制造业分行业技术进步进行回归分析。本节首先采用 Hausman 检验方法对模型进行检验，从而判断是选用固定效应（个体差异反映在每个个体都有一个特定的截距项上）还是随机效应模型（个体差异主要反映在随机干扰项设定上）。通过检验选择固定效应，并按省份聚类的方法对中国制造业分行业技术进步进行回归分析，具体结果如表 4-15 所示。

从表 4-15 可知，从制造业三大密集型行业看，OFDI 逆向技术溢出仅对制造业劳动密集型行业技术进步具有显著的正向影响，而对制造业资本和技术密集型行业的影响不显著。国外 R&D 研发资本技术溢出的 FDI 渠道和进口贸易渠道对三大行业的技术进步具有负向影响，而国内 R&D 研发资本投入对三大行业技术进步均没有通过检验。

表 4-15　　OFDI 逆向技术溢出对制造业三大行业技术进步回归结果

	劳动密集型行业技术进步	资本密集型行业技术进步	技术密集型行业技术进步
lnSDofdi	0.0347*** (3.06)	-0.0008 (-0.11)	0.0014 (0.29)
lnSDfdi	-0.1403** (-2.27)	-0.0321 (-1.07)	-0.0287 (-1.59)
lnSDim	-0.1144** (-2.68)	-0.0866*** (-3.42)	-0.0304** (-2.58)
lnSRD	-0.0545 (-1.29)	-0.0035 (-0.11)	0.0072 (0.58)
_cons	2.1142*** (10.24)	1.5954*** (14.48)	1.2524*** (17.06)
id	Yes	Yes	Yes
N	403	403	403
r2_a	0.040	0.058	0.016

制造业劳动密集型行业方面，国外 R&D 研发资本技术溢出对劳动密集型行业都通过了检验，而国内 R&D 研发资本投入对劳动密集型行业没有通过检验。其中，OFDI 逆向技术溢出对制造业劳动密集型行业技术进步具有显著的正向影响，从影响系数大小来看，OFDI 逆向技术溢出每增加 1%，劳动密集型制造业技术进步增加 0.037。而 FDI 渠道和进口贸易渠道的技术溢出对劳动密集型制造业行业具有显著的负向影响，说明外商对我国的直接投资多为加工建厂，利用我国低廉的劳动力转移生产基地，这并不能促进我国制造业劳动密集型行业的技术转型升级。由于我国国内 R&D 研发投入劳动密集型行业资金量小，因此，其对劳动密集型行业技术进步影响不显著。

制造业资本和技术密集型行业方面，由于我国缺乏对制造业核心技术的把控，资本、技术密集型制造行业技术进步效应还不显著，行业内技术转型升级还有很长的路要走。理论分析表明，技术密集型行业由于具备更高的技术含量，会更利于技术的溢出。而本文实证结果显示中国制造业技术密集型行业的溢出效果反而不理想，笔者认为技术溢出不仅取决于技术势差，还受吸收能力的影响，实证结果表明，我国的本土研发投入水平较低，这在很大程度上限制了我国制造业对先进技术的消化吸收，而我国制造业仍处于劳动密集型环节，参与国际分工的层次较低也是导致资本和技术密集型行业溢出效果不理想的原因之一。

本 章 小 结

本章实证检验了 OFDI 逆向技术溢出对制造业行业内升级的影响，本章制造业行业内升级以制造业行业技术进步为代理变量，通过检验 OFDI 逆向技术溢出对制造业整体、三大区域以及劳动密集型行业、资本密集型行业和技术密集型行业技术进步影响，分析制造业行业内升级。

首先，运用国际技术溢出 L-P 模型，采用 DEA 的 Malmquist 指数法测算出全要素生产率，分解出制造业的技术进步指数，并采用测度 OFDI 逆向技术溢出的方法对各省 FDI 渠道和进口贸易渠道的技术溢出进行测算，考虑表示国外 R&D 研发资本溢出的 FDI、OFDI 和进口贸易渠道，加入国内 R&D 研发资本，构建面板计量模型，并采用混合回归、固定效应和聚类分析等方法检验技术溢出对制造业整体和中国东、中、西部技术进步的影响。结果显示 OFDI 逆向技术溢出对制造业技术进步具有显著的促进作用，在考虑 OFDI、FDI 和进口渠道共同作为国外 R&D 研发资本溢出到国内的传导路径对本国制造业技术进步的影响下，OFDI、FDI 和进口渠道均显著影响我国制造业技术进步，影响系数分别为 0.0126、0.0161 和 0.0142。而国内 R&D 研发资本对制造业技术进步不显著。从三大区域看，OFDI 逆向技术溢出对东部和西部地区制造业技术进步具有正向影响，而中部地区影响还未显现，就影响系数大小来分析，东部地区 OFDI 逆向技术溢出每增加 1%，制造业技术进步增加 0.0137，对东部地区的正向影响大于对西部地区的影响。

其次，将制造业内部分劳动、资本和技术密集型行业，分别检验 OFDI 逆向技术溢出对制造业各行业技术进步的影响。从制造业三大密集型行业看，OFDI 逆向技术溢出仅对制造业劳动密集型行业技术进步具有显著的正向影响，而对制造业资本和技术密集型行业的影响不显著。国外 R&D 研发资本技术溢出的 FDI 渠道和进口贸易渠道对三大行业的技术进步具有负向影响，而国内 R&D 研发资本投入对三大行业技术进步均没有通过检验。理论分析表明，技术密集型行业由于具备更高的技术含量，会更利于技术的溢出。而本章实证结果显示中国制造业技术密集型行业的溢出效果反而不理想，笔者认为技术溢出不仅取决于技术势差，还受吸收能力的影响，实证结果表明，我国的本土研发投入水平较低，这在很大程度上限制了我国制造业对先进技术的消化吸收，而我国制造业仍处于劳动密集型环节，参与国际分工的层次较低也是导致资本和技术密集型行业溢出效果不理想的原因之一。

第五章

OFDI 逆向技术溢出促进制造业行业间结构升级实证

本书第四章实证检验了 OFDI 逆向技术溢出促进制造业行业内结构升级影响，本章将实证检验制造业行业间结构升级。制造业行业间结构升级指制造业内部各细分行业结构高级化和合理化升级。OFDI 逆向技术溢出对制造业高级化的影响，主要通过检验 OFDI 逆向技术溢出对劳动密集型行业、资本密集型行业和技术密集型行业产值比重影响，以及对技术与资本密集型行业产值、就业和固定资产净值比值的影响来判断是否存在制造业内部的结构高级化。OFDI 逆向技术溢出对制造业合理化的影响，主要通过检验 OFDI 逆向技术溢出对制造业结构偏离度和泰尔指数的影响。工业化结构升级的基本规律同样适用于制造业，随着制造业技术水平的不断提升，制造业结构将逐步从劳动密集型行业向资本、技术密集型行业转变，从低附加值行业向高附加值行业转变，从低技术行业向高技术行业不断升级转变，使制造业行业间结构逐步趋于高级化和合理化。本章第一节主要实证检验 OFDI 逆向技术溢出对制造业高级化的影响。第二节主要实证检验 OFDI 逆向技术溢出对制造业合理化的影响。

第一节 OFDI 逆向技术溢出促进制造业结构高级化实证

从要素供给角度出发，技术进步通过改变行业内要素在不同部门的配置以及同一部门内要素投入比例影响制造业结构。一方面，技术进步将带来行业内劳动生产率的提高，使一部分生产要素和劳动力从传统、落后行业转移到新兴产业的建立和生产中，从而引起新旧产业的更替。另一方面，由于制造业内各行业技术进步程度存在差异性，引起要素向效率高的行业转移，各行业要素投入变化及生产可能性边界向外移动导致各行业产值、就业和资产结构高级化。

一、模型构建

本书第二章分别采用两种测度方法测算制造业结构高级化，本节分别基于三大密集行业比重法和技术与资本密集型行业产值、就业和固定资产净值比值作为解释变量，通过比较 OFDI 逆向技术溢出对劳动密集型行业、资本密集型行业和技术密集型行业产值比重影响，以及对技术与资本密集型行业产值、就业和固定资产净值比值的影响来判断是否存在制造业内部的结构高级化。本章仍借鉴利奇顿伯格和波特尔斯伯格（2001）的 L-P 模型如（5.1）~（5.3）所示：

$$TQ_{it} = C + \alpha_1 \ln SRD_{it}^{d} + \alpha_2 \ln SD_{it}^{im} + \alpha_3 \ln SD_{it}^{fdi} + \alpha_4 \ln SD_{it}^{ofdi} + \varepsilon_t \quad (5.1)$$

$$TL_{it} = C + \alpha_1 \ln SRD_{it}^{d} + \alpha_2 \ln SD_{it}^{im} + \alpha_3 \ln SD_{it}^{fdi} + \alpha_4 \ln SD_{it}^{ofdi} + \varepsilon_t \quad (5.2)$$

$$TZ_{it} = C + \alpha_1 \ln SRD_{it}^{d} + \alpha_2 \ln SD_{it}^{im} + \alpha_3 \ln SD_{it}^{fdi} + \alpha_4 \ln SD_{it}^{ofdi} + \varepsilon_t \quad (5.3)$$

其中，TQ_{it}、TL_{it} 和 TZ_{it} 分别表示 t 时期 i 省份制造业内部产值结构、就业结构以及资产结构。SD_{it}^{im}、SD_{it}^{fdi} 和 SD_{it}^{ofdi} 分别表示 t 时期省份 i 通过进口贸易、FDI 和 OFDI 渠道溢出的国外研发资本存量，SRD_{it}^{d} 表示国内 R&D 研发资本。

二、数据来源及处理

本节 OFDI、FDI、进口渠道的国外研发技术溢出数据以及国内研发资本数据与第四章来源相同，具体参见本书第四章。制造业产值结构、就业结构和资产结构数据主要来自历年《中国统计年鉴》《中国劳动统计年鉴》《中国工业经济统计年鉴》，具体测度方法如下。

（一）基于比重法的制造业结构高级化 TQ_{it}

比重法是直接采用制造业内部劳动密集型行业产值、资本密集型行业产值、技术密集型行业产值占制造业总产值比重进行测算。若劳动密集型行业产值下降，而资本与技术密集型行业产值增加，则说明制造业结构高级化。具体测算结果如表 5-1 所示。

表 5-1　2015 年中国各省区市制造业三大密集型行业产值比重

省区市	劳动密集型行业比重	资本密集型行业比重	技术密集型行业比重
北京	0.106	0.130	0.757
天津	0.162	0.369	0.464
河北	0.222	0.472	0.299
山西	0.110	0.564	0.325
内蒙古	0.317	0.438	0.242
辽宁	0.177	0.397	0.419
吉林	0.292	0.170	0.531
黑龙江	0.520	0.233	0.239
上海	0.124	0.171	0.696
江苏	0.184	0.209	0.604
浙江	0.265	0.230	0.491
安徽	0.253	0.282	0.455
福建	0.424	0.264	0.301
江西	0.269	0.369	0.354
山东	0.283	0.286	0.424
河南	0.293	0.339	0.358
湖北	0.321	0.235	0.439
湖南	0.270	0.291	0.431
广东	0.205	0.216	0.562
广西	0.276	0.353	0.365
海南	0.225	0.473	0.301
重庆	0.133	0.195	0.668
四川省	0.274	0.256	0.455
贵州	0.299	0.378	0.318
云南	0.403	0.375	0.222
西藏	0.473	0.34	0.188

续表

省区市	劳动密集型行业比重	资本密集型行业比重	技术密集型行业比重
陕西省	0.209	0.382	0.407
甘肃省	0.164	0.681	0.154
青海省	0.162	0.571	0.266
宁夏	0.257	0.507	0.233
新疆	0.206	0.54	0.254

注：制造业三大集型行业分类标准见附录一，各省密集型行业产值数据为各类产值数据加总，各省制造业总产值数据来自各省制造业各行业产值加总。

由表5-1可知，各省制造业劳动密集型行业产值占制造业总产值的比重越小，而资本和技术密集型行业比重提升说明该省制造业结构越高级。从2015年数据来看，各省劳动密集型行业产值占制造业总产值比重数据最小的省区市分别为：北京、山西、上海、重庆和天津，而黑龙江、西藏、福建、云南和湖北劳动密集型制造业行业比重最重。各省区市技术密集型行业产值占制造业总产值比重最大的分别为：北京、上海、重庆、江苏和广东。

（二）基于比值法测算制造业结构高级化 TQ_{it}

比值法是采用制造业内部技术密集型行业产值与资本密集型行业产值、就业和固定资产净值比值测算制造业结构，若比值增加则说明制造业结构高级化。表5-2~表5-4摘录了各省部分制造业产值结构数据。

如表5-2所示，制造业产值结构数据越大，说明该省区市制造业技术密集型行业产值占资本密集型行业产值越大，制造业产值结构越高级。从2015年数据来看，北京、上海、重庆、吉林、江苏和广东制造业产值结构排名前五位，而甘肃、宁夏、青海、新疆和西藏制造业产值结构排名全国后五位。

如表5-3可知，制造业就业结构数据越大，说明该省区市制造业技术密集型行业就业人数占资本密集型行业就业人数越多，制造业就业结构越高级。从2015年数据来看，北京、上海、江苏、重庆和吉林就业结构排名前五位，而甘肃、内蒙古、新疆、云南和西藏制造业就业结构排名全国后五位。

表5-2　　　2010~2015年中国各省区市制造业产值结构

省区市	2010年	2011年	2012年	2013年	2014年	2015年
北京	3.640	4.011	3.667	4.432	4.734	5.807
天津	1.360	1.234	1.212	1.246	1.271	1.257
河北	0.515	0.490	0.448	0.505	0.555	0.633
山西	0.398	0.388	0.428	0.438	0.515	0.577
内蒙古	0.515	0.535	0.494	0.551	0.515	0.553
辽宁	1.154	1.110	0.928	0.981	0.986	1.055
吉林	4.001	3.627	3.131	3.164	3.236	3.116
黑龙江	1.001	0.902	0.854	0.799	0.898	1.026
上海	3.846	3.786	3.260	3.243	3.598	4.069
江苏	2.921	3.109	2.628	2.632	2.741	2.889
浙江	2.610	2.518	1.909	1.886	1.924	2.135
安徽	1.632	1.68	1.412	1.431	1.439	1.614
福建	1.786	1.673	1.196	1.223	1.146	1.141
江西	0.83	0.83	0.822	0.843	0.88	0.959
山东	1.861	1.706	1.295	1.354	1.402	1.483
河南	0.877	0.942	0.843	0.912	0.98	1.057
湖北	1.651	1.581	1.421	1.526	1.65	1.867
湖南	1.338	1.353	1.296	1.328	1.384	1.482
广东	3.075	3.096	2.416	2.329	2.41	2.607
广西	1.151	0.981	0.869	0.906	0.932	1.036
海南	0.565	0.569	0.562	0.751	0.568	0.637
重庆	3.324	3.302	2.878	3.022	3.256	3.434
四川	1.638	1.663	1.615	1.691	1.709	1.777
贵州	0.932	0.895	0.772	0.732	0.739	0.842
云南	0.488	0.493	0.461	0.454	0.472	0.592
西藏	0.569	0.505	0.491	0.559	0.495	0.553
陕西	1.168	0.998	0.828	0.879	0.94	1.063
甘肃	0.279	0.248	0.228	0.251	0.23	0.227
青海	0.398	0.414	0.428	0.406	0.477	0.465

续表

省区市	2010年	2011年	2012年	2013年	2014年	2015年
宁夏	0.484	0.554	0.353	0.345	0.387	0.459
新疆	0.35	0.32	0.287	0.344	0.338	0.47
安徽	1.632	1.68	1.412	1.431	1.439	1.614

注：各省区市制造业产值结构计算公式＝技术密集型制造业产值/资本密集型制造业产值，制造业技术和资本密集型行业分类标准见附录一。

表5－3　2010～2015年中国各省区市制造业就业结构

省区市	2010年	2011年	2012年	2013年	2014年	2015年
北京	3.787	4.268	4.060	3.882	4.184	4.531
天津	2.778	2.581	2.117	1.816	1.960	1.922
河北	0.950	1.001	0.915	0.845	0.865	0.899
山西	0.792	0.848	0.791	0.737	0.757	0.781
内蒙古	0.752	0.740	0.642	0.561	0.493	0.546
辽宁	1.613	1.536	1.333	1.181	1.176	1.165
吉林	2.900	3.546	3.334	3.164	2.769	3.004
黑龙江	1.768	1.641	1.530	1.431	1.474	1.507
上海	4.756	5.718	4.313	3.442	3.599	3.739
江苏	4.279	4.729	3.872	3.294	3.274	3.296
浙江	4.075	4.198	3.157	2.525	2.559	2.639
安徽	2.256	2.3	1.92	1.682	1.756	1.796
福建	1.797	1.863	1.5	1.272	1.276	1.256
江西	1.583	1.631	1.504	1.41	1.427	1.54
山东	2.269	2.306	1.897	1.631	1.665	1.72
河南	1.305	1.467	1.396	1.344	1.357	1.362
湖北	2.16	2.232	1.967	1.793	2.119	1.935
湖南	1.595	1.79	1.691	1.613	1.612	1.607
广东	4.114	4.426	3.34	2.678	2.704	2.714
广西	1.407	1.385	1.314	1.256	1.26	1.315
海南	2.613	2.817	2.704	2.618	2.268	2.213

续表

省区市	2010年	2011年	2012年	2013年	2014年	2015年
重庆	3.327	3.449	3.114	2.881	2.924	3.043
四川	1.612	1.806	1.728	1.66	1.774	1.836
贵州	1.02	0.966	0.884	0.808	1.068	1.071
云南	0.637	0.63	0.595	0.565	0.594	0.606
西藏	0.525	0.524	0.526	0.528	0.71	0.63
陕西	2.517	2.396	2.019	1.753	1.717	1.757
甘肃	0.735	0.63	0.576	0.529	0.441	0.461
青海	0.659	0.676	0.677	0.678	0.757	0.825
宁夏	0.694	0.717	0.633	0.567	0.579	0.644
新疆	0.607	0.582	0.529	0.492	0.537	0.543

注：各省区市制造业就业结构计算公式＝技术密集型制造业就业人数/资本密集型制造业就业人数，制造业技术和资本密集型行业分类标准见附录一。

如表5-4可知，制造业资产结构数据越大，说明该省区市制造业技术密集型行业固定资产净值占资本密集型行业固定资产净值越多，技术密集型制造业资产投入越多，资产结构越高级。从2015年数据来看，北京、上海、江苏省、浙江省和吉林省技术密集型行业固定资产投入最多。

表5-4 2010~2015年中国各省区市制造业资产结构

省区市	2010年	2011年	2012年	2013年	2014年	2015年
北京	2.674	3.460	3.633	3.782	4.416	4.552
天津	1.510	1.415	1.329	1.274	1.292	1.168
河北	0.394	0.389	0.377	0.369	0.339	0.439
山西	0.385	0.432	0.439	0.446	0.456	0.398
内蒙古	0.534	0.656	0.724	0.772	0.699	0.805
辽宁	0.949	0.988	0.969	0.954	0.916	0.933
吉林	2.031	2.211	1.934	1.775	1.890	1.776
黑龙江	1.056	1.119	0.936	0.825	0.924	1.042
上海	2.152	2.270	2.388	2.508	2.659	2.854

续表

省区市	2010 年	2011 年	2012 年	2013 年	2014 年	2015 年
江苏	2.899	3.113	2.728	2.484	2.590	2.610
浙江	2.623	2.910	2.501	2.231	2.367	2.522
安徽	1.150	1.396	1.348	1.318	1.283	1.304
福建	1.049	1.003	0.960	0.930	0.938	0.891
江西	0.882	0.906	0.853	0.816	0.803	0.830
山东	1.325	1.325	1.232	1.172	1.214	1.242
河南	0.764	0.880	0.827	0.795	0.860	0.934
湖北	0.978	1.182	1.176	1.172	1.375	1.471
湖南	0.973	0.994	1.016	1.033	1.189	1.239
广东	2.733	2.092	1.929	1.810	1.813	1.824
广西	0.542	0.551	0.576	0.595	0.546	0.635
海南	0.954	1.071	0.899	0.791	1.073	0.931
重庆	2.224	2.050	1.841	1.734	1.622	1.882
四川	1.589	1.398	1.586	1.723	1.323	1.201
贵州	0.768	0.704	0.687	0.677	0.845	0.910
云南	0.530	0.527	0.464	0.422	0.433	0.410
西藏	0.237	0.208	0.296	0.384	0.579	0.355
陕西	1.289	1.190	1.066	0.994	1.271	1.732
甘肃	0.230	0.191	0.183	0.177	0.164	0.154
青海	0.522	0.772	0.903	1.011	0.883	1.016
宁夏	0.434	0.452	0.449	0.447	0.420	0.804
新疆	0.438	0.436	0.572	0.660	0.548	0.627

注：各省区市制造业资产结构计算公式 = 技术密集型制造业固定资产净值/资本密集型制造业固定资产净值，制造业技术和资本密集型行业分类标准见附录一。

三、实证检验与结果分析

本节选取 2003~2015 年间全国 31 个省的面板数据，使用 Stata14 进行处理，分别检验中国 OFDI 逆向技术溢出效应对制造业行业间产值、就业和资产结构的影响。TQ1、TQ2 和 TQ3 分别表示采用比重法计算的劳动密集型行业产值比重、资本密集型行业比重和技术密集型行业比重,以此代表制造业行业间结构。TQ、TL 和 TZ 分别表示采用比值法计算的技术密集型行业与资本密集型行业产值比、就业人数比和固定资产净值比,以此代表制造业行业间的产值结构、就业结构和资产结构。各变量的描述性统计如表 5-5 所示。

表 5-5 各变量的描述性统计分析

变量名称	样本数	平均值	标准差	最小值	最大值
TQ1	403	0.230	0.159	0.0580	2.812
TQ2	403	0.383	0.376	0.0650	7.255
TQ3	403	0.422	0.321	0.0500	6.008
TQ	403	1.523	1.188	0.0810	6.845
TL	403	1.821	1.091	0.320	5.718
TZ	403	1.225	0.824	0.0980	4.705
lnSRD	403	4.186	1.593	0.0600	8.207
lnSDofdi	403	2.385	2.245	-3.552	7.058
lnSDfdi	403	2.241	1.519	-1.966	5.173
lnSDim	403	4.705	1.936	-0.143	8.936

(一)基于三大密集行业比重法的制造业结构高级化检验

面板数据相对于时间序列有很多优势,如可以克服数据多重共线性问题,使估计结果更准确、强大。因此,本章的模型继续使用面板数据进行回归分析。对制造业三大密集行业间结构升级的实证检验。回归结果如表 5-6 所示。

表 5-6 OFDI 逆向技术溢出对制造业行业结构高级化回归结果

	劳动密集型行业	资本密集型行业	技术密集型行业
lnSDofdi	0.0093 * (1.85)	0.0365 * (2.02)	-0.0122 (-0.92)
lnSDfdi	0.0115 * (1.79)	0.0422 *** (3.87)	0.0597 *** (4.84)

续表

	劳动密集型行业	资本密集型行业	技术密集型行业
lnSDim	-0.0318* (-1.92)	-0.0459* (-1.98)	0.0353* (1.87)
lnSRD	0.0162 (1.11)	0.0174 (0.48)	0.0554 (1.76)
_cons	0.2548*** (17.39)	0.4993*** (45.04)	0.2489*** (16.45)
N	403	403	403

由表5-6的回归结果分析。OFDI逆向技术溢出对制造业三大密集行业产值比重的影响存在差异，对劳动密集型行业和资本密集型行业的影响为正相关，系数分别为0.0093和0.0365，说明OFDI逆向技术溢出显著提高了我国劳动和资本密集型行业的产值比重，且对资本密集型行业的影响大于劳动密集型行业；而就技术密集型行业来看，影响不显著，但系数为-0.0122，说明OFDI逆向技术溢出阻碍了我国制造业内部行业间结构高级化，造成这种现象的可能原因是我国制造业多以较低劳动力占据比较优势，更倾向在国内进行。进一步验证我国制造业在高技术、高附加值行业并未实现技术水平的升级，仍处于价值链低端环节。

从FDI渠道来看，FDI技术溢出对制造业劳动、资本、技术三大密集行业产值比重的影响均为正相关关系，回归系数分别为0.0115、0.0422和0.0597，从劳动密集型行业到技术密集型行业回归系数依次递增，说明现阶段FDI渠道的技术溢出有利于我国制造业行业间结构升级。而从进口贸易渠道来看，劳动、资本和技术密集型行业的回归系数为-0.0318、-0.0459和0.0353，说明劳动和资本密集型制造业进口渠道的技术溢出与行业内产值比重呈负相关关系，而进口贸易渠道能显著提升制造业技术密集型行业产值比重的增加。进口贸易渠道有利于我国制造业行业间结构升级。而本国R&D研发资本对制造业各密集行业的影响不显著。

（二）分区域制造业结构高级化检验

本节将按照中国行政区域划分为中东西部，划分标准如前所述，使用三大区域数据分别检验 OFDI 逆向技术溢出对制造业劳动和资本密集型行业的区域效应。回归结果如表 5-7 和表 5-8 所示。

表 5-7　OFDI 逆向技术溢出对劳动密集型行业分区域回归结果

	东部区域	中部区域	西部区域
lnSDofdi	0.0882 *** (3.84)	-0.0095 (-1.48)	-0.0074 (-1.47)
lnSDfdi	0.0541 *** (4.03)	0.0445 (1.77)	-0.0058 (-0.42)
lnSDim	-0.0760 *** (-4.28)	0.1156 ** (2.94)	-0.0283 (-0.81)
lnSRD	-0.0103 *** (-3.56)	-0.0569 *** (-3.50)	0.0440 (1.43)
_cons	0.1662 *** (3.42)	-0.0906 (-0.59)	0.1798 *** (6.43)
N	143	104	156

表 5-8　OFDI 逆向技术溢出对资本密集型行业分区域回归结果

	东部区域	中部区域	西部区域
lnSDofdi	-0.0471 (-0.98)	0.0165 (0.82)	0.0864 ** (2.67)
lnSDfdi	-0.0448 ** (-2.58)	0.1412 *** (3.64)	-0.1585 *** (-12.28)
lnSDim	0.0479 * (1.86)	-0.0720 * (-1.84)	-0.1176 * (-1.87)
lnSRD	-0.0654 *** (-13.32)	-0.0736 ** (-2.96)	0.1084 (1.42)
_cons	0.7784 *** (32.50)	0.5820 ** (2.83)	0.4554 *** (13.75)
N	143	104	156

由表 5-7 可知,从三大区域看,OFDI 逆向技术溢出仅对东部地区劳动密集型制造业产值比重有影响,而对中部和西部地区制造业劳动密集型行业的影响还未显现。从国际技术溢出渠道来看,东部地区 OFDI 渠道的逆向技术溢出在1% 的显著性水平下通过了检验,OFDI 逆向技术溢出每增加1%,东部地区劳动密集型行业产值比重会增加 0.0882。东部地区 FDI 渠道和进口贸易渠道也在1% 的显著性水平下通过了检验,FDI 渠道技术溢出每增加1%,东部地区劳动密集型行业产值比重会增加 0.0541;进口贸易渠道的技术溢出每增加1%,东部地区劳动密集型行业的产值比重会减少 0.076。

由表 5-8 可知,从三大区域看,OFDI 逆向技术溢出能显著提高西部地区资本密集型行业产值比重,而东部和中部地区影响还未显现,东部地区 OFDI 逆向技术溢出每增加1%,制造业技术进步增加 0.0864,说明我国西部大开发战略和对外直接投资政策效果开始显现。

(三)基于比值法的制造业结构高级化再检验

为了确保回归结果的稳健性,本文采用两个测度制造业结构高级化指标进行实证检验,以下是采用比值法所测算的被解释变量对制造业结构高级化进行再检验。检验结果如表 5-9 所示。

表 5-9   OFDI 逆向技术溢出对制造业行业结构高级化再检验

	产值结构	就业结构	资产结构
lnSDofdi	-0.1045 * (-1.96)	-0.1166 *** (-4.58)	-0.1710 ** (-2.84)
lnSDfdi	0.1117 ** (2.57)	0.2501 *** (5.76)	0.1695 *** (3.24)
lnSDim	0.1705 ** (2.59)	0.0342 * (1.87)	0.2373 *** (3.18)
lnSRD	0.1434 *** (10.36)	0.2221 *** (14.47)	0.0763 (1.62)
_cons	0.2461 (1.18)	0.4787 *** (3.51)	-0.1343 (-0.53)
N	403	403	403

由表 5-9 可知，OFDI 逆向技术溢出对制造业技术密集型行业与资本密集型行业比重的提升具有显著影响，但这种影响为负相关关系，说明 OFDI 技术溢出对技术密集型行业产值结构、就业结构和资产结构高级化影响尚未显现。这与前面的检验结果一致即 OFDI 逆向技术溢出并未促进制造业结构高级化，笔者认为造成这种现象的可能原因是中国对外直接投资多投向其他发展中国家，这些发展中国家不是高端技术的掌握者，且我国对外投资的行业多聚集在商务服务业、金融租赁业，对制造业的投资规模较小所能获取的逆向技术溢出效应较低。而从 FDI 和进口贸易渠道的技术溢出来看，FDI 和进口贸易渠道均能显著提升我国技术密集型制造业行业的产值结构、就业结构和资产结构。从本国 R&D 研发资本来看，本国 R&D 研发资本的投入增加，将给本国企业带来更多的研发投入和工作机会，从而提升我国技术密集型行业的产值、就业结构。

四、稳健性检验

为了确保回归结果的稳健性，需进行稳健性检验，2008 年的金融危机给世界经济投资环境带来巨大冲击，而后我国"一带一路"倡议的提出对中国对外直接投资方向、环境产生重大影响，因此，本节选取 2008~2014 年间数据，采用变化样本量的方式进行稳健性检验，以确保统计结果的稳健性，具体回归结果如表 5-10~表 5-12 所示。

由表 5-10 可知，OFDI 逆向技术溢出对制造业行业结构高级化稳健性检验结果显示，OFDI 逆向技术溢出对制造业劳动密集型行业和资本密集型行业的影响为正相关，而对技术密集型行业来看，影响不显著，这与前面检验结果相似。说明，前面检验是稳健的。

表 5-10　　OFDI 逆向技术溢出对制造业行业结构高级化稳健性检验结果

	劳动密集型行业	资本密集型行业	技术密集型行业
lnSDofdi	0.0087 * (0.75)	0.0661 ** (2.58)	-0.0004 (-0.02)
lnSDfdi	0.0255 * (2.11)	-0.0388 * (-2.04)	0.0752 ** (3.65)

续表

	劳动密集型行业	资本密集型行业	技术密集型行业
lnSDim	-0.0577* (-1.86)	-0.1036* (-1.95)	-0.0838* (-1.89)
lnSRD	0.0344 (1.35)	0.0622 (0.97)	0.0969 (1.82)
_cons	0.2759***	0.5006***	0.2263***
N	186	186	186

由表 5-11 可知，OFDI 逆向技术溢出对劳动密集型行业分区域稳健性检验结果显示，OFDI 逆向技术溢出也仅对东部地区劳动密集型制造业产值比重有影响，而对中部和西部地区影响还未显现。检验结果与前面相似。

表 5-11　　　OFDI 逆向技术溢出对劳动密集型行业分区域稳健性检验

	东部区域	中部区域	西部区域
lnSDofdi	0.1128*** (4.74)	-0.0165 (-1.75)	-0.0131 (-1.04)
lnSDfdi	0.0459** (2.66)	0.0306 (1.01)	0.0066 (0.83)
lnSDim	-0.0772** (-3.39)	0.1487* (2.51)	-0.0759 (-1.41)
lnSRD	-0.0104*** (-6.32)	-0.0712* (-2.36)	0.0866 (1.71)
_cons	0.0607* (2.04)	-0.1250 (-0.48)	0.2140*** (11.76)
N	66	48	72

由表 5-12 可知，OFDI 逆向技术溢出对制造业行业产值结构、就业结构和资产结构高级化稳健性检验结果显示：OFDI 逆向技术溢出对制造业技术密集型行业与资本密集型行业比重的提升具有显著影响，但这种影响为负相关关系，说明 OFDI 技术溢出阻碍了我国技术密集型行业产值结构、就业结构和

资产结构高级化。这与前面的检验结果一致。

表 5-12　　OFDI 逆向技术溢出对制造业行业结构高级化稳健性检验

	产值结构	就业结构	资产结构
lnSDofdi	-0.1863** (-3.98)	-0.1388*** (-6.58)	-0.3084** (-3.82)
lnSDfdi	0.1183 (1.57)	0.2121** (3.08)	0.0644 (0.94)
lnSDim	0.2249** (2.65)	0.0951 (1.61)	0.4130*** (4.55)
lnSRD	0.1549*** (9.31)	0.2460*** (20.64)	0.1485** (3.67)
_cons	-0.0329 (-0.17)	0.2644* (2.23)	-0.6028** (-3.28)
N	186	186	186

第二节　OFDI 逆向技术溢出促进制造业结构合理化实证

本章第一节实证检验了 OFDI 逆向技术溢出对制造业行业间结构高级化的影响程度，本节将继续检验 OFDI 逆向技术溢出对制造业行业间结构合理化的影响程度。

一、模型构建

本书第二章分别采用结构偏离度和泰尔指数两种测度方法测算制造业结构合理化，本节分别以制造业结构偏离度和泰尔指数为被解释变量，通过比较 OFDI 逆向技术溢出对两者的影响来判断是否存在制造业内部的结构合理化。本章仍借鉴利奇顿伯格和波特尔斯伯格（2001）的 L-P 模型如（5.4）（5.5）所示：

$$UL_{it} = C + \alpha_1 \ln SRD_{it}^d + \alpha_2 \ln SD_{it}^{im} + \alpha_3 \ln SD_{it}^{fdi} + \alpha_4 \ln SD_{it}^{ofdi} + \varepsilon_t \quad (5.4)$$

$$TUL_{it} = C + \alpha_1 \ln SRD_{it}^d + \alpha_2 \ln SD_{it}^{im} + \alpha_3 \ln SD_{it}^{fdi} + \alpha_4 \ln SD_{it}^{ofdi} + \varepsilon_t \quad (5.5)$$

其中，UL_{it}、TUL_{it}分别表示 t 时期 i 省份制造业内部行业间的结构偏离度和泰尔指数。其他变量与前面所述一样。

二、数据来源及处理

本节 OFDI、FDI、进口渠道的国外研发技术溢出数据以及国内研发资本数据与前文来源相同。制造业内部行业间结构偏离度和泰尔指数由作者根据历年《中国统计年鉴》《中国劳动统计年鉴》《中国工业经济统计年鉴》计算所得，具体测度方法如下。

（一）中国各省制造业结构偏离度 UL_{it}

制造业结构偏离度即制造业各行业间的协调程度、结构聚合质量或资源配置效率。制造业结构偏离度值与制造业结构合理化水平负相关。本书将制造业内部按附录一分为三大密集型行业，采用第二章公式（2.4）结构偏离度的测算方法，测算各省制造业分三大密集型行业的结构偏离度，具体测算结果如附录二所示。

（二）中国各省制造业泰尔指数测算 TUL_{it}

泰尔指数既能考虑制造业各细分行业的相对重要性，又弥补了绝对值计算的不足，还保留了结构偏离度的经济含义和理论基础，因此被认为是比结构偏离度更优的测度制造业结构合理性的指标。泰尔指数也与制造业结构合理化水平负相关，泰尔指数值越大，说明制造业结构越不合理，指数值越小，说明制造业结构越趋于合理。本节仍将制造业内部按附录一分为三大密集型行业，采用第二章公式（2.5）泰尔指数的测算方法，本节测算各省制造业分三大密集型行业的结构偏离度，具体测算结果如附录三所示。

三、制造业结构合理化实证检验与结果分析

本书选取 2003~2015 年间全国 31 个省区市制造业内部劳动密集型、资本密集型和技术密集型面板数据，以制造业结构偏离度和泰尔指数作为合理化

指标,使用 Stata14 进行处理,分别检验 OFDI 逆向技术溢出对制造业结构合理化的影响。UL 表示制造业结构偏离度,TUL 表示制造业的泰尔指数,其他变量如前所述。各变量的描述性统计如表 5-13 所示。

表 5-13　　　　　　　　各变量的描述性统计分析

变量名称	样本数	平均值	标准差	最小值	最大值
UL	403	0.756	0.515	0.0200	3.557
TUL	403	0.0450	0.0660	-0.321	0.592
lnSRD	403	4.186	1.593	0.0600	8.207
lnSDofdi	403	2.385	2.245	-3.552	7.058
lnSDfdi	403	2.241	1.519	-1.966	5.173
lnSDim	403	4.705	1.936	-0.143	8.936

本节首先以制造业结构偏离度为被解释变量,OFDI、FDI 和进口贸易渠道国外技术溢出以及国内研发投入为解释变量。其中,OFDI 渠道的国外研发资本技术溢出是本节的核心解释变量,FDI 及进口贸易渠道的技术溢出、国内自主研发均为控制变量,进行面板回归分析,具体结果如表 5-14 所示。

表 5-14　　　　　　基于制造业结构偏离度的合理化回归结果

	总体效应	分区域		
		东部	中部	西部
lnSDofdi	-0.0406** (-2.07)	-0.1616** (-2.73)	0.4347* (2.07)	0.0248 (1.12)
lnSDfdi	-0.1177** (-2.17)	-0.0769 (-1.12)	0.3258 (0.84)	-0.3550*** (-8.32)
lnSDim	0.0570 (0.95)	0.1050* (2.04)	0.6958** (2.49)	0.1512*** (3.30)
lnSRD	-0.0273 (-0.49)	0.0371 (1.48)	0.1022 (0.88)	0.0643*** (3.57)
_cons	0.9626*** (4.67)	0.8028*** (9.57)	-4.9653** (-2.19)	0.2777*** (3.44)
N	403	143	104	156

由表 5-14 可知，OFDI 逆向技术溢出对制造业总体结构偏离度具有显著的负向影响，并在 5% 的显著性水平下通过了检验。由本节前面的分析可知，制造业结构偏离度与制造业结构合理化负相关，结合上表实证结果可知，OFDI 逆向技术溢出每增加 1%，制造业结构偏离度降低 0.0406，并在 5% 的显著性水平下通过了检验，OFDI 逆向技术溢出提升了制造业结构合理化水平。即 OFDI 逆向技术溢出有利于提升制造业结构合理化。FDI 渠道的技术溢出也在 5% 的显著性水平下通过了检验，FDI 渠道的参数估计系数为 -0.1177，说明 FDI 渠道的技术溢出也有利于制造业结构合理化。而进口贸易渠道的技术溢出检验结果不显著，说明进口贸易渠道和国内自主研发对制造业结构合理化的影响尚未显现。值得关注的是代表国内自主研发水平的研发资本的检验结果也不显著，说明当前中国的国内研发水平显著性有待强化。此外，从分区域检验结果来看，OFDI 逆向技术溢出有利于东部地区制造业结构合理化水平的提升，并在 5% 的显著性水平下通过了检验，OFDI 逆向技术溢出每增加 1%，东部地区的制造业结构合理化提升 0.1616。中部地区 OFDI 逆向技术溢出在 10% 的显著性水平下通过了检验，但符号为正，说明中部地区 OFDI 逆向技术溢出不利于制造业结构合理化，西部地区没有通过检验，效果不明显。

以上是从制造业结构偏离度检验 OFDI 逆向技术溢出效应，为了更合理地评价制造业结构合理化指数，本节也以制造业泰尔指数测算的制造业结构合理化为被解释变量，OFDI、FDI 及进口贸易渠道的技术溢出等解释变量不变，重点实证检验 OFDI 逆向技术溢出效应对制造业结构合理化的影响，回归结果如表 5-15 所示。

表 5-15　　　　　　　　基于制造业泰尔指数的回归结果

	总体效应	分区域		
		东部	中部	西部
lnSDofdi	-0.0062** (-2.34)	-0.0147*** (-3.47)	0.0366 (1.39)	0.0045* (2.11)
lnSDfdi	-0.0199*** (-2.70)	-0.0153** (-2.90)	0.0353 (0.66)	-0.0435*** (-5.56)
lnSDim	0.0152 (0.95)	0.0158*** (3.90)	0.1122** (2.38)	0.0184** (2.94)

续表

	总体效应	分区域		
		东部	中部	西部
lnSRD	0.0005 (0.07)	0.0017 (0.69)	-0.0174 (-0.89)	0.0073 *** (3.90)
_cons	0.0304 (1.23)	0.0400 *** (3.14)	-0.5986 * (-1.98)	-0.0014 (-0.11)
N	403	143	104	156

从表 5-15 可知，OFDI 逆向技术溢出对制造业总体泰尔指数具有显著的负向影响，并在 5% 的显著性水平下通过了检验，由于制造业泰尔指数与制造业结构合理化负相关，说明 OFDI 逆向技术溢出每增加 1%，制造业泰尔指数降低 0.0062，说明 OFDI 逆向技术溢出提升了制造业结构合理化水平，即 OFDI 逆向技术溢出有利于制造业结构合理化。FDI 渠道的技术溢出在 1% 的显著性水平下通过了检验，符号为负，说明 FDI 渠道的技术溢出也有利于制造业结构合理化。而进口贸易渠道的技术溢出和国内研发投入没有通过检验。从分区域检验结果来看，OFDI 逆向技术溢出有利于东部地区制造业结构合理化水平的提升，并在 1% 的显著性水平下通过了检验，OFDI 逆向技术溢出的每增加 1%，东部地区的制造业结构合理化提升 0.0147。中部地区的显著性不明显，而西部地区 OFDI 逆向技术溢出在 10% 的显著性水平下通过了检验，但符号为正，说明 OFDI 逆向技术溢出不利于西部地区制造业结构合理化。

综上可知，OFDI 逆向技术溢出对我国制造业整体结构偏离度和泰尔指数均表现为负向影响，而由于制造业结构偏离度和泰尔指数均与制造业结构合理化负相关。说明 OFDI 逆向技术溢出能促我国制造业整体结构合理化。从分区域检验结果来看，OFDI 逆向技术溢出能显著促进东部地区制造业结构合理化。

四、稳健性检验

为得到稳健的计量检验结果，在实证分析时，对计量结果进行稳健性检验是必不可少的步骤。而稳健性检验的方法有变换经济变量法、采用不同的计量方法以及变换样本量法，本节采用变换样本量的方法，进行稳健性检验，以下仅改变样本量，选取后金融危机时代数据进行稳健性检验，具体检验结果如表 5-16 所示。

表 5-16　　　　基于制造业结构偏离度的合理化稳健性检验

	总体效应	分区域		
		东部	中部	西部
lnSDofdi	-0.1217*** (-3.28)	-0.2850*** (-5.14)	0.8224*** (6.26)	0.0836*** (6.40)
lnSDfdi	-0.0622 (-0.86)	-0.0243 (-0.34)	1.0582** (3.11)	-0.3887*** (-8.75)
lnSDim	0.0155 (0.18)	0.1422** (2.75)	1.1199** (3.01)	0.1024* (2.45)
lnSRD	0.0430 (0.51)	0.0605*** (7.93)	0.0070 (0.03)	0.0951*** (13.32)
_cons	0.9999*** (3.57)	0.7929*** (5.88)	-9.3490*** (-7.32)	0.1462* (2.41)
N	186	66	48	72

由表 5-16 可知，OFDI 逆向技术溢出对制造业结构偏离度整体和东部地区表现负相关，与前面结果相似。

由表 5-17 可知，OFDI 逆向技术溢出对制造业总体泰尔指数具有显著的负向影响，即 OFDI 逆向技术溢出有利于制造业整体和东部区域结构合理化。这与前面检验结果相似。

表 5-17　　　　基于制造业泰尔指数的回归结果

	总体效应	分区域		
		东部	中部	西部
lnSDofdi	-0.0117** (-2.03)	-0.0217*** (-4.44)	0.0768** (2.63)	0.0075* (2.53)
lnSDfdi	-0.0139 (-1.27)	-0.0109 (-1.91)	0.1333** (2.96)	-0.0375*** (-5.16)

续表

	总体效应	分区域		
		东部	中部	西部
lnSDim	0.0182 (1.51)	0.0171 *** (4.54)	0.2095 ** (3.35)	0.0126 *** (4.48)
lnSRD	0.0050 (0.47)	0.0023 (1.85)	−0.0600 * (−2.06)	0.0094 *** (12.32)
_cons	−0.0021 (−0.06)	0.0441 ** (2.98)	−1.1896 *** (−5.31)	−0.0202 *** (−5.70)
N	186	66	48	72

本 章 小 结

本章实证检验了 OFDI 逆向技术溢出对制造业行业间升级的影响,本章制造业行业间升级分别从制造业结构高级化和合理化进行检验,高级化是通过比重法和比值法测算,分别检验 OFDI 逆向技术溢出劳动密集型行业、资本密集型行业和技术密集型行业比重、技术与资本密集型行业产值、就业及固定资产比值影响制造业结构高级化。合理化是通过对制造业结构偏离度和泰尔指数的测算,分别检验 OFDI 逆向技术溢出对制造业行业合理化的影响。

首先,运用比重法和比值法分别测算各省制造业结构高级化指数,再运用面板回归模型分别检验 OFDI 逆向技术溢出对制造业结构高级化影响,通过检验发现,OFDI 逆向技术溢出对制造业劳动密集型行业和资本密集型行业的影响为正相关,说明 OFDI 逆向技术溢出显著提高了我国劳动和资本密集型行业的产值比重,对技术密集型行业影响不显著,说明 OFDI 逆向技术溢出对我国制造业内部结构高级化的促进作用尚未显现。进一步验证了我国制造业在高技术、高附加值行业并未实现技术水平的升级,仍处于价值链低端环节。而 FDI 和进口贸易渠道的技术溢出有利于我国制造业行业间结构高级化。OFDI 逆向技术溢出对制造业技术密集型行业与资本密集型行业产值、就业和固定资产净值比重具有显著影响,但这种影响为负相关关系,进一步说明 OFDI 技术溢出促进我国技术密集型行业产值结构、就业结构和资产结构高级化的影响尚未显现。

其次，基于制造业内部结构偏离度和泰尔指数的测算，分别检验OFDI逆向技术溢出对制造业结构合理化影响。通过检验发现，OFDI逆向技术溢出对制造业总体结构偏离度和泰尔指数均具有显著的负向影响，而由于制造业结构偏离度和泰尔指数与制造业结构合理化负相关，说明OFDI逆向技术溢出有利于提升制造业结构合理化。此外，FDI渠道的技术溢出也有利于制造业结构合理化，而进口贸易渠道的技术溢出不利于制造业结构合理化提升。从分区域检验结果来看，OFDI逆向技术溢出有利于东部地区制造业结构合理化水平的提升，而对中部和西部地区制造业合理化影响不显著。

第六章

OFDI 逆向技术溢出影响因素的门槛检验

本书第一章分析了 OFDI 逆向技术溢出促进制造业行业内和行业间结构升级的机制,本书第四、五章分别检验了 OFDI 逆向技术溢出对制造业行业内和行业间结构的影响。然而从技术溢出吸收方角度,OFDI 逆向技术溢出受人力资本、研发强度、技术差距等多方面因素的影响,这些因素会影响 OFDI 逆向技术溢出的效应,进而影响制造业结构升级的效果。本章第一节主要从吸收能力视角分析影响制造业 OFDI 逆向技术溢出效应的因素。第二节主要对影响制造业 OFDI 逆向技术溢出效应的各因素进行门槛检验,以便提出相应的政策建议。

第一节 OFDI 逆向技术溢出效应的影响因素

结合以上的分析可知,OFDI 逆向技术溢出能否对所获得的技术进行消化、吸收以及创新,决定了其是否能够合理促进母国制造业结构的优化。投资行为、东道国的政策环境以及吸收能力等等都是影响技术溢出的主要因素。本章结合研究重点,主要选择从国内吸收能力的角度分析影响 OFDI 逆向技术溢出效应的因素,重点研究了人力资本、研发资本、经济发展水平、经济的开放程度以及国内政策环境等要素对国内吸收能力的影响。本章以此为基础实证检验影响制造业 OFDI 逆向技术溢出效应的吸收能力,探究哪些省份、哪些因素已越过门槛。

一、人力资本

人力资本是干中学机制发挥溢出效应的重要载体,是影响 OFDI 逆向技术溢出效应最重要的因素。人力资本是指专门从事研发活动的科技人员和在生产企业从事生产活动的技术工人。企业对员工进行的培训和培养，能够大大激发员工主观能动性、积极性和创造性，提高员工的综合素质和业务能力，有利于员工对已有先进技术的模仿和吸收，更好地进行研发和创新。拥有较高人力资本的企业和地区更易通过对外直接投资获取、吸收和转化应用他国先进技术，而拥有低水平人力资本的企业和地区可能无法充分吸收利用知识溢出。

二、研发强度

研发强度是一国对科学技术创新的投入力度，研发强度影响OFDI逆向技术溢出的承接能力，国内对先进技术的消化吸收能力随着研发强度的增大而增强，OFDI逆向技术溢出效应随之也会越发明显。为了能最大程度地掌握国外逆向技术的溢出，需要投资母国具备一定的技术承接力。一方面，一国在科研领域资金和人员投入的增多，会明显提升人力资本水平，提高研发能力和创新水平，带来更多的新知识、新技术、新产权，社会知识资本存量也会随之增加；另一方面，一国研发活动的频繁增加，会不断提高投资国所积聚的技术势能和创新水平，缩小与国外发达技术水平的距离，通过学习新技能和吸收先进技术，结合本国国情和内部需要，努力创造出更多新技术、新工艺、新专利，更好地推动本国的研发创新和技术进步，形成良性循环。

三、技术差距

技术差距是指投资国和东道国在技术水平上的差异。落后国家的企业模仿领先国家先进技术的空间大小决定于两者之间的技术差距。技术差距越大，落后国家的企业学习并进行技术创新的空间也就越大，技术溢出机会也越多，因此，技术溢出与技术差距两者是正比关系。然而技术差距过大会导致本土企业难以与当地企业建立联系，难以融入当地生产体系中去。一方面，投资国虽然能接触到母国缺乏的丰富的知识、更新的技术和更先进的管理方法，但自身却缺乏足够的积累去吸收技术，无法通过获取技术溢出来提升自身技术。从这个逻辑上讲，落后一方难以消化吸收国外的先进技术，溢出变小，所以技术溢出与技术差距又是负相关的。另一方面，东道国与母国企业间的技术差距较小,两国之间学习借鉴的空间被压缩,技术可能趋同,导致从东道国难以获得预期的技术溢出量。因此,技术差距会影响 OFDI 逆向技术溢出效应,只有技术差距适当,才能既让投资国企业有技术追赶的空间,又有能力承接外部扩散的技术。

四、经济发展水平

经济发展水平影响一国或地区对先进技术的消化吸收能力,经济发展水平越高,说明对先进技术的消化吸收能力越强,获得的逆向技术溢出也越多,这也正是技术溢出效应多发生在发达国家和地区的原因所在。

五、贸易开放度

对外开放使得本国与外国的经济贸易往来更加紧密和频繁,与此同时,国外新知识和新技术的引进也为国内企业提供了更多学习、模仿和创新的机会。一国(地区)的对外开放程度直接决定着技术发达国家对其是否进行投资的可能性以及投资的积极性大小,从而明显影响着对外投资逆向溢出的效果。对比实行贸易保护主义政策而言,实行贸易自由化政策的国家拥有更多更好的机会学习吸收国外先进技术和技能,从而进行研发和创新。一国经济开放度越高,本土企业在全球各大经济体中开展的跨国投资活动越频繁,进行信息交流和技术学习的机会也越多。本土企业利用对外开放的便利,通过跨国战略联盟、跨国并购等方式,更好地了解了国际发达国家的先进生产技术和研发水平,学习先进理念,取其精华,纳为己有,不断创新,提高本国的生产效率和技术技能水平。一国(地区)可以通过不断提高对外开放程度,积极主动加强与世界经济体中技术先进国家的交流与合作,更好地学习和利用先进科学技术和优秀管理经验。由此可见,一国贸易开放度在一定程度上直接影响了外部技术溢出。

六、投资开放度

赫姆斯和伦希克(Hermes & Lensink,2003)与阿尔法罗等(Alfaro et al.,2004)研究证实了东道国金融投资开放程度影响 FDI 外溢效应的吸收,李梅

(2012) 实证检验了金融开放度对 OFDI 逆向技术的影响,发达的投资体系对 FDI 的技术扩散会产生正的效应。我们预期,投资开放度也会影响对外投资逆向技术溢出的吸收。投资开放度的提高在一定程度上可以降低企业的融资成本,提升资金使用效率。通过对外投资,企业可以吸取更多先进的知识和技术,也能够更加容易地获取相应的金融支持,有利于 OFDI 渠道的技术逆向扩散、转移和创新。

第二节 各影响因素的门槛检验

一、模型构建

考伊和霍普曼(1995)是国际上最早给出 R&D 溢出模型的,他们认为 R&D 投入和进口贸易所产生的国际 R&D 溢出显著地促进了这些国家全要素生产率的增长,也被称为经典的国际溢出模型,C-H 模型如公式(6.1)所示:

$$\ln TFP_{it} = \alpha_0 + \alpha_1 \ln SRD_{it}^d + \alpha_2 \ln SD_{it}^{im} + \varepsilon_t \qquad (6.1)$$

其中,i 表示省份,t 表示时期,TFP_{it} 表示 t 时期省份 i 的全要素生产率,α_0 是模型的常数项,SRD_{it}^d 表示 t 时期省份 i 的研发资本存量,SD_{it}^{im} 表示 t 时期省份 i 通过进口贸易途径获得的国外研发资本存量。

利奇顿伯格和波特尔斯伯格(2001)在 C-H 模型的基础上,首次将 OFDI 作为国际技术溢出路径纳入模型中,提出了 L-P 模型如(6.2)所示:

$$TFP_{it} = C + \alpha_1 SRD_{it}^d + \alpha_2 SD_{it}^{im} + \alpha_3 SD_{it}^{fdi} + \alpha_4 SD_{it}^{ofdi} + \varepsilon_t \qquad (6.2)$$

其中,SD_{it}^{im}、SD_{it}^{fdi} 和 SD_{it}^{ofdi} 分别表示 t 时期省份 i 通过进口贸易、FDI 和 OFDI 渠道溢出的国外研发资本存量。

L-P 模型比 C-H 模型更能全面、系统地解释国际技术溢出效应、实现机制以及对投资母国的影响。但仍未考虑"门槛效应",因此,在借鉴 L-P 模型的基础上,本节的构建模型同时借鉴汉森(Hansen,1999)的面板门槛回归技术,其基本方程为:

$$Y_{it} = u_i + \beta_1' x_{it} I(Q_{it} \leq \gamma) + \beta_2' x_{it} I(Q_{it} > \gamma) + e_{it} \qquad (6.3)$$

其中,I 为指示函数,Q_{it} 为门槛变量、代表各种控制变量,γ 为未知门槛,$e_{it} \sim iid(0, \delta^2)$ 为随机扰动项,式(6.2)等价于:

$$Y_{it} = \begin{cases} u_i + \beta_1' x_{it} + e_{it}, & Q_{it} \leq \gamma \\ u_i + \beta_2' x_{it} + e_{it}, & Q_{it} > \gamma \end{cases} \quad (6.4)$$

该模型实际上相当于一个分段函数模型，当 $Q_{it} \leq \gamma$ 时，x_{it} 系数为 β_1'，而当 $Q_{it} > \gamma$ 时，x_{it} 系数为 β_2'。

为了更好地考察影响 OFDI 逆向技术溢出的各种影响因子，本节采用建立包含交互项的模型，考察变量之间的相互作用，并对各主要变量取对数，构建计量模型如（6.5）所示：

$$\ln TFP_{it} = C + \alpha_1 \ln SRD_{it}^d + \alpha_2 \ln SD_{it}^{im} + \alpha_3 \ln SD_{it}^{fdi} + \alpha_4 \ln SD_{it}^{ofdi}$$
$$\beta_1 \ln SD_{it}^{ofdi} \times I(Q_{it} > \gamma) + \beta_2 \times \ln SD_{it}^{ofdi} \times I(Q_{it} \leq \gamma) + \varepsilon_t \quad (6.5)$$

其中，交互项 $\ln SD_{it}^{ofdi} \times I$，I 为指示函数，$Q_{it}$ 为门槛变量，分别代表人力资本、研发强度、技术差距、经济发展水平、投资开放度和贸易开放度。交互项 $\ln SD_{it}^{ofdi} \times I$ 表示各因素对 OFDI 逆向技术溢出的影响程度。

二、数据来源及处理

本节数据主要来自历年《中国统计年鉴》《中国科技统计年鉴》《中国劳动统计年鉴》《国际统计年鉴》《中国对外直接投资统计公报》《中国金融统计年鉴》，以及国家统计局、世界银行数据库等，其中个别缺失数据使用线性插值法填补。本节主要被解释变量为制造业 TFP，主要解释变量为 OFDI 逆向技术溢出效应，本书第二章用制造业生产总值、固定资产净值和就业人数数据测算了各省制造业全要素生产率，第四章对中国各省 OFDI 逆向技术溢出效应的测度数据，在此不再赘述。

（一）人力资本 H

国际上对人力资本存量的测算，通常采用巴罗和李（Barro & Lee，1993）提出的劳动力平均受教育年限来近似计算。本节在具体计算时，把小学、初中、高中和大专及以上的受教育年限分别记为 6 年、9 年、12 年和 16 年，则各省份人力资本存量（H）的计算公式为：$H = 6 \times H_1 + 9 \times H_2 + 12 \times H_3 + 16 \times H_4$，$H_1$、$H_2$、$H_3$、$H_4$ 分别表示各省小学、中学、高中、大专及以上学历的比重。各省份就业人员受教育程度数据来自各年度《中国劳动统计年鉴》。

（二）研发强度 RDK

本节用各省份研发支出占 GDP 比重来表示地区研发强度。即：$RDK_{it} =$

$\dfrac{RD_{it}}{GDP_{it}}$，各省份 R&D 支出和 GDP 分别从历年《中国科技统计年鉴》和《中国统计年鉴》获取。

(三) 技术差距 TGAP

技术差距用各省份劳动生产率与国外劳动生产率的比值衡量，即：TGAP = $\dfrac{GDP_{it}}{L_{it}} \div \dfrac{GDP_{jt}}{L_{jt}}$，$L_{it}$ 表示 t 时期各省份的就业人数，L_{jt} 表示 t 时期投资目标国的就业人数，数据来自世界银行数据库。由于世界银行数据库没有统计 16 个投资目标国的就业人数，因此本文根据投资目标国的总劳动力数据和失业人口占劳动力的比例计算出失业人口，再用总劳动力减去失业人口得到就业人数。再利用 16 个投资目标国的 GDP 除以就业人数得到劳动生产率数据，并取其平均值作为国外劳动生产率。比值小于 1 说明国内技术水平落后于国外，在 0 到 1 间的比值越大说明技术水平越高，与国外的技术差距越小。各省份的 GDP 平减后并折算成美元数据。

(四) 经济发展水平 PGDP

经济发展水平影响一国或地区对先进技术的消化吸收能力，经济发展水平越高，说明对先进技术的消化吸收能力越强，本节选择各省份人均 GDP 作为衡量地区经济发展水平的指标。数据来自《中国统计年鉴》。

(五) 贸易开放度 OPEN

地区的经济开放程度直接关系到该地区企业能否得到技术发达国家投资，因而也影响到对外投资逆向溢出的效果。本节用历年进出口总额占 GDP 比重作为经济开放程度的衡量指标。历年进出口总额数据来自《中国统计年鉴》，并按照当年人民币对美元平均汇率水平折算为人民币计量。

(六) 投资开放度 FIN

赫姆斯和伦希克 (2003) 与阿尔法罗等 (2004) 证实了东道国金融投资开放程度影响 FDI 外溢效应的吸收，李梅 (2012) 实证检验了金融开放度对 OFDI 逆向技术的影响，发达的投资体系对 FDI 的技术扩散会产生正的效应。我们预期，投资开放度同样会影响对外投资逆向技术溢出的吸收。投资开放高可以降低企业的融资成本，使得企业在学习和吸收对外投资获得的知识和技术时能够很容易地获得金融支持，从而有利于 OFDI 渠道的技术逆向扩散、转移和进一步的创新。

三、实证检验与结果分析

本节选取 2003~2015 年间全国 31 个省的面板数据，使用 Stata14 进行处理，逐一检验影响中国 OFDI 逆向技术溢出效应的因素及门槛值。由于我国地域广阔，中、东、西部区域发展的差异性，OFDI 对各地区技术进步的逆向技术溢出效应也可能存在地区差异，因此，本节还检验 OFDI 逆向技术溢出门槛效应的区域差异。各变量的描述性统计如表 6-1 所示。

表 6-1　　　　　　　　各变量的描述性统计分析

变量名称	样本数	平均值	标准差	最小值	最大值
lnTFP	403	-0.0340	0.142	-0.889	0.974
lnSRD	403	4.186	1.593	0.060	8.207
lnSDofdi	403	2.385	2.245	-3.552	7.058
lnSDfdi	403	2.241	1.519	-1.966	5.173
lnSDim	403	3.582	1.926	-1.202	7.987
H	403	8.419	1.204	3.738	12.28
RDK	403	0.0210	0.0390	0.002	0.252
TGAP	403	0.321	0.116	0.128	0.772
PGDP	403	27 000	21 000	3 686	120 000
OPEN	403	0.327	0.405	0.036	1.765
FIN	403	0.398	0.518	0.048	5.849

1. 人力资本

人力资本是影响逆向技术溢出效应最重要的因素，拥有较高人力资本的企业和地区更易通过 OFDI 获取、吸收和转化应用他国先进技术，而拥有低水平人力资本的企业和地区可能无法充分吸收利用知识溢出。然而，当本国人力资本水平提升到一定程度之后，通过 OFDI 获取他国先进技术的意愿会降

第六章 OFDI 逆向技术溢出影响因素的门槛检验

低,从而对 OFDI 存在一定的挤出效应。本节用劳动力平均受教育年限衡量各省的人力资本水平。

由表 6-2 可知,人力资本的门槛值为 9.374,其对应的最小残差平方和为 0.3222。Wald 检验结果也表明人力资本对 OFDI 逆向技术效应有明显的门槛特征。即当各省的劳动力平均受教育年限大于 9.374 时,人力资本投入对 OFDI 的逆向技术溢出效应的影响系数由 -0.0216 变为 -0.0148,这说明人力资本对逆向技术溢出的消极作用显著被削弱。由图 6-1 可知,人力资本水平的门槛估计值为 LR 图形最低点对应的参数值,且对应的 LR 值明显小于 5% 显著水平上的 LR 的临界值 7.35,再次说明人力资本门槛估计值是真实有效的。如表 6-9 所示,截至 2015 年仅有北京、天津、上海、山西、内蒙古、辽宁、吉林、黑龙江、江苏、广东、陕西 11 个省份通过了该门槛值,还有河北、浙江、安徽等 20 个省份没有越过门槛值。

表 6-2　　　　　　　　人力资本门槛值及效果检验

模型	门槛值	置信区间	F 值	BS 次数	临界值		
					1%	5%	10%
单一门槛	9.374***	[7.964, 9.403]	8.049***	500	7.390	4.026	3.013
双重门槛	8.673*	[7.375, 12.028]	1.65**	500	4.367	1.749	1.355
三重门槛	11.17**	[8.956, 12.028]	-4.336**	500	-2.950	-4.791	-5.761

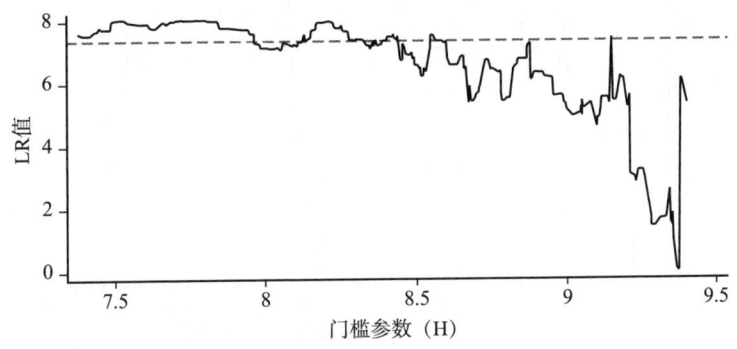

图 6-1　人力资本的门槛估计值

2. 研发强度

由表 6-3 研发强度单一门槛值为 0.036,其对应的最小残差平方和为

0.3394。Wald 检验结果也表明研发强度对 OFDI 逆向技术效应有明显的门槛特征。即当各省的研发强度大于 0.036 时,技术差距对 OFDI 的逆向技术溢出效应的影响系数由 -0.0128 变为 0.00202,这说明研发强度在越过门槛值后,它对逆向技术溢出的消极作用显著转为正向影响。由图 6-2 所示,研发强度的门槛估计值为 LR 图形最低点对应的参数值,且对应的 LR 值明显小于 5% 显著水平上的 LR 的临界值 7.35,因此,再次说明研发强度门槛估计值是真实有效的。如表 6-9 所示,截至 2015 年有北京、天津、上海、河北、山西、内蒙古、辽宁、吉林、黑龙江、江苏、浙江、安徽、福建、江西、山东、河南、湖北、湖南、广东、广西、重庆、四川、贵州、云南、陕西、甘肃、青海、宁夏 28 个省份跨越了该门槛值,仅有海南、西藏、新疆 3 个省份没有通过门槛值。

表 6-3　　　　　　　研发强度门槛值及效果检验

模型	门槛值	置信区间	F 值	BS 次数	临界值		
					1%	5%	10%
单一门槛	0.036*	[0.002, 0.073]	2.151*	1 000	2.390	1.026	0.089
双重门槛	0.053*	[0.002, 0.577]	2.552**	1 000	3.408	1.653	1.265
三重门槛	0.007*	[0.005, 0.023]	-0.000	1 000	0.000	0.000	0.000

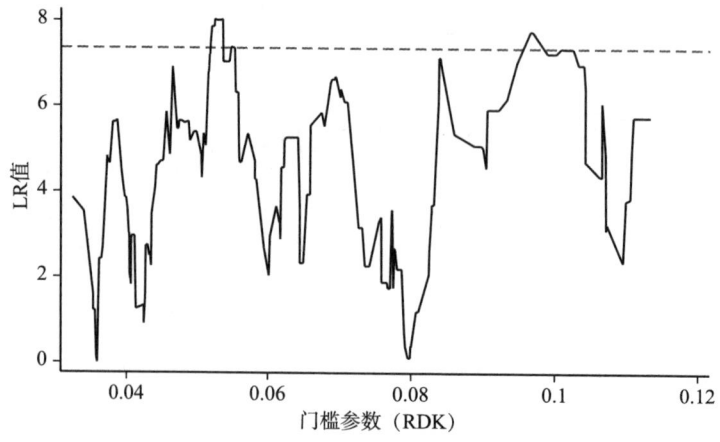

图 6-2　研发强度的门槛估计值

3. 技术差距

由表 6-4 可知,技术差距的门槛值为 0.458,其对应的最小残差平方和为 0.3316。Wald 检验结果也表明研发强度对 OFDI 逆向技术效应有明显的门槛特征。即当各省的技术差距大于 0.458 时,技术差距对 OFDI 的逆向技术溢出效应的影响系数由 -0.0154 变为 0.0245,这说明在越过门槛值后,技术差距对逆向技术溢出的消极作用显著转为正向影响。由图 6-3 所示,技术差距的门槛估计值为 LR 图形最低点对应的参数值,且对应的 LR 值明显小于 5% 显著水平上的 LR 的临界值 7.35,再次说明技术差距门槛估计值是真实有效的。如表 6-9 所示,截至 2015 年有天津、河北、上海、内蒙古、辽宁、江苏、浙江、福建、山东、湖北、湖南、河南、云南、陕西 14 个省份跨越了该门槛值。

表 6-4　　　　　　　　技术差距门槛值及效果检验

模型	门槛值	置信区间	F 值	BS 次数	临界值		
					1%	5%	10%
单一门槛	0.458**	[1.451, 4.680]	4.816**	1 000	6.438	4.375	3.493
双重门槛	0.416*	[1.451, 7.404]	3.858*	1 000	4.756	2.530	1.816
三重门槛	0.482	[4.340, 7.404]	-5.730	1 000	-0.581	-2.617	-3.970

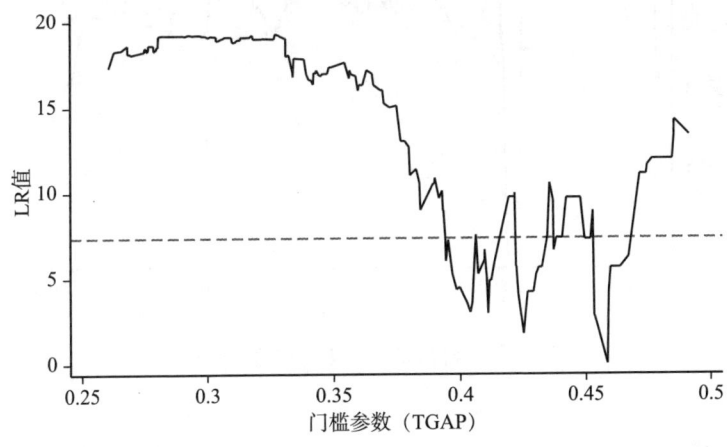

图 6-3　技术差距的门槛估计值

4. 经济发展水平

由表 6-5 可知,经济发展水平的门槛值为 19 297.67,其对应的最小残差平方和为 0.3222。Wald 检验结果也表明经济发展水平对 OFDI 逆向技术效应有明显的门槛特征。即当各省的经济发展水平大于19 297.67时,经济发展水平对OFDI的逆向技术溢出效应的影响系数由-0.0332变为0.0188,这说明经济发展水平在越过门槛值后,它对逆向技术溢出的消极作用显著转为正向影响。由图6-4所示,经济发展水平的门槛估计值为LR图形最低点对应的参数值,且对应的LR值明显小于5%显著水平上的LR的临界值7.35,因此,再次说明经济发展水平门槛估计值是真实有效的。如表6-9所示,截至2015年仅有云南、西藏、甘肃、新疆4个省区没有通过门槛值。

表6-5　　　　　　　　经济发展水平门槛值及效果检验

模型	门槛值	置信区间	F值	BS次数	临界值		
					1%	5%	10%
单一门槛	19 297.67***	[9 238.99, 49 312.01]	7.791***	500	5.590	3.032	2.141
双重门槛	9 296.84**	[9 238.995, 20 356.21]	5.125**	500	8.544	4.346	3.227
三重门槛	50 314.89	[12 689.3, 120 328.1]	-8.095	500	-3.425	-4.770	-6.568

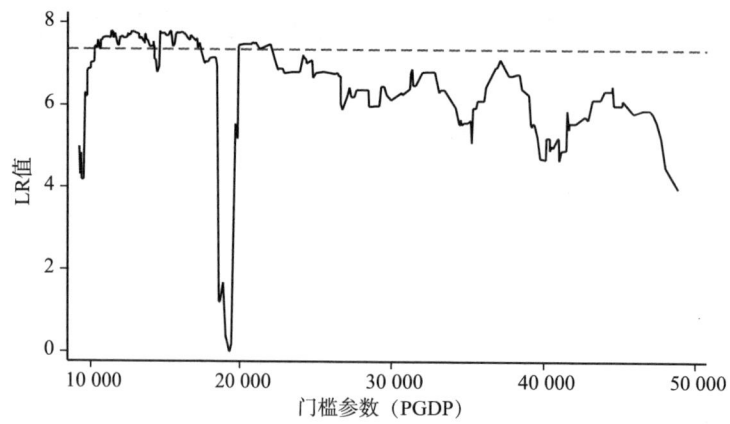

图6-4　经济发展水平的门槛估计值

5. 贸易开放度

由表6-6可知,贸易开放度的门槛值为0.114,其对应的最小残差平方和为0.3358。Wald检验结果也表明贸易开放度对OFDI逆向技术效应有明显的门槛特征。即当各省的贸易开放度大于0.114时,贸易开放度对OFDI的逆向技术溢出效应的影响系数由-0.0118变为0.00338,这说明贸易开放度在越过门槛值后,它对逆向技术溢出的消极作用显著转为正向影响。由图 6-5 所示,贸易开放度的门槛估计值为 LR 图形最低点对应的参数值,且对应的 LR 值明显小于 5% 显著水平上的 LR 的临界值 7.35,再次说明贸易开放度门槛估计值是真实有效的。如表 6-9 所示,截至 2015 年有北京、天津、上海、辽宁、江苏、浙江、安徽、福建、江西、山东、河南、广东、广西、海南、重庆、新疆 16 个省区市跨越了门槛值。

表 6-6　　　　　　　　　贸易开放度门槛值及效果检验

模型	门槛值	置信区间	F 值	BS 次数	临界值		
					1%	5%	10%
单一门槛	0.114***	[7.964, 9.403]	8.049***	500	7.390	4.026	3.013
双重门槛	0.378*	[7.375, 12.028]	1.65*	500	4.367	1.749	1.355
三重门槛	0.897*	[8.956, 12.028]	-4.336*	500	-2.950	-4.791	-5.761

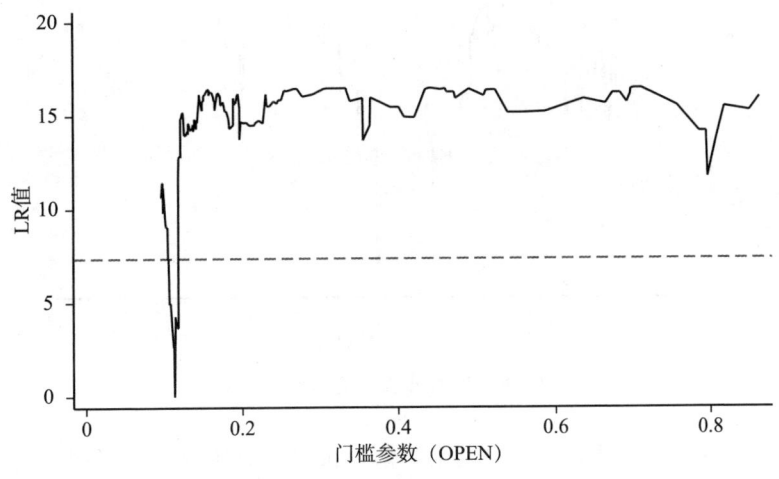

图 6-5　经济发展水平的门槛估计值

6. 投资开放度

由表 6-7 可知,投资开放度的门槛值为 0.401,其对应的最小残差平方和为 0.3394。Wald 检验结果也表明研发强度对 OFDI 逆向技术效应有明显的门槛特征。即当各省的投资开放度大于 0.401 时,投资开放度对 OFDI 的逆向技术溢出效应的影响系数由 0.0121 变为 0.0137,这说明投资开放度在越过门槛值后，它对逆向技术溢出的显著影响加强。由图6-6所示，投资开放度的门槛估计值为LR图形最低点对应的参数值，且对应的LR值明显小于5%显著水平上的LR的临界值7.35，再次说明投资开放度门槛估计值是真实有效的。如表6-9所示，截至2015年仅有北京、天津、辽宁、吉林、黑龙江、上海、江苏、浙江、福建、广东、海南11个省份通过门槛值。

表6-7　　　　　　　　投资开放度门槛值及效果检验

模型	门槛值	置信区间	F值	BS次数	临界值		
					1%	5%	10%
单一门槛	0.401***	[0.099, 0.599]	7.971***	500	4.358	2.450	1.598
双重门槛	0.183**	[0.099, 4.468]	1.962**	500	4.696	1.553	0.645
三重门槛	1.865**	[8.956, 12.028]	-3.347**	500	-0.882	-4.852	-6.800

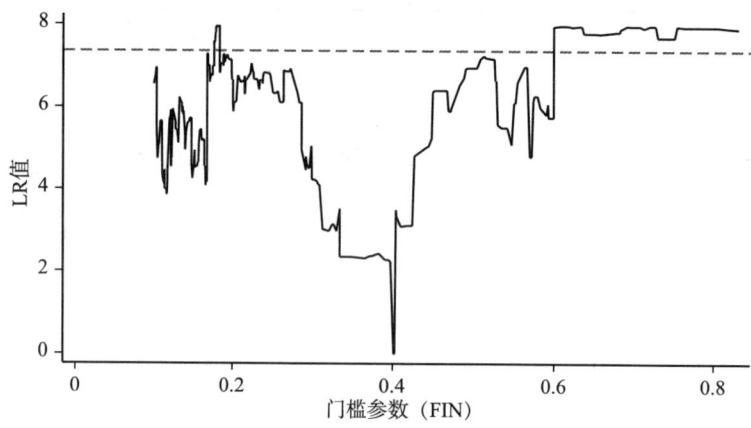

图6-6　投资开放度的门槛估计值

如表6-8分别列示了人力资本、研发强度、技术差距、经济发展水平、贸易开放度和投资开放度等因素建立的单一门槛模型中的门槛值。

由表6-8所示，从国际技术溢出渠道来看，进口贸易渠道的技术溢出能显著地提高我国制造业全要素生产率的增长，而FDI和OFDI渠道并未显著提升我国全要素生产率的增长；OFDI逆向技术溢出符号为负，说明现阶段我国各省OFDI并未对制造业全要素生产率产生显著的正向促进作用，因此，应注重对提升技术进步有利的进口贸易渠道的优化，同时加快FDI和OFDI渠道的前进步伐。

表6-8　影响制造业 OFDI 逆向技术溢出效应因素的门槛检验分析

变量名称	人力资本	研发强度	技术差距
门槛值	9.374	0.073	0.458
RSS	0.3222	0.3394	0.3316
C	-0.042* (2.14)	-0.054* (1.98)	-0.0556* (-1.61)
$LnSD_{it}^{d}$	0.0082** (1.97)	0.0021* (1.98)	0.00311* (-2.08)
$LnSD_{it}^{im}$	0.0418*** (5.11)	0.0021* (2.01)	0.0047* (2.35)
$LnSD_{it}^{fdi}$	0.0349** (-2.12)	0.0075* (2.34)	0.00577* (-1.62)
$LnSD_{it}^{ofdi}$	-0.0173** (-2.38)	-0.0047* (-2.18)	-0.0202** (-2.45)
$LnSD_{it}^{ofdi} \times I(Q_{it} > \gamma)$	-0.0148** (-2.21)	-0.00202* (-2.36)	0.0245** (2.46)
$LnSD_{it}^{ofdi} \times I(Q_{it} \leq \gamma)$	-0.0216*** (-3.11)	-0.0128* (-0.81)	-0.0154** (-2.54)
调整 R^2	0.386	0.364	0.388
Wald 检验	22.76	15.44	19.68
门槛值	19297.67	0.114	0.401
RSS	0.3222	0.3358	0.6026
C	-0.069** (-2.24)	-0.184** (-2.57)	-0.0663** (-2.99)
$LnSD_{it}^{d}$	0.0528** (1.84)	0.0178* (1.69)	0.00639* (1.65)
$LnSD_{it}^{im}$	0.0278*** (4.85)	0.0242*** (5.10)	0.00635* (1.56)
$LnSD_{it}^{fdi}$	0.0063* (1.87)	-0.0129* (-1.85)	0.0441* (1.61)
$LnSD_{it}^{ofdi}$	-0.0192*** (-2.75)	-0.00697* (-1.71)	-0.0182** (-2.12)

续表

变量名称	人力资本	研发强度	技术差距
$LnSD_{it}^{ofdi} \times I(Q_{it} > \gamma)$	0.0188 *** (3.29)	0.00338 (0.53)	0.0137 ** (2.04)
$LnSD_{it}^{ofdi} \times I(Q_{it} \leq \gamma)$	-0.0332 ** (-2.19)	-0.0118 *** (-4.18)	0.0121 * (1.45)
调整 R^2	0.435	0.380	0.261
Wald 检验	39.84	30.48	11.04

表6-9表明，各省受到不同门槛的限制，其中东部大部分省份能够在各方面都越过门槛值，中西部地区受人力资本、研发强度、技术差距、经济发展水平及贸易开放度的限制尤为严重。其中，人力资本门槛限制了西部地区除内蒙古、陕西之外的所有省份，同时，也限制了除山西、吉林和黑龙江外的所有中部省份。研发强度门槛仅限制了海南、西藏、新疆3个省份。而东部地区大部分省份跨越了技术差距限制。东部地区的海南在人力资本和经济发展水平上均未跨越门槛；青海在人力资本、技术差距、贸易开放度方面均没有越过门槛值；西藏在人力资本、研发强度、技术差距也均未越过门槛值；新疆在研发强度、技术差距也均未越过门槛值。

表6-9　　　　　　　　各省区市制造业跨越门槛的情况

变量名称	人力资本	研发强度	技术差距
各变量的门槛值	9.374	0.073	0.458
跨越门槛的省区市	北京、天津、上海、山西、内蒙古、辽宁、吉林、黑龙江、江苏、广东、陕西	北京、天津、上海、河北、山西、内蒙古、辽宁、吉林、黑龙江、江苏、浙江、安徽、福建、江西、山东、河南、湖北、湖南、广东、广西、重庆、四川、贵州、云南、陕西、甘肃、青海、宁夏	天津、河北、上海、内蒙古、辽宁、江苏、浙江、福建、山东、湖北、湖南、河南、云南、陕西
没有跨越门槛的省区市	河北、浙江、安徽、福建、江西、山东、河南、湖北、湖南、广西、海南、重庆、四川、贵州、云南、西藏、甘肃、青海、宁夏、新疆	海南、西藏、新疆	北京、山西、吉林、黑龙江、安徽、江西、广东、广西、海南、重庆、四川、西藏、甘肃、青海、宁夏、青海、新疆

续表

变量名称	经济发展水平	贸易开放度	投资开放度
各变量的门槛值	19 297.67	0.114	0.401
跨越门槛的省区市	北京、天津、上海、河北、山西、内蒙古、辽宁、吉林、黑龙江、江苏、浙江、安徽、福建、江西、山东、河南、湖北、湖南、广东、广西、海南、重庆、四川、贵州、陕西、青海、宁夏	北京、天津、上海、辽宁、江苏、浙江、安徽、福建、江西、山东、河南、广东、广西、海南、重庆、新疆	北京、天津、辽宁、吉林、黑龙江、上海、江苏、浙江、福建、广东、海南
没有跨越门槛的省区市	云南、西藏、甘肃、新疆	河北、山西、内蒙古、吉林、黑龙江、湖北、湖南、四川、贵州、云南、西藏、陕西、甘肃、青海、宁夏	河北、山西、内蒙古、安徽、江西、山东、河南、湖北、湖南、广西、重庆、四川、贵州、云南、陕西、甘肃、青海、宁夏、新疆

本章小结

本章在国际技术溢出模型基础上，通过构建门限模型，实证检验了影响 OFDI 逆向技术溢出的人力资本、研发强度、经济发展水平、技术差距和贸易投资开放度等因素的门槛值，并对中国各省区市通过门槛的情况进行分析，以便提出相应的政策建议。

首先，中国 OFDI 逆向技术溢出受人力资本、研发强度、技术差距、经济发展水平以及贸易开放度等多种因素的影响，且表现出显著的门槛效应，当跨越各影响因素的门槛值之后，中国 OFDI 逆向技术溢出能显著地促进制造业全要素生产率的提升。因此，应提高研发投入，加强对外贸易，使其达到 OFDI 逆向技术溢出的门槛值。

其次，中国各省受到不同门槛的限制，但大部分省份能够在各方面都越过门槛值，而中西部地区受技术差距门槛限制严重，且西部地区受人力资本、研发强度、技术差距、经济发展水平及贸易开放度的限制尤为严重。政府有必要采取差异化的对外直接投资政策，对经济发展程度较高、高技术差距的东部地区，应加大研发资本投入强度，注重做好所获得国外先进技术与自身技术的对接，循序渐进逐步消化。而对低技术差距的中西部地区，应加大人力资本的教育投入，提升地区吸收能力。

结论与政策建议

一、结论

综上所述，本书以问题为导向，首先提出近年来对外直接投资高速增长能否带来逆向技术溢出，而这种技术溢出效应能否对中国制造业结构转型升级产生影响。通过梳理 OFDI 逆向技术溢出和制造业结构升级的相关文献，分析 OFDI 逆向技术溢出对制造业结构升级的理论影响机制，并运用投资学、产业经济学、发展经济学、新结构经济学和计量经济学，构建实证检验模型，分别检验各省 OFDI 逆向技术溢出对各省制造业行业内和行业间结构升级的影响效果，并运用门限模型检验影响 OFDI 逆向技术溢出的各影响因子的门槛值，概括而言，本研究获得了如下几点结论：

第一，虽然中国制造业发展速度高于世界制造业平均水平，但制造业技术结构、行业结构、空间结构以及生态和劳动力结构亟待转型升级。制造业行业分布、空间布局不合理、自主创新能力薄弱、核心技术缺失，劳动力成本上升，依靠廉价劳动力的低成本竞争优势丧失，而高水平人力资本匮乏，资源枯竭及环境污染，以往建立在高强度消耗和高密集化使用资源基础上的快速粗放型发展方式迫切需要转型升级。主动进行对外直接投资，攫取发达国家先进技术，带动制造业技术进步和产业结构调整是促进制造业结构转型升级的有效途径。

第二，OFDI 逆向技术溢出大小与投资规模呈正比，OFDI 投资规模越大，所获得的逆向技术溢出也越大，但 OFDI 逆向技术溢出受投资区位方向、方式、行业影响，造成真实的逆向技术溢出效果可能与理论有一定偏差。本书分别测算了省份和行业层面的 OFDI 逆向技术溢出效应，结果显示，OFDI 逆向技术溢出效应在区域和行业上均存在异质性。中国 OFDI 逆向技术溢出存在地域和行业上的不平衡，东部地区的逆向技术溢出大于中部和西部，租赁和商务服务业、金融业等服务业的对外直接投资规模较大，所获得的逆向技术溢出较大，而制造业投资规模相对较小，所获得的逆向技术溢出也相对较少。因此，应逐步提高我国制造业的对外直接投资规模。由此，在新常态经济形势下，要稳增长、调结构，使我国产业结构得以优化就必须进一步加大制造业、信息传输、软件等高技术行业的对外直接投资规模。

第三，制造业行业内升级方面，OFDI 逆向技术溢出对制造业整体行业技术进步具有显著的促进作用，在考虑 OFDI、FDI 和进口渠道共同作用的国外 R&D 研发资本渠道下，OFDI、FDI 和进口渠道均显著影响我国制造业技术进步，而国内 R&D 研发资本对制造业技术进步不显著。从制造业行业内分区域看，OFDI 逆向技术溢出对东部和西部地区制造业技术进步具有正向影响，而中部地区影响还未显现。从制造业分劳动、资本和技术密集型行业方面，OFDI 逆向技术溢出仅对制造业劳动密集型行业技术进步具有显著的正向影响，而对制造业资本和技术密集型行业的影响不显著。

第四，制造业行业间升级方面，OFDI 逆向技术溢出对制造业结构高级化的检验结果显示：OFDI 逆向技术溢出能显著提高我国劳动密集型行业、资本密集型行业的制造业的产值比重，对技术密集型行业影响不显著，此外，OFDI 逆向技术溢出促进制造业技术密集型行业与资本密集型行业产值、就业和固定资产净值比重存在负相关关系，说明 OFDI 逆向技术溢出不利于技术密集型行业产值结构、就业结构和资产结构的高级化，从而阻碍了我国制造业内部结构高级化。进一步验证我国制造业在高技术、高附加值行业并未实现技术水平的升级，仍处于价值链低端环节。而 FDI 和进口贸易渠道的技术溢出则有利于我国制造业行业间结构高级化。OFDI 逆向技术溢出对制造业结构合理化的检验结果显示：OFDI 逆向技术溢出对制造业总体结构偏离度和泰尔指数均具有显著的负向影响，且由于制造业结构偏离度和泰尔指数与制造业结构合理化负相关，说明 OFDI 逆向技术溢出有利于提升制造业结构合理化。即 OFDI 逆向技术溢出有利于制造业结构合理化而不利于制造业结构高级化。

第五，从 OFDI 逆向技术溢出影响因子方面，人力资本、研发强度、技术差距、经济发展水平以及贸易开放度等影响因素均表现出显著的门槛效应，其中，人力资本、研发强度、技术差距、经济发展水平、贸易开放度和投资开放度的门槛值分别为 9.374、0.073、0.458、19 297.67、0.114 和 0.401。

当跨越各影响因素的门槛值之后,OFDI 逆向技术溢出能显著地促进制造业全要素生产率的提升。

二、政策建议

(一)适当扩大制造业对发达国家的投资比重

在开放经济条件下,对于后发国家,当技术水平与发达国家差距加大时,通过主动对外直接投资学习国外已有的先进技术,缩短技术进步时间,实现技术跨越,这是在一国资源有限,技术落后的情况下实现技术赶超成本最低、效率最高的路径,这一路径有助于提升投资母国技术进步,促进制造业结构转型升级。OFDI 逆向技术溢出大小与投资规模呈正比,OFDI 投资规模越大,所获得的逆向技术溢出也越大,但 OFDI 逆向技术溢出受投资区位方向、方式、行业影响,在一定程度上削弱了其溢出效果。在当今国际格局中,欧美等发达国家和地区作为全球价值链的控制者或主导者,是世界新技术、新产品、新信息的主要来源地,在大部分高新技术领域处于主导地位。譬如说,美国在生物工程技术、电子信息技术、航空航天技术、新型材料技术、现代加工制造技术等领域处于世界领先地位;欧盟在汽车制造技术、精密机械制造技术、化学生物技术、能源环保技术等领域取得了一大批科技成果;日本的钢铁行业、造船行业、机器人制造业和电子通信业等行业位居世界前列。因为有相对成熟的市场体系、比较完善的法律制度、较强的科技创新能力以及优越的技术配套环境和丰富的信息资源的支持,这些国家和地区成为全球技术创新的主要发源地。为了加快技术进步,推动制造业转型升级,我国必须加强对欧美等先进国家和地区的直接投资。长期以来,中国有些对外投资企业的海外投资行为存在投机取巧现象,有的仅为了获取外资身份以便更好地享受国家优惠外资政策待遇,由此导致中国 OFDI 大多流向香港、开曼群岛和英属维尔京群岛等地区。而这种偏向型的海外投资行为,使中国企业难以接触到国际顶尖技术、科技前沿,最终导致中国 OFDI 所获得的逆向技术溢出效应不高。因此,笔者认为,积极主动适当扩大对发达国家制造业投资比重,有利于国内公司及时追踪掌握世界前沿技术走向,享受国外先进技术溢出的正面作用,推动国内制造业结构转型升级,从而进一步促进国内科技进步。值得注意的是,美国总统特朗普上台后,提出了一系列对国内行业和市场的贸易保护政策，加大了对外来投资的审查和干预力度，可能导致在美投资风险加大，因此，中国企业在海外投资前应做好对风险预警控制机制的评估。

（二）借力供给侧结构性改革，助推制造业结构升级

针对本书制造业行业内升级结论，OFDI逆向技术溢出对制造业整体行业技术进步具有显著的促进作用，而制造业分劳动、资本和技术密集型行业方面，OFDI逆向技术溢出仅对制造业劳动密集型行业技术进步具有显著的正向影响，而对制造业资本和技术密集型行业的影响不显著。说明结构转型升级路径是依行业差异而定的，笔者认为，由于制造业各行业的发展水平与世界同行业的技术差距不同，因此，应结合制造业内部各行业特点，制定适合行业发展的升级路径。如食品制造、纺织等劳动密集型行业，在生产工艺、产品质量、劳动生产率上虽与国外有一定差距，但这种差距主要体现在新产品的创新、品牌管理和售后服务等方面，因此，这些劳动密集型行业升级应以本国研发为主，国外技术溢出为辅；而像医药制造业、航空航天制造业等高技术密集型行业，则应主动进行对外直接投资，加强与技术领先国的研发合作，借力国家供给侧结构性改革，采用经济手段增加对高技术制造业的海外投资，对技术获取型OFDI的扶持力度。鼓励国内企业向海外高新技术产业投资，制定对这类投资项目的税收优惠政策，实现制造业技术结构转型升级。

针对中国OFDI逆向技术溢出促进制造业行业间结构高级化和合理化两个维度上表现和特征存在明显差异的事实，即OFDI逆向技术溢出有利于制造业结构合理化而不利于制造业结构高级化。政府在引导和促进制造业结构升级过程中需要根据制造业结构升级的层次有意识地差别化对待。现阶段应重点关注OFDI逆向技术溢出对制造业结构合理化的提升作用，不断提升政府对OFDI促进国内制造业结构合理化、高级化良性发展的引导和调控水平，鼓励技术寻求型OFDI的发展，借助"一带一路"倡议和国内供给侧结构性改革契机，一方面，投资海外基础建设带动国内钢铁制造、水泥加工等传统制造业结构转型；另一方面，加快投资步伐将带动国内一些高端资本和技术密集型制造业如高铁、航空、核电、船舶等制造业的高速发展。进而提高全球范围内我国制造业的国际竞争力，进一步加快制造业技术结构高级化进程和制造业行业地位合理化，最终促进制造业结构优化升级。

(三) 实现关键技术突破，增强自主创新能力

随着后发国家的技术进步和经济增长，后发国家开始产业转型升级，难免与发达国家形成行业竞争，发达国家出于对自身竞争优势的保护，必然会限制对发展中国家技术转移，因此，仅依赖国外技术溢出来促进国内制造业转型升级将面临挑战。此时应将重心转向本国研发投入与自主创新上，由此，在主动进行对外直接投资，攫取国外先进技术溢出的同时，不能丧失本国R&D研发投入的主动性。我国制造大而不强，根本原因就是关键领域核心技术受制于人，自主创新能力不强，而这些技术通过对外直接投资很难获得，因此，必须加强核心技术和关键技术领域的自主创新，实现关键核心技术突破，增强自主创新能力。首先，人才是科技创新的基础，人才培育是提升自主创新能力的前提条件，因此应加快培育自有的高端技术人才，制定及完善激励科技人才的机制。创造有广阔前景的发展空间，不断完善人才引入制度，提供优厚的待遇，不断吸引国内外高层次创新型人才的加入；针对在技术创新领域有突出贡献的员工，提高报酬奖励规模，给予重奖；建立企业员工职业技能培训制度，为企业进行技术获取型OFDI奠定坚实的人才基础。其次，优化产学研协同创新机制。当前国内绝大多数制造业企业自主创新的能力很弱，而国内高等院校及科研机构在这方面具有一定的优势，通过促进产学研一体化合作，有利于提高国内企业对先进技术的学习、消化吸收能力。最后，应不断完善国内知识产权保护体系。目前我国知识产权保护领域存在突出的"有法不依、执法不严、违法不究"等问题，在一定程度上破坏了技术创新人员的积极性，必须加强对侵犯知识产权行为的监察和惩罚力度。在积极引进培育高端创新型人才的同时，重视产学研协同创新，优化高效协同的创新研发和成果转化体系，在原创性创新上下大功夫，努力实现在优势产业、关键技术上的重大突破，稳步推动创新能力从量的积累向质的飞跃，为加快制造业结构调整和优化升级提供动力支撑。

(四) 增强技术吸收能力，引导地区OFDI均衡发展

国外技术溢出是通过不同作用机制实现的，其效果受不同因素的影响。从技术溢出吸收方角度，本国人力资本及研发强度是决定技术溢出效果的重要因素。从制造业行业内分区域看，OFDI逆向技术溢出对东部和西部地区制造业技术进步具有正向影响，而中部地区影响还未显现。我国OFDI逆向技术

溢出制造业结构升级效应表现出明显的区域差异性。东部地区因为其优越的地理位置、充足的研发资本和人力资本存量储备、领先的科技水平以及先发优势，相对于中西部地区，在技术吸收和再创新能力方面有明显的优势，因此产生了更为明显的结构升级效应，这也是东部地区产业结构水平一直领先于中东部地区的重要原因。中西部地区属于内陆地区，有比较丰富的自然资源，为经济发展和推动制造业结构转型升级提供了基础性的生产要素，但受到经济发展水平落后于东部地区、人力资源、研发投入强度、技术创新等因素的限制，还没有跨越能够引发OFDI逆向技术溢出的门槛值，所以这些地区的对外投资还不能提升制造业全要素生产率，因此，采用差异化的政策，并加强各省协同创新，引导各地区OFDI均衡发展，形成产业集群发展，对经济发展程度较高、高技术差距的东部地区，应加大研发资本投入强度，注重做好获得国外先进技术与自身技术的对接，循序渐进逐步消化。而对低技术差距的中西部地区，应以培养吸收能力为主，加大人力资本的教育投入，提高研发投入，加强对外贸易，使其达到OFDI逆向技术溢出的门槛值，使对外直接投资逆向技术溢出促进制造业结构升级效应得到充分释放。

附录

附录一 制造业新分类

产业分类	序号	新分类	《国民经济行业分类2011》制造业
劳动密集型行业	1	食品、饮料及烟草制造业	农副食品加工业
			食品制造业
			饮料制造业
			烟草制品业
	2	纺织、服装、鞋、皮革制品业	纺织业
			纺织服装、鞋、帽制造业
			皮革、毛皮、羽毛（绒）及其制品业
	3	木材及家具制造	木材加工及木、竹、藤、棕、草制品业
			家具制造业
	4	造纸、印刷和记录媒介	造纸及纸制品业
			印刷业和记录媒介的复制
	11	文教工美及其他制造和回收业	文教体育用品制造业
			工艺品及其他制造业
			废弃资源综合利用业
资本密集型行业	5	石油加工、炼焦和核燃料加工业	石油加工、炼焦及核燃料加工业
	7	橡胶和塑料制品业	橡胶和塑料制品业
	8	非金属矿物制品业	非金属矿物制品业
	9	黑色及有色金属冶炼加工	黑色金属冶炼和压延加工业
			有色金属冶炼和压延加工业
	10	金属制品业	金属制品业
技术密集型行业	6	化学制品及医药工业	化学原料及化学制品制造业
			化学纤维制造业
			医药制造业
	12	机械设备制造业	通用设备制造业
			专用设备制造业

续表

产业分类	序号	新分类	《国民经济行业分类2011》制造业
技术密集型行业	13	电气机械及光学器材制造业	电气机械及器材制造业
			通信设备、计算机及其他电子设备制造业
			仪器仪表制造业
			金属制品、机械和设备修理业
	14	交通运输设备制造业	汽车制造业
			铁路、船舶、航空航天和其他运输设备制造业

附录二 区域制造业结构偏离度

区域	省区市	2003年	2004年	2005年	2006年	2007年	2008年	2009年	2010年	2011年	2012年	2013年	2014年	2015年
东部	北京	0.643	0.902	0.941	0.899	0.869	0.556	0.834	0.893	0.807	0.703	0.675	0.692	0.737
	天津	0.695	1.079	1.098	1.183	1.160	0.938	1.122	1.377	1.352	0.928	0.732	0.710	0.650
	河北	0.632	0.951	1.069	0.969	0.962	0.726	1.021	0.899	1.002	0.849	0.697	0.666	0.524
	辽宁	0.564	0.958	0.990	1.026	1.084	1.471	0.933	0.887	0.908	0.753	0.686	0.616	0.533
	上海	0.404	0.629	0.770	0.792	0.786	0.522	0.702	0.723	0.756	0.668	0.619	0.668	0.601
	江苏	0.409	0.615	0.609	0.704	0.710	0.972	0.677	0.698	0.667	0.497	0.619	0.547	0.505
	浙江	0.466	0.332	0.369	0.220	0.272	0.269	0.216	0.321	0.516	0.594	0.636	0.689	0.705
	福建	0.836	1.043	0.638	1.048	1.085	3.018	0.898	0.844	0.872	0.655	0.523	0.488	0.355
	山东	1.025	0.867	0.505	0.493	0.531	0.707	0.381	0.427	0.070	0.100	0.119	0.170	0.052
	广东	0.303	0.609	0.531	0.696	0.733	0.495	0.618	0.584	0.638	0.666	0.596	0.533	0.451
	海南	0.462	0.405	0.830	0.486	0.477	0.193	0.218	0.205	0.357	0.299	0.311	0.272	0.211
中部	山西	0.717	1.059	1.085	1.013	0.908	0.294	0.627	0.577	0.551	0.503	0.299	0.325	0.207
	吉林	0.196	0.730	0.854	0.886	0.874	1.288	0.854	0.864	0.943	0.818	0.710	0.713	0.611
	黑龙江	0.679	0.756	0.760	0.723	0.646	0.630	0.574	0.570	0.650	0.539	0.744	0.798	0.678
	安徽	0.860	1.143	1.034	1.706	3.369	1.004	3.242	3.490	3.557	3.223	2.378	2.672	2.392
	江西	0.406	0.348	0.454	0.487	0.441	0.372	0.446	0.373	0.376	0.269	0.057	0.094	0.153

续表

区域	省区市	2003年	2004年	2005年	2006年	2007年	2008年	2009年	2010年	2011年	2012年	2013年	2014年	2015年
中部	河南	0.762	0.988	1.337	0.899	0.829	0.962	2.334	0.690	0.724	0.748	0.735	0.641	0.599
	湖北	0.443	0.822	0.902	0.929	0.912	1.327	0.716	0.683	0.639	0.543	0.545	0.545	0.492
	湖南	0.592	0.968	1.910	1.256	1.300	1.010	0.966	1.035	1.106	0.905	0.877	0.801	0.735
西部	内蒙古	0.633	1.050	1.153	1.042	1.018	1.080	0.806	0.864	0.898	0.514	0.480	0.407	0.295
	广西	0.396	0.726	0.775	0.749	0.704	0.499	0.553	0.541	0.603	0.468	0.299	0.297	0.118
	重庆	0.493	0.425	0.200	0.249	0.294	0.424	0.386	0.138	0.225	0.170	0.225	0.313	0.324
	四川	0.382	0.099	0.148	0.065	0.020	0.267	0.042	0.074	0.115	0.098	0.126	0.159	0.137
	贵州	0.982	0.437	0.574	0.588	0.541	0.583	0.607	0.600	0.612	0.359	0.175	0.449	0.282
	云南	1.754	1.150	0.878	0.655	0.629	0.550	0.472	0.422	0.350	0.367	0.271	0.284	0.251
	西藏	0.574	0.332	0.193	1.394	1.109	3.019	0.763	0.717	1.235	0.250	0.313	0.428	0.610
	陕西	0.449	0.789	1.094	1.428	1.323	0.711	1.184	1.138	1.259	3.682	0.833	1.034	0.556
	甘肃	0.748	1.260	1.336	1.630	1.769	1.527	1.472	1.342	1.259	1.110	0.967	0.817	0.739
	青海	0.814	0.871	1.067	1.067	1.136	0.704	0.610	0.800	0.776	0.595	0.687	0.665	0.695
	宁夏	0.479	0.452	0.389	0.711	0.526	0.413	0.264	0.450	0.340	0.617	0.482	0.431	0.346
	新疆	1.702	1.739	1.859	1.850	1.526	1.080	1.074	1.138	1.198	1.118	0.804	0.805	0.446
平均	东部	0.585	0.763	0.759	0.774	0.788	0.897	0.693	0.714	0.722	0.610	0.565	0.550	0.484
	中部	0.582	0.852	1.042	0.987	1.160	0.861	1.220	1.035	1.068	0.943	0.793	0.824	0.733
	西部	0.784	0.778	0.806	0.952	0.883	0.905	0.686	0.685	0.739	0.779	0.472	0.507	0.400
	全国	0.650	0.797	0.869	0.905	0.944	0.888	0.866	0.812	0.843	0.778	0.610	0.627	0.539

附录三 区域制造业泰尔指数

区域	省区市	2003年	2004年	2005年	2006年	2007年	2008年	2009年	2010年	2011年	2012年	2013年	2014年	2015年
东部	北京	0.0210	0.0735	0.0652	0.0742	0.0595	0.0522	0.0502	0.0514	0.0385	0.0331	0.0466	0.0479	0.0462
	天津	0.0253	0.0728	0.0791	0.0881	0.0779	0.0728	0.0596	0.0822	0.0825	0.0493	0.0358	0.0335	0.0312
	河北	0.0256	0.0538	0.0678	0.0559	0.0545	0.0383	0.0619	0.0478	0.0609	0.0549	0.0335	0.0292	0.0178
	辽宁	0.0181	0.0498	0.0477	0.0508	0.0533	0.1195	0.0393	0.0339	0.0334	0.0281	0.0257	0.0214	0.0167
	上海	0.0119	0.0228	0.0346	0.0346	0.0338	0.0351	0.0275	0.0286	0.0316	0.0326	0.0264	0.0300	0.0243
	江苏	0.0073	0.0325	0.0320	0.0312	0.0268	0.0426	0.0213	0.0213	0.0175	0.0249	0.0289	0.0243	0.0230
	浙江	0.0143	0.0080	0.0084	0.0036	0.0054	0.0358	0.0029	0.0061	0.0155	0.0255	0.0315	0.0371	0.0349
	福建	0.0430	0.0580	0.0182	0.0539	0.0669	0.2366	0.0568	0.0508	0.0635	0.0394	0.0273	0.0162	0.0097
	山东	0.0514	0.0385	0.0124	0.0137	0.0150	0.0245	0.0074	0.0093	0.0004	0.0049	0.0031	0.0037	0.0011
	广东	0.0078	0.0215	0.0174	0.0284	0.0310	0.0263	0.0223	0.0200	0.0232	0.0333	0.0246	0.0207	0.0172
	海南	0.0130	0.0101	0.0418	0.0187	0.0199	0.0657	0.0031	0.0029	0.0079	0.0115	0.0065	0.0058	0.0031
中部	山西	0.0259	0.0612	0.0636	0.0562	0.0470	0.0424	0.0213	0.0178	0.0164	0.0053	0.0086	0.0108	0.0077
	吉林	0.0019	0.0235	0.0408	0.0343	0.0329	0.0337	0.0310	0.0316	0.0376	0.0434	0.0366	0.0364	0.0293
	黑龙江	0.0269	0.0547	0.0491	0.0368	0.0282	0.0112	0.0214	0.0200	0.0238	0.0254	0.0321	0.0365	0.0278
	安徽	0.0643	0.1163	0.0745	0.1231	0.3803	0.0144	0.3994	0.4070	0.4299	0.3678	0.2212	0.2928	0.2440
	江西	0.0120	0.0096	0.0151	0.0195	0.0166	−0.0225	0.0129	0.0116	0.0095	0.0063	0.0002	−0.0001	0.0010

续表

区域	省区市	2003年	2004年	2005年	2006年	2007年	2008年	2009年	2010年	2011年	2012年	2013年	2014年	2015年
中部	河南	0.0412	0.0512	0.1016	0.0435	0.0371	0.0519	-0.3215	0.0295	0.0327	0.0453	0.0467	0.0368	0.0423
	湖北	0.0139	0.0429	0.0520	0.0556	0.0527	0.1260	0.0308	0.0284	0.0249	0.0228	0.0201	0.0196	0.0150
	湖南	0.0196	0.0535	0.2097	0.0903	0.0942	0.0660	0.0521	0.0587	0.0662	0.0530	0.0516	0.0448	0.0367
西部	内蒙古	0.0187	0.0641	0.0570	0.0623	0.0536	0.1244	0.0385	0.0339	0.0278	0.0193	0.0194	0.0179	0.0119
	广西	0.0097	0.0330	0.0387	0.0351	0.0300	0.0162	0.0185	0.0182	0.0205	0.0148	0.0078	0.0064	0.0023
	重庆	0.0104	0.0091	0.0023	0.0031	0.0043	0.0352	0.0072	0.0009	0.0021	0.0059	0.0057	0.0081	0.0080
	四川	0.0089	0.0007	0.0015	0.0003	0.0000	0.0269	0.0001	0.0003	0.0008	0.0150	0.0150	0.0163	0.0163
	贵州	0.0399	0.0098	0.0151	0.0176	0.0146	0.0153	0.0175	0.0182	0.0188	0.0108	0.0032	0.0143	0.0071
	云南	0.1549	0.0737	0.0447	0.0271	0.0247	0.0159	0.0136	0.0112	0.0075	0.0092	0.0056	0.0069	0.0051
	西藏	0.0163	0.0072	0.0022	0.1096	0.0648	0.5919	0.0430	0.0318	0.0809	0.0089	0.0151	0.0101	0.0391
	陕西	0.0090	0.0297	0.0527	0.0935	0.0787	0.0593	0.0681	0.0656	0.0843	0.0672	0.0501	0.0592	0.0260
	甘肃	0.0585	0.1105	0.1198	0.1799	0.1993	0.1331	0.1361	0.1067	0.0927	0.0777	0.0553	0.0389	0.0397
	青海	0.0386	0.0385	0.0581	0.0575	0.0647	0.0181	0.0207	0.0336	0.0304	0.0222	0.0271	0.0240	0.0346
	宁夏	0.0142	0.0182	0.0118	0.0311	0.0165	0.0400	0.0053	0.0132	0.0072	0.0314	0.0215	0.0166	0.0116
	新疆	0.1793	0.1915	0.2198	0.2232	0.1805	0.0261	0.0961	0.0996	0.1044	0.0832	0.0496	0.0470	0.0186
平均	东部	0.0217	0.0401	0.0386	0.0412	0.0404	0.0681	0.0320	0.0322	0.0341	0.0307	0.0263	0.0245	0.0205
	中部	0.0257	0.0516	0.0758	0.0574	0.0861	0.0404	0.0309	0.0756	0.0801	0.0712	0.0522	0.0597	0.0505
	西部	0.0465	0.0488	0.0520	0.0700	0.0610	0.0919	0.0387	0.0361	0.0398	0.0305	0.0229	0.0221	0.0184
	全国	0.0313	0.0468	0.0555	0.0562	0.0625	0.0668	0.0339	0.0480	0.0513	0.0441	0.0338	0.0355	0.0298

参 考 文 献

[1] 白洁. 对外直接投资的逆向技术溢出效应——对中国全要素生产率影响的经验检验 [J]. 世界经济研究, 2009 (8): 65-69.

[2] 蔡冬青, 刘厚俊. 中国OFDI反向技术溢出影响因素研究——基于东道国制度环境的视角 [J]. 财经研究, 2012 (5): 59-69.

[3] 陈昊, 吴雯. 中国OFDI国别差异与母国技术进步 [J]. 科学学研究, 2016 (1): 49-56.

[4] 陈菲琼, 虞旭丹. 企业对外直接投资对自主创新的反馈机制研究: 以万向集团OFDI为例 [J]. 财贸经济, 2009 (3): 101-106.

[5] 陈琳, 朱明瑞. 对外直接投资对中国产业结构升级的实证研究: 基于产业间和产业内升级的检验 [J]. 当代经济科学, 2015 (6): 116-121+126.

[6] 崔日明, 俞佳根. 基于空间视角的中国对外直接投资与产业结构升级水平研究 [J]. 福建论坛 (人文社会科学版), 2015 (2): 26-33.

[7] 邓丽娜, 范爱军. 国际技术溢出对中国制造业产业结构升级影响的实证研究 [J]. 河北经贸大学学报, 2014 (4): 96-100.

[8] 董有德, 孟醒. OFDI、逆向技术溢出与国内企业创新能力——基于我国分价值链数据的检验 [J]. 国际贸易问题, 2014 (9): 120-129.

[9] 杜江, 宋跃刚. 知识资本、OFDI逆向技术溢出与企业技术创新——基于全球价值链视角 [J]. 科技管理研究, 2015 (21): 25-30.

[10] 杜金涛, 滕飞. 基于吸收能力视角的中国OFDI逆向技术溢出对国内技术进步影响研究 [J]. 经济问题探索, 2015 (11): 152-158+185.

[11] 范丹, 刘宏. 技术势差、OFDI逆向技术溢出与母国技术进步 [J]. 云南财经大学学报, 2015 (2): 20-27.

[12] 冯春晓. 我国对外直接投资与产业结构优化的实证研究——以制造业为例 [J]. 国际贸易问题, 2009 (8): 97-104.

[13] 符磊,李占国.关于 OFDI 逆向技术溢出的文献述评 [J].国际经贸探索,2013 (9):70-81.

[14] 傅元海,叶祥松,王展祥.制造业结构优化的技术进步路径选择——基于动态面板的经验分析 [J].中国工业经济,2014 (9):78-90.

[15] 傅元海,叶祥松,王展祥.制造业结构变迁与经济增长效率提高 [J].经济研究,2016 (8):86-100.

[16] 干春晖.新常态下中国经济转型与产业升级 [J].南京财经大学学报,2016 (2):1-10.

[17] 干春晖,李向阳.2018 年宏观经济形势分析与展望 [J].海关与经贸研究,2018 (1):1-8.

[18] 干春晖,郑若谷,余典范.中国产业结构变迁对经济增长和波动的影响 [J].经济研究,2011 (5):4-16+31.

[19] 顾露露,平淑娟,王悦.东道国多维度技术集聚与跨国公司海外投资逆向技术溢出效应研究——基于中国对 OECD 国家投资的实证分析 [J].浙江社会科学,2016 (9):46-58+157-158.

[20] 葛顺奇,罗伟.中国制造业企业对外直接投资和母公司竞争优势 [J].管理世界,2013 (6):28-42.

[21] 葛顺奇,罗伟.跨国公司进入与中国制造业产业结构——基于全球价值链视角的研究 [J].经济研究,2015 (11):34-48.

[22] 韩玉军,王丽.中国 OFDI 逆向技术溢出效应的影响因素研究——基于国别面板数据的非线性门槛技术回归 [J].经济理论与经济管理,2015 (6):94-105.

[23] 韩玉军,王丽.OFDI 逆向技术溢出对中国能源利用效率的影响 [J].经济问题,2016 (3):95-101.

[24] 黄群慧.论中国工业的供给侧结构性改革 [J].中国工业经济,2016 (9):5-23.

[25] 黄群慧.经济新常态下的中国工业经济运行分析——2016 年特征与 2017 年挑战 [J].河北经贸大学学报,2017 (4):1-6.

[26] 黄群慧,贺俊.中国制造业的核心能力、功能定位与发展战略——兼评《中国制造2025》[J].中国工业经济,2015 (6):5-17.

[27] 霍忻.中国 OFDI 逆向技术溢出效应的地区差异分析 [J].广东财经大学学报,2015 (5):16-24.

[28] 霍忻. 中国 OFDI 逆向技术溢出对国内技术进步影响研究——基于吸收能力视角 [J]. 经济经纬, 2016 (3): 60-65.

[29] 贾妮莎, 韩永辉. 外商直接投资、对外直接投资与产业结构升级——基于非参数面板模型的分析 [J]. 经济问题探索, 2018 (2): 142-152.

[30] 蒋冠宏, 蒋殿春. 中国企业对外直接投资的"出口效应" [J]. 经济研究, 2014 (5): 160-173.

[31] 江小涓, 杜玲. 对外投资理论及其对中国的借鉴意义 [J]. 经济研究参考, 2002 (73): 32-44.

[32] 姜亚鹏, 付雨果, 姜玉梅. 中国对外直接投资逆向技术溢出区域差异与门槛效应研究 [J]. 昆明理工大学学报 (社会科学版), 2014 (4): 42-51.

[33] 揭水晶, 吉生保, 温晓慧. OFDI 逆向技术溢出与我国技术进步——研究动态及展望 [J]. 国际贸易问题, 2013 (8): 161-169.

[34] 李超, 张诚. 中国对外直接投资与制造业全球价值链升级 [J]. 经济问题探索, 2017 (11): 114-126.

[35] 李东坤, 邓敏. 中国省际 OFDI、空间溢出与产业结构升级——基于空间面板杜宾模型的实证分析 [J]. 国际贸易问题, 2016 (1): 121-133.

[36] 李逢春. 对外直接投资的母国产业升级效应——来自中国省际面板的实证研究 [J]. 国际贸易问题, 2012 (6): 124-134.

[37] 李娟, 唐珮菡, 万璐. 对外直接投资、逆向技术溢出与创新能力——基于省级面板数据的实证分析 [J]. 世界经济研究, 2017 (4): 59-71+135.

[38] 李梅. 人力资本、研发投入与对外直接投资的逆向技术溢出 [J]. 世界经济研究, 2010 (10): 69-75+89.

[39] 李梅, 金照林. 国际 R&D、吸收能力与对外直接投资逆向技术溢出——基于我国省际面板数据的实证研究 [J]. 国际贸易问题, 2011 (10): 124-136.

[40] 李梅, 柳士昌. 对外直接投资逆向技术溢出的地区差异和门槛效应——基于中国省际面板数据的门槛回归分析 [J]. 管理世界, 2012 (1): 21-32+66.

[41] 李梅, 袁小艺, 张易. 制度环境与对外直接投资逆向技术溢出 [J]. 世界经济研究, 2014 (2): 61-66+74+89.

[42] 李平, 宋丽丽. FDI 渠道的 R&D 溢出、吸收能力与中国技术进步——基于一个扩展的 LP 方法的实证研究 [J]. 山东大学学报 (哲学社会科学版),

2009 (4): 25-31.

[43] 李莹, 沙文兵. 中国对外直接投资逆向技术溢出效应: 近期文献综述 [J]. 科技管理研究, 2017 (10): 148-153.

[44] 刘海云, 聂飞. 中国 OFDI 动机及其对外产业转移效应——基于贸易结构视角的实证研究 [J]. 国际贸易问题, 2015 (10): 73-86.

[45] 刘海云, 廖庆梅. 中国对外直接投资对国内制造业就业的贡献 [J]. 世界经济研究, 2017 (3): 56-67.

[46] 刘宏, 秦蕾. 中国 OFDI 逆向技术溢出效应对国内技术进步影响的实证研究 [J]. 中国科技论坛, 2013 (5): 143-148.

[47] 刘宏, 张蕾. 中国 ODI 逆向技术溢出对全要素生产率的影响程度研究 [J]. 财贸经济, 2012 (1): 95-100.

[48] 刘新宇, 辛静静. 中国 OFDI 对产业结构调整影响的实证研究——基于1991~2013年数据的 VAR 模型分析 [J]. 投资研究, 2014 (11): 98-110.

[49] 刘伟全. 我国 OFDI 母国技术进步效应研究——基于技术创新活动的投入产出视角 [J]. 中国科技论坛, 2010 (3): 96-101.

[50] 李娟, 唐珮菡, 万璐, 庞有功. 对外直接投资、逆向技术溢出与创新能力——基于省级面板数据的实证分析 [J]. 世界经济研究, 2017 (4): 59-71+135.

[51] 林青, 陈湛匀. 中国技术寻求型跨国投资战略: 理论与实证研究——基于主要10个国家 FDI 反向溢出效应模型的测度 [J]. 财经研究, 2008, 34 (6): 86-99.

[52] 刘明霞, 刘林青. 人力资本、技术差距与 OFDI 逆向技术溢出效应 [J]. 中国地质大学学报 (社会科学版), 2011 (5): 59-64+77.

[53] 刘明霞, 王学军. 中国对外直接投资的逆向技术溢出效应研究 [J]. 世界经济研究, 2009 (9): 57-62.

[54] 罗丽英, 郑兴. 人力资本与不同要素密集度行业的 OFDI 逆向技术溢出门槛效应——基于19个行业2004~2013年面板数据 [J]. 现代财经 (天津财经大学学报), 2015 (12): 16-28.

[55] 罗伟, 葛顺奇. 跨国公司进入与中国的自主研发: 来自制造业企业的证据 [J]. 世界经济, 2015 (12): 29-53.

[56] 鲁万波, 常永瑞, 王叶涛. 中国对外直接投资、研发技术溢出与技

术进步［J］．科研管理，2015，36（3）：38-48．

［57］聂飞，刘海云．中国对外直接投资与国内制造业转移——基于动态空间杜宾模型的实证研究［J］．经济学家，2015（7）：35-44．

［58］聂飞，刘海云，毛海欧．中国利用外资促进了对外直接投资吗——基于集聚经济效应的实证研究［J］．国际贸易问题，2016（10）：119-130．

［59］聂名华．中国对外直接投资的主要特征与发展策略思考［J］．国际贸易，2017（4）：45-50．

［60］聂名华．中国制造业在全球价值链中的地位与升级方略［J］．东南学术，2017（2）：127-134+248．

［61］聂名华，朱晓辉．中国OFDI逆向技术溢出效应与提升方略［J］．宁夏社会科学，2017（6）：78-84．

［62］欧阳艳艳，刘丽，陈艳伊．中国对外直接投资的产业效应研究［J］．产业经济评论，2016（1）：9-19．

［63］欧阳艳艳，郑慧欣．中国对外直接投资逆向技术溢出的境内地区差异性分析［J］．国际商务（对外经济贸易大学学报），2013（1）：85-94．

［64］阮敏，李衡．母国制度环境对OFDI逆向技术溢出效应研究［J］．产经评论，2018，9（2）：85-98．

［65］沙文兵．对外直接投资、逆向技术溢出与国内创新能力——基于中国省际面板数据的实证研究［J］．世界经济研究，2012（3）：69-74+89．

［66］沙文兵．东道国特征与中国对外直接投资逆向技术溢出——基于跨国面板数据的经验研究［J］．世界经济研究，2014（5）：60-65．

［67］邵玉君．FDI、OFDI与国内技术进步［J］．数量经济技术经济研究，2017（9）：21-38．

［68］申俊喜，戴娟．东道国制度质量对我国OFDI逆向技术溢出效应影响分析［J］．商业经济研究，2015（5）：91-92．

［69］申俊喜，鞠颖．中国电子信息产业OFDI逆向技术溢出效应研究——基于分位数回归方法［J］．国际商务（对外经济贸易大学学报），2016（1）：79-87+149．

［70］沈能，赵增耀．空间异质性假定下OFDI逆向技术溢出的门槛效应［J］．科研管理，2013（12）：1-7．

［71］史丹，张成．中国制造业产业结构的系统性优化——从产出结构优化和要素结构配套视角的分析［J］．经济研究，2017（10）：158-172．

[72] 宋勇超. 中国对外直接投资的逆向技术溢出效应研究——理论模型与实证检验 [J]. 经济经纬, 2015 (3): 60-65.

[73] 宋跃刚, 杜江. 制度变迁、OFDI 逆向技术溢出与区域技术创新 [J]. 世界经济研究, 2015 (9): 60-73+128.

[74] 陶爱萍, 盛蔚. 技术势差、OFDI 逆向技术溢出与中国制造业高端化 [J]. 国际商务（对外经济贸易大学学报）, 2018 (3): 85-98.

[75] 汤婧, 于立新. 我国对外直接投资与产业结构调整的关联分析 [J]. 国际贸易问题, 2012 (11): 42-49.

[76] 唐未兵, 傅元海, 王展祥. 技术创新、技术引进与经济增长方式转变 [J]. 经济研究, 2014 (7): 31-43.

[77] 王雷, 桂成权. OFDI 逆向技术溢出对地区技术创新的影响——基于基础吸收能力的调节作用 [J]. 南京审计学院学报, 2015 (5): 28-36.

[78] 王丽, 韩玉军. OFDI 逆向技术溢出与母国产业结构优化之间的关系研究 [J]. 国际商务（对外经济贸易大学学报）, 2017 (5): 53-64.

[79] 王恕立, 向姣姣. 对外直接投资逆向技术溢出与全要素生产率: 基于不同投资动机的经验分析 [J]. 国际贸易问题, 2014 (9): 109-119.

[80] 魏巧琴, 杨大楷. 对外直接投资与经济增长的关系研究 [J]. 数量经济技术经济研究, 2003, 20 (1): 93-97.

[81] 王志超. OFDI 逆向技术溢出效益对产业结构升级影响的研究 [D]. 首都经济贸易大学, 2014.

[82] 吴书胜, 李斌. 中国对外直接投资逆向技术溢出非线性效应研究——基于面板平滑转换模型的实证分析 [J]. 世界经济研究, 2015 (9): 74-85+128.

[83] 王英, 刘思峰. 国际技术外溢渠道的实证研究 [J]. 数量经济技术经济研究, 2008 (4): 153-161.

[84] 项本武. 东道国特征与中国对外直接投资的实证研究 [J]. 数量经济技术经济研究, 2009 (7): 33-46.

[85] 谢光亚, 杜君君. 中国 OFDI 与国内产业结构优化升级关联度分析——基于行业选择与国别选择的灰色关联分析 [J]. 湖南大学学报（社会科学版）, 2015 (5): 71-77.

[86] 谢钰敏, 周开拓, 魏晓平. 对外直接投资对中国创新能力的逆向溢出效应研究 [J]. 经济经纬, 2014 (3): 42-47.

[87] 徐健, 陈丽珍. OFDI 逆向技术溢出效应和母国吸收能力——基于省际面板数据的实证分析 [J]. 上海对外经贸大学学报, 2014 (5): 47-56.

[88] 冼国明, 杨锐. 技术累积、竞争策略与发展中国家对外直接投资 [J]. 经济研究, 1998 (11): 56-63.

[89] 徐旸憨. 中国对外直接投资逆向技术溢出效应研究 [D]. 浙江大学, 2015.

[90] 杨连星, 刘晓光. 中国 OFDI 逆向技术溢出与出口技术复杂度提升 [J]. 财贸经济, 2016 (6): 97-112.

[91] 杨连星, 罗玉辉. 中国对外直接投资与全球价值链升级 [J]. 数量经济技术经济研究, 2017 (6): 54-70.

[92] 杨挺, 李志中, 陈子若. 中国对外直接投资的新特征及趋势 [J]. 国际经济合作, 2017 (1): 18-26.

[93] 杨挺, 魏克旭, 喻竹. 中国对外直接投资新特征及新趋势——创新对外直接投资政策与实践的思考 [J]. 国际经济合作, 2018 (1): 18-27.

[94] 杨小花, 徐英杰, 聂名华. 中国 OFDI 逆向技术溢出效应的影响因素分析 [J]. 统计与决策, 2018 (11): 129-133.

[95] 杨英, 刘彩霞. "一带一路" 背景下对外直接投资与中国产业升级的关系 [J]. 华南师范大学学报 (社会科学版), 2015 (5): 93-101.

[96] 姚战琪. 最大限度发挥中国 OFDI 逆向溢出效应——推动对"一带一路"沿线国家 OFDI 逆向溢出的政策取向 [J]. 国际贸易, 2017 (5): 44-48.

[97] 姚战琪. "一带一路" 沿线国家 OFDI 的逆向技术溢出对我国产业结构优化的影响 [J]. 经济纵横, 2017 (5): 44-52.

[98] 叶红雨, 韩东. OFDI 逆向技术溢出效应研究述评与展望 [J]. 当代经济管理, 2015 (2): 10-15.

[99] 叶红雨, 韩东, 王圣浩. 中国 OFDI 逆向技术溢出效应影响因素的分位数回归研究——基于东道国特征视角 [J]. 经济与管理评论, 2017 (5): 112-120.

[100] 叶建平, 申俊喜, 胡潇. 中国 OFDI 逆向技术溢出的区域异质性与动态门限效应 [J]. 世界经济研究, 2014 (10): 66-72+89.

[101] 叶娇, 赵云鹏. 对外直接投资与逆向技术溢出——基于企业微观特征的分析 [J]. 国际贸易问题, 2016 (1): 134-144.

[102] 衣长军, 李赛, 张吉鹏. 制度环境、吸收能力与新兴经济体 OFDI

逆向技术溢出效应——基于中国省际面板数据的门槛检验 [J]. 财经研究, 2015 (11): 4-19.

[103] 殷朝华, 郑强, 谷继建. 对外直接投资促进了中国自主创新吗——基于金融发展视角的实证研究 [J]. 宏观经济研究, 2017 (8): 69-85.

[104] 尹东东, 张建清. 我国对外直接投资逆向技术溢出效应研究——基于吸收能力视角的实证分析 [J]. 国际贸易问题, 2016 (01): 109-120.

[105] 尹建华, 周鑫悦. 中国对外直接投资逆向技术溢出效应经验研究——基于技术差距门槛视角 [J]. 科研管理, 2014 (3): 131-139.

[106] 尹小剑. 对外直接投资与产业结构优化的灰色关联分析与趋势预测——来自中国FDI行业数据的证据 [J]. 世界经济与政治论坛, 2010 (5): 13-25.

[107] 余典范, 干春晖, 郑若谷. 中国产业结构的关联特征分析——基于投入产出结构分解技术的实证研究 [J]. 中国工业经济, 2011 (11): 5-15.

[108] 姚战琪. "一带一路"沿线国家OFDI的逆向技术溢出对我国产业结构优化的影响 [J]. 经济纵横, 2017 (5): 44-52.

[109] 张成强. OFDI逆向技术溢出吸收能力的文献综述 [J]. 特区经济, 2015 (2): 134-136.

[110] 周春应. 对外直接投资逆向技术溢出效应吸收能力研究 [J]. 山西财经大学学报, 2009 (8): 47-53.

[111] 朱彤, 崔昊. 对外直接投资、逆向技术溢出与中国技术进步 [J]. 世界经济研究, 2012 (10): 60-67.

[112] 张林. 中国双向FDI、金融发展与产业结构优化 [J]. 世界经济研究, 2016 (10): 111-124.

[113] 张允达. OFDI对中国制造业产业结构优化影响的研究 [D]. 浙江大学, 2015.

[114] 赵伟, 古广东, 何元庆. 外向FDI与中国技术进步: 机理分析与尝试性实证 [J]. 管理世界, 2006 (7): 53-60.

[115] 赵伟, 江东. ODI与中国产业升级: 机理分析与尝试性实证 [J]. 浙江大学学报 (人文社会科学版), 2010, 40 (3): 116-125.

[116] 赵伟, 汪全立. 人力资本与技术溢出: 基于进口传导机制的实证研究 [J]. 中国软科学, 2006 (4): 66-74.

[117] Acs, Z. J., Sanders, M. Intellectual property rights and the knowl-

edge spillover theory of entrepreneurship [J]. Jena Economic Research Papers, 2008 (69): 8 – 23.

[118] Alfaro, L., Chanda, A., Kalemli – Ozcan, S., Sayek, S. FDI and Economic Growth: the Role of Local Financial Markets [J]. Journal of International Economics, 2004 (64): 89 – 112.

[119] Aminullah, E., Fizzanty, T., Kusnandar, K. et al. Technology transfer through OFDI: the case of Indonesian natural resource-based MNEs [J]. Asian Journal of Technology Innovation, 2013, 21 (1): 104 – 118.

[120] Arora Nitin, Lohani Preeti. Does foreign direct investment spillover total factor productivity growth? A study of Indian drugs and pharmaceutical industry [J]. Benchmarkin – An International Journal, 2017 (24): 1937 – 1955.

[121] Bin Xu. Multinational Enterprises, Technology Diffusion, and Host Country Productivity Growth [J]. Journal of Development Economics, 2000, 62 (2): 477 – 493.

[122] Bitzer, J. and Kerekes, M. Does foreign direct investment transfer technology across borders? New evidence [J]. Economics Letters, 2008, 100 (3): 355 – 358.

[123] Blomstrom, M., Kokko, A. Multinational Firms Corporations and Spillovers [J]. 1998, 12 (3): 247 – 277.

[124] Braconier, H., Ekholm, K., Knarvik, K. H. M. In search of FDI – transmitted R&D spillovers: A study based on Swedish data [J]. Review of World Economics, 2001, 137 (4): 644 – 665.

[125] Branstetter L., Kusaka Y., Minato K. et al. Is foreign direct investment a channel of knowledge spillovers? Evidence from Japan's [C]//Journal of International Economics. National Bureau of Economic Research, Inc, 2006 (68): 325 – 344.

[126] Cantwell J., Tolentino P. E. Technological Accumulation and Third World Multinational [J]. International Investment and Business Studies, University of Reading, 1990, 139 (7): 129 – 157.

[127] Chang, P. – L., Lu, C. – H. Risk and the technology content of FDI: A dynamic model [J]. Journal of International Economics, 2012, 86 (2): 306 – 317.

[128] Chen, K. M. , Yang, S. - F. Impact of Outward Foreign Direct Investment on Domestic R&D Activity: Evidence from Taiwan's Multinational Enterprises in Low-wage Countries [J]. Asian Economic Journal, 2013, 27 (1): 17 -38.

[129] Chen, V. Z. , Li, J. , Shapiro, D. M. International reverse spillover effects on parent firms: Evidences from emerging-market MNEs in developed markets [J]. European Management Journal, 2012, 30 (3): 204 -218.

[130] Chen, X. , Funke, M. The dynamics of catch-up and skill and technology upgrading in China [J]. Journal of Macroeconomics, 2013, 38 (38): 465 -480.

[131] Cheung, K. Y. , Lin, P. Spillover effects of FDI on innovation in China: Evidence from the provincial data [J]. China Economic Review, 2004, 15 (1): 25 -44.

[132] Clegg, J. , Lin, H. M. , Voss, H. et al. The OFDI patterns and firm performance of Chinese firms: The moderating effects of multinationality strategy and external factors [J]. International Business Review, 2016, 25 (4): 971 -985.

[133] Cowling K. , Tomlinson P. R. The Japanese Crisis—A Case of Strategic Failure? [J]. Economic Journal, 2010, 110 (464): 358 -381.

[134] Crespo J. , Martin C. , Velázquez F. J. International Technology Diffusion through Imports and its Impact on Economic Growth [J]. European Economy Group Working Papers, 2002 (5): 1 -26.

[135] Dierk Herzer. Outward FDI, Total Factor Productivity and Domestic Output: Evidence from Germany [J]. International Economic Journal, 2012, 26 (1): 155 -174.

[136] Dong, Y. D. , Meng, X. OFDI Reverse Technology Spillovers and Domestic Enterprise Innovation Abilities [J]. Journal of International Trade, 2014.

[137] Driffield, N. , Love, J. H. Foreign Direct Investment, Technology Sourcing and Reverse Spillovers [J]. Manchester School, 2003, 71 (6): 659 -672.

[138] Driffield, N. , Love, J. H. , Taylor, K. Productivity and labor demand effects of inward and outward FDI on UK Industry [J]. Manchester School, 2009, 77 (2): 171 -203.

[139] D. T. Coe, Helpman E. International R&D spillovers and institutions

[J]. European Economic Review, 1995 (39): 859 – 887.

[140] Dunning J. H. International production and the multinational enterprise [M]//International production and the multinational enterprise. Allen & Unwin, 1981: 175 – 176.

[141] E. Borensztein, J. De Gregorio, J – W. Lee. How does foreign direct investment affect economic growth? [J]. Journal of International Economics, 1998 (45): 115 – 135.

[142] Fortescue, S., Hanson, P. What drives Russian outward foreign direct investment? Some observations on the steel industry [J]. Post – Communist Economies, 2015, 27 (3): 283 – 305.

[143] Forte R, Silva V. Outward FDI and Home Country Exports: Theoretical Approaches and Empirical Evidence [J]. International Trade Journal, 2017, 31: 1 – 27.

[144] Globerman S. Investing abroad and investing at home: Complements or substitutes? [J]. Multinational Business Review, 2012, 20 (3): 217 – 230.

[145] Goh, S. K., Wong, K. N. Malaysia's outward FDI: The effects of market size and government policy [J]. Journal of Policy Modeling, 2010, 33 (3): 497 – 510.

[146] Goh, S. K., Wong, K. N., Tham, S. Y. Trade linkages of inward and outward FDI: Evidence from Malaysia [J]. Economic Modelling, 2013, 35 (5): 224 – 230.

[147] Hanson, P. Russia's Inward and Outward Foreign Direct Investment: Insights into the Economy [J]. Eurasian Geography and Economics, 2010, 51 (5): 632 – 652.

[148] Hermes, Lensink., Foreign Direct Investment, Financial Development and Economic Growth [J]. The Journal of Development Studies, 2003 (40): 142 – 163.

[149] Herzer, D. The long-run relationship between outward FDI and total factor productivity: Evidence for developing countries [J]. Journal of Development Studies, forthcoming, 2010, 47 (5): 767 – 785.

[150] Huang, S. – C. Capital outflow and R&D investment in the parent firm [J]. Research Policy, 2013, 42 (1): 245 – 260.

[151] Ilhéu F. Chinese Outward Foreign Direct Investment: In Search of a New Theory [J]. International Journal of Asian Business & Information Management, 2010, 1 (4): 43 – 56.

[152] Intarakumnerd, P. Outward foreign direct investment and innovations from ASEAN and India: A synthesis [J]. Asian Journal of Technology Innovation, 2013, 21 (1): 1 – 3.

[153] Kazuo Ogawa, Chung Lee. Returns on capital and outward direct foreign investment: The case of six Japanese industries [J]. Journal of Asian Economics, 1996 (4): 437 – 467.

[154] Kleinert, J. & Toubal, F. The impact of locating production abroad on activities at home: Evidence from German firm-level data [M]. University of Tubingen. Mimeo, 2007.

[155] Klysik – Uryszek, A. Equity Investments vs. Debt Investments – What Drives OFDI in Polish Industry [J]. Przedsiebiorczosci Zarzadzanie, 2015, 16 (1): 65 – 81.

[156] Kogut, B., Chang, S. J. Technological Capabilities and Japanese Foreign Direct Investment in the United States [J]. The Review of Economics and Statistics, 1991 (73): 401 – 413.

[157] Koske, I. International R&D Spillovers: the Role of Financial Markets [J]. Applied Economics Letters, 2009 (16),: 1533 – 1536.

[158] Kojima K. Direct Foreign Investment: A Japanese Model of Multinational Business Operations [M]. London, Croom Helm, 1978: 324 – 360.

[159] Lehmann, A. T. T., Lehmann, F. Outward direct investment by Chinese state-owned enterprises [J]. Competitiveness Review: An International Business Journal, 2017, 27 (3): 231 – 252.

[160] Lichtenberg Frank, Bruno van Pottelsberghe de la Potterie. International R&D Spillovers: A Re-examination [J]. NBER Working Papers, 1996: 56 – 68.

[161] Lichtenberg, F., Van Pottelsberghe de la Potterie, B. Does foreign direct investment transfer technology across borders? [J]. Review of Economics and Statistics, 2001, 83 (3): 490 – 497.

[162] Li, L., Liu, X., Yuan, D. et al. Does outward FDI generate higher productivity for emerging economy MNEs? – Micro-level evidence from Chinese man-

ufacturing firms [J]. International Business Review, 2017, 26 (5): 839 – 854.

[163] Lipsey. Home and Host Country Effect of FDI [J]. NBER Working Paper, 2002 (9): 293.

[164] Liu, W. Notice of Retraction The Domestic Effect of Technological Progress on China's OFDI: Theoretical Analysis and Empirical Study [C]. Proceedings of the International Conference on E – Business and E – Government, F, 2010.

[165] Liu, X., Siler, P., Wang, C. et al. Productivity Spillovers from Foreign Direct Investment: Evidence from UK Industry Level Panel Data [J]. Journal of International Business Studies, 2000, 31 (3): 407 – 425.

[166] Mariusz Jan Radlo, Magdolna Sass. Outward Foreign Direct Investments and Emerging Multinational Companies from Central and Eastern Europe [J]. Eastern European Economics, 2012, 50 (2): 5 – 21.

[167] Mathews J. A. Dragon Multinationals: New Players in 21st Century Globalization [J]. Asia Pacific Journal of Management, 2006 (23): 5 – 27.

[168] Mei Li, Dan Li, Marjorie Lyles, Shichang Liu. Chinese MNEs' Outward FDI and Home Country Productivity: The Moderating Effect of Technology Gap [J]. Global Strategy Journal, 2016, 6 (4): 289 – 308.

[169] Nádia Campos Pereira Bruhn, Cristina Lelis Leal Calegário, Francisval de Melo Carvalho, Renato Silvério Campos, Antônio Carlos dos Santos. Mergers and acquisitions in Brazilian industry: A Study of Spillover Effects [J]. International Journal of Productivity and Performance Management, 2017, 66 (1): 51 – 77.

[170] Ng F. Y. Changing industrial structure and competitive patterns of manufacturing and non-manufacturing in a small open economy: An entropy measurement [J]. Managerial & Decision Economics, 1995, 16 (5): 547 – 563.

[171] Piperopoulos, P., Wu, J., Wang, C. Outward FDI, location choices and innovation performance of emerging market enterprises [J]. Research Policy, 2018, 47 (1): 232 – 240.

[172] Ross, A. G. An empirical analysis of Chinese outward foreign direct investment in Africa [J]. Journal of Chinese Economic and Foreign Trade Studies, 2015, 8 (1): 4 – 19.

[173] Rudolf Sivak, Anetta Caplanova, John Hudson. The impact of governance and infrastructure on innovation [J]. Post – Communist Economies, 2011, 23

(2): 203 - 217.

[174] R Vernon. International Investment and International Trade in the Product Cycle [J]. The QuarterlyJournal of Economics, 1966, 80 (2): 190 - 207.

[175] Saad, R. M., Noor, A. H. M., Nor, A. H. S. M. Developing Countries' Outward Investment: Push Factors for Malaysia [J]. Procedia - Social and Behavioral Sciences, 2014 (130): 237 - 246.

[176] Sha, W. OFDI, Reverse Technology Spillovers and Domestic Innovation Abilities [J]. World Economy Study, 2012 (10): 69 - 74.

[177] Shen, J. X., Ying, J. U., School, B. et al. The Effects of OFDI Reverse Technology Spillover in China's Information Technology Industry: A Quantile Regression Study [J]. International Business, 2016 (10): 212 - 222.

[178] Shige Makino, Andrew Delios. Local Knowledge Transfer and Performance: Implications for Alliance Formation in Asia [J]. Journal of International Business Studies, 1996, 27 (5): 905 - 927.

[179] Singh, N. Influence of outward-foreign direct investment and technological efforts on exports: Indian auto component firms [J]. Innovation and Development, 2013, 3 (2): 205 - 221.

[180] Stoian, C. Extending Dunning's Investment Development Path: The role of home country institutional determinants in explaining outward foreign direct investment [J]. International Business Review, 2013, 22 (3): 615 - 637.

[181] Suyanto, Salim, R. A. Sources of Productivity Gains from FDI in Indonesia: Is it Efficiency Improvement or Technological Progress? [J]. Developing Economies, 2010, 48 (4): 450 - 472.

[182] Wang, Y., Cheng, L., Wang, H. et al. Institutional quality, financial development and OFDI [J]. Pacific Science Review, 2014, 16 (2): 127 - 132.

[183] Wei, Y., Liu, X. Productivity spillovers from R&D, exports and FDI in China's manufacturing sector [J]. Journal of International Business Studies, 2006, 37 (4): 544 - 557.

[184] Wong, K. N., Goh, S. K. Outward FDI, merchandise and services trade: Evidence from Singapore [J]. Journal of Business Economics and Management, 2013, 14 (2): 276 - 291.

[185] Xianping Yuan, Yuanyuan Zhang. OFDI Reverse Technology Spillovers of Western China [J]. Open Journal of Social Sciences, 2018, 6 (2): 62-70.

[186] Xu B., Wang J. Trade, FDI, and International Technology Diffusion [J]. Journal of Economic Integration, 2000, 15 (4): 585-601.

[187] Yang, H., Chen, Y., Han, W. et al. Absorptive Capacity of OFDI Reverse Technology Spillover: An Empirical Analysis on Inter-provincial Panel Data in China [C]. Proceedings of the International Conference on Applied Informatics and Communication, F, 2011.

[188] Yang, X. The Parent Firms' Reverse Spillovers of China's Production-Oriented OFDI Enterprises: Evidence from Chinese Manufacturing Enterprises [J]. Modern Economy, 2017, 8 (4): 507-517.

[189] Ye, Z. A Research on Dynamic Relationship between OFDI and Industrial Structure Optimization—A Case Study of Guangdong Province [J]. Modern Economy, 2016, 7 (1): 55-63.

[190] Ye Jiao, Zhao Yunpeng et al. Effect of cultural distance on reverse technology spillover from outward FDI: A bane or a boon? [J]. Routledge Journal, 2018 (25): 693-697.

[191] Ying, F. An Analysis of China's Outward Foreign Direct Investment to the EU: Features and Problems [J]. International Journal of Management and Economics, 2014, 41 (1): 45-59.

[192] Zhang, G., Duan, H., Zhou, J. Investigating determinants of inter-regional technology transfer in China: A network analysis with provincial patent data [J]. Review of Managerial Science, 2016, 10 (2): 345-364.

[193] Zhang, M., Zhong, C., Yu, F. The role of context-specific factors in IFDI's influence on OFDI of developing country [J]. Journal of Chinese Economic and Foreign Trade Studies, 2017, 10 (2): 172-187.